AF142879

John Dobree Dalgairns

Das heilige Herz Jesu

Nebst einer Einleitung über die Geschichte des Jansenismus

John Dobree Dalgairns

Das heilige Herz Jesu
Nebst einer Einleitung über die Geschichte des Jansenismus

ISBN/EAN: 9783743397309

Hergestellt in Europa, USA, Kanada, Australien, Japan

Cover: Foto ©Lupo / pixelio.de

Manufactured and distributed by brebook publishing software (www.brebook.com)

John Dobree Dalgairns

Das heilige Herz Jesu

Das
heilige Herz Jesu.

Nebst einer Einleitung

über

die Geschichte des Jansenismus.

Von

John Bernard Dalgairns,

Priester des Oratoriums des h. Philippus Neri zu London.

Aus dem Englischen.

Mainz,

Verlag von Franz Kirchheim.

1862.

Imprimi permittitur.

MOGUNTIÆ die 6 Sept. 1862.

Ad. Fr. Lennig,
Vic. General. et Cap. Eccl. Cathedr. Mog.
Decanus.

Mainz, Druck von Florian Kupferberg.

Vorrede.

Ein Werk über das heilige Herz, das kein reines Andachtsbuch ist, scheint bei der Veröffentlichung einer Entschuldigung zu bedürfen. Der Inhalt desselben ist keineswegs geringzuschätzen, sondern kann als Hülfsmittel für die Andachtsbücher wirken. Es ist gewiß, daß das System der populären Andachten oft das Letzte ist, was auf das Herz eines Convertiten wirkt, selbst nachdem seine Intelligenz von den Dogmen der Kirche überwunden und überzeugt worden ist. Solchen, die aus einer Gemeinschaft kommen, in welcher Acte des Glaubens, der Hoffnung und der Liebe unbekannt sind, muß der einem Acte der Liebe zuerkannte Werth und mehr noch die in jenes System eingeschlossene Liebe Gottes in der Art des Verfahrens mit den Seelen befremdlich und überraschend vorkommen. Es schien uns daher nicht unnütz, nachzuweisen, wie die Andachten der katholischen Kirche einen wesentlichen Theil ihrer Geschichte bilden und auf das natürlichste aus der richtigsten Theologie entspringen. Die Untersuchung wird herausstellen, daß die in der katholischen Hagiologie enthaltene Idee von Jesu ganz identisch mit jener ist, welche der Gelehrte mühsam aus der Summa des heiligen Thomas oder aus den Schriften von Suarez und De Lugo gewinnt. Ja, der Autor hält es für keine Extravaganz, zu behaupten, daß die früheste Kirche, die an die Visionen des Dionysius von Alexandrien und an die Erscheinung der heiligen Jungfrau und des heiligen Johannes, womit St. Gregorius Thaumaturgus begnadigt worden, glauben konnte, ihre eigene Hagiologie hatte und in der Geschichte von der Erscheinung unseres Herrn, welche die ehrwürdige Margaretha Maria Alacoque gesehen, nichts Befremdliches gefunden haben würde [1]).

Obgleich das vorliegende Werk kein strenges Andachtsbuch ist, so hat sich der Verfasser doch so abgeneigt gefühlt, Controversen in dasselbe einzuflechten, daß er es vorgezogen hat, eine vorübergehende Notiz dessen, was solche hervorrufen könnte, auf die Vorrede zu verweisen. Die hier angeregte Frage über die Ursache der wunderbaren Verbreitung der Andacht zum heiligen Herzen ist in einer Weise beantwortet worden, die von der in diesem Werkchen angewendeten äußerst verschieden ist. Man erinnert sich vielleicht eines Artikels über die Wiederherstellung des Jesuitenordens, der in der British Critic für 1839

---

1) Eusebius, Hist. VII, 7. St. Greg. Nyss. Op. II. 977. Siehe auch die Bulle Defensio Fidei, 418.

erschien. Sagen wir, daß der Schreiber dieses Artikels Blair in Schottland, Ushaw bei Durham und selbst die harmlosen Mädchenschulen des heiligen Aloysius als „Jesuitencollegien" betrachtet und Maynooth unter jesuitischem Einfluß darstellt, so wird der Leser auf ein gutes Theil abgeschmackter Dummheit vorbereitet sein. Dennoch wird die darauf folgende überraschende Aeußerung alles Das übertreffen, was die äußerste Anstrengung seiner Phantasie sich vorher eingebildet haben konnte. Indem der Artikelschreiber von der raschen Ausbreitung der Andacht zum heiligen Herzen spricht, stellt er folgende Frage auf und beantwortet sie zugleich. „Wenn die Visionen der Schwester Maria Magdalena (!) weder göttliche Offenbarungen sind, noch für Artikel des göttlichen Glaubens gelten, warum haben denn Päpste und Fürsten, italienische Stein- und irische Backsteinmaurer, französische Abbé's und preußische Bischöfe ihre Köpfe darauf gesetzt, sie durch die Welt zu verbreiten? Die volle Wahrheit kann in mehr als einem Lande Europa's in blutigen Buchstaben gelesen werden." Was die Andacht zum heiligen Herzen mit dem Blutvergießen zu thun haben kann, ist in der That so lange ein Geheimniß, bis der Schreiber fortfährt, auf Revolutionen, wie die von Belgien und Frankreich im Jahre 1830 und auf Bürgerkriege, gleich dem des Don Carlos in Spanien, anzuspielen. Aus dem Zusammenhang erfahren wir,

daß der Berichterstatter die Gesellschaft Jesu als das
Agens aller Revolutionen und politischen Erschütterun=
gen der ganzen Welt betrachtet, und daß folglich die Bru=
derschaften des heiligen Herzens, die er einfach als je=
suitische Organe bezeichnet, ihre geheimen politischen Mit=
tel und Werkzeuge seien. An einer anderen Stelle, wo
er von diesen Associationen spricht, fragt er: „Warum
muß der Name jedes Gliedes eingeschrieben und von
jeder neu einverleibten Station ein Bericht nach Rom
gesendet werden?" Die Antwort gibt er mit Cursiv=
schrift: „es gab niemals eine solche geheime Organi=
sation, ohne daß eine Verschwörung dahinter verbor=
gen war."

Wir hoffen wirklich, daß die in den folgenden
Blättern gegebene Antwort selbst für Protestanten be=
friedigender ausfallen wird, als die unsinnige Er=
klärung des fanatischen Schriftstellers. Was die Ka=
tholiken und besonders die Mitglieder der Bruder=
schaften betrifft, so wird dem Erstaunen, womit sie sich
als eine Art von europäischen Ribbonmen bezeichnet
sehen, nur das Mitleid gleichkommen, das sie für eine
Person fühlen müssen, die unter dem Einfluß einer so
außergewöhnlichen Einbildung steht. Sie werden in den
oben angeführten Worten einen neuen Beweis für
die Uebernatürlichkeit der Ausbreitung der Andacht
finden, da sie den fraglichen Artikelschreiber so ver=
wirrte, daß er sie nicht anders, als durch eine so er=

staunliche Annahme zu erklären vermochte. Unglück=
licherweise enthüllt sie ferner die traurige Thatsache,
daß die Menschwerdung so wenig von ihm begriffen
wird, daß es ihm nicht möglich ist, die katholische
Lehre von der Anbetung der heiligen Menschheit zu
verstehen. Aus diesem Grunde beschuldigt er die
Katholiken, „sie gäben der menschlichen Substanz,
welche Jesus von der heiligen Jungfrau entnommen
hat, die Beschaffenheiten Seiner ewigen Natur.“ „An=
statt das Mysterium der Menschwerdung, jene Fülle
der Gottheit, welche sich mit der Menschengestalt ver=
einigt, anzubeten,“ geben wir nach ihm „dem mate=
riellen Fleisch und Blut die himmlische Kraft, welche
dem geistigen Theil Seines Wesens eigen ist.“ Die
Andacht zum heiligen Herzen ist „ein erniedrigender,
gemachter Gottesdienst“ und mit Verwunderung und
Mißbilligung führt er die Bemerkung an, die er in
einem katholischen Schriftsteller gefunden, daß „das
Herz des Königs der Könige in Folge der hypostati=
schen Vereinigung zu einer unendlichen Würde er=
hoben und unserer tiefen Huldigung und Anbetung
werth gemacht ist.“

Bei einer so niedrigen Würdigung der Lehre von
der Menschwerdung ist es nicht auffallend, daß ihm
die Ausbreitung der Andacht zum heiligen Herzen
so unbegreiflich war, daß er zu den überspanntesten
Hypothesen seine Zuflucht nehmen mußte, um sich

dieselbe zu erklären.' Kein Wunder, daß es ihm ein
Geheimniß war, warum die ganze Kirche, der Papst
und der junge Seminarist, irische Handlanger in den
Straßen London's und italienische Bauern auf den
Apenninen, Königinen von Frankreich und Wilde in
Canada sich vereinigten, das Herz Jesu anzubeten,
da ihm sogar die Principien, welche die katholische
Theologie zur Anbetung der heiligen Menschheit führ=
ten, vom Concil zu Ephesus an bis auf die die Bulle
Auctorem Fidei gänzlich unbekannt sind. Auch die
heidnischen Kaiser argwöhnten eine Verschwörung, weil
sie im Christenthum eine Vereinigung sahen, deren
bewegender Geist vor ihnen verborgen war. Die An=
dacht zum heiligen Herzen hat in sich ein Princip
der Fortpflanzung, das von den besonderen, zu ihrer
Ausbreitung angewendeten Mitteln gänzlich verschie=
den ist; und dieses Princip ist die Liebe Jesu, des
Gottes und Menschen. Obiger Artikelschreiber sollte
sich erinnert haben, daß die größte Universalität der
Andacht zu einer Zeit, da die Gesellschaft Jesu un=
terdrückt war, ein voller Beweis dafür ist, daß sie
eine bewegende Kraft in sich hat, da sie sich noch
weiter entwickelte, selbst nachdem Jene, denen vorzüg=
lich daran gelegen war, sie zu fördern, sich zurück=
gezogen hatten. Es ist ganz wahr, daß die Gesell=
schaft, selbst nach ihrer Aufhebung, noch von Vielen
auf die natürlichste Weise bedauert und verdienter=

maßen bewundert wurde; aber diese waren nur ein Theil der Kirche. Die überall vorhandene Existenz der Bruderschaften kann keiner solchen Ursache, wie diese wäre, zugeschrieben werden, da sie auch zu einer Zeit fortbestand, da schon die Thatsache der Aufhebung beweist, daß die Bewunderer der Gesellschaft keineswegs die ganze katholische Welt, noch der mächtigste Theil in ihr waren. Die Ausbreitung ging durch Mittel und an Orten voran, die gänzlich außer jesuitischem Einflusse standen. Eine einzige Thatsache wird dies zeigen. Ein französischer Bischof erließ zu Gunsten des heiligen Herzens ein Mandat. In einem Buch [1]), welches dieses Document begleitete, erklärt er, die Gegner der Andacht hätten zuversichtlich erwartet, Clemens XIV. würde aufhören, ihre Verbreitung zu begünstigen. Hingegen citirt er eine Ablaßbreve, das er von diesem Papste im Jahre 1773 für eine in seiner eigenen Kathedrale gegründete Bruderschaft erhalten, erklärt, er habe es ohne Schwierigkeit erlangt, und bezeugt, er selbst wisse noch mehrere andere unter denselben Umständen bewilligte. Wenn dem Berichterstatter gegenüber irgend eine Widerlegung nöthig wäre, so wäre dies schon der vollständigste Beweis der Unhaltbarkeit und Schwäche

---

1) Le Culte de l'Amour Divin von de Fümel, Bischof von Lodeve.

des Fundamentes, auf welches er ein so ungeheuerliches Gebäude errichtet hat.

Es bleibt nur noch beizufügen, daß die folgenden Blätter den Hauptinhalt zweier Reihen von Vorträgen bilden, von welchen eine in der Kapelle des Oratoriums in London, der andere in der Marienkirche in Moorfields gehalten wurde.

Wenn sie in irgend einem Maße beitragen würden, die starken Vorurtheile gegen die katholischen Andachten zu entfernen oder die Liebe zu Jesu in dem Herzen eines der Kinder der Kirche in etwas zu erhöhen, so wird der Autor fühlen, daß Gott sie weit über ihr Verdienst gesegnet hat.

Oratorium, am Feste des heil. Edmund des Bekenners. 1853.

Vorwort des Uebersetzers.

Nachdem wir das treffliche Werk des englischen Oratorianers J. B. Dalgairns über die heilige Communion[1]) dem deutschen Publikum zugänglich zu

1) Die heilige Communion. Ihre Philosophie, Theologie und Praxis. Mainz. Franz Kirchheim. 1862. — Da wir es unsererseits nicht fehlen lassen wollen, diesem Werke seine möglichst gediegene Gestalt zu geben, so benützen wir den erwünschten Anlaß, die Besitzer der ersten Auflage um Einfügung folgender, uns nach Vollendung des Druckes aufgestoßener Veränderungen, resp Verbesserungen freundlichst zu ersuchen. S. 54. Z. 17 v u statt „Der erste Beweis" u.s.w. lies: „Hier lag einer der ersten Beweise vor, daß die unitarianische Idee von der Gottheit naturgemäß in die Leugnung seiner Persönlichkeit verfällt"; S. 68. Z. 4 v. o. statt „der" lies: „einer"; S. 105. Z. 9 v. u. lies: „innewohnende Liebe"; S. 246. Z. 9 v. o. statt „sie forderten" u. s. w. lies: „das Concil von Vienne sah sich genöthigt zu verordnen, daß sie wenigstens einmal im Monat zur heiligen Communion gehen sollten"; S. 260. Z. 2 v. u. statt „Beschämung" lies: „Schein-

machen versucht haben, erlauben wir uns hier die
Uebersetzung eines zweiten Buches von demselben
Verfasser den Freunden einer sowohl erbauenden,
als belehrenden und geistig erhebenden Lecture dar-
zubieten. Die Vorzüge, welche jenes größere Werk
auszeichnen: warme Begeisterung für den Gegenstand, Reichthum an Gedanken und Empfindungen,
schwungreiche, phantasievolle Darstellung und groß-
artig aufgefaßte geschichtliche Ausführungen dürfen
auch dieser kleineren Arbeit des geschätzten Verfassers
nachgerühmt werden, und wir hoffen, daß sie, wie
in England und Frankreich, so auch in Deutschland
begeisternd und segensreich wirke.

Ein durch den Uebersetzer beigefügter Anhang
wird als Ergänzung zu der die Geschichte des Jansenismus behandelnden Einleitung nicht unwillkom-
men sein, da sie das Urtheil eines sehr unabhängigen
deutschen Geschichtsforschers über den sittlichen Standpunkt eines der Hauptvorkämpfer jener Häresie
enthält [1].

wesen". Man verzeihe diese Errata, welche theils Schreib-,
theils übersehene Druckfehler sind.

1) Vergl auch Dalgairns, die heilige Communion.
S. 479 ff.

P. Dalgairns, von dem lebhaften Wunsche be=
seelt, seine literarischen Arbeiten durch äußerste Ge=
nauigkeit in Bezug auf Inhalt und Ausdrucksweise
der möglichst erreichbaren Vollendung entgegenzu=
führen, hat auch bei diesem Werke dem Uebersetzer
eine Reihe erläuternder Zusätze brieflich zu über=
mitteln die Güte gehabt, von welchen mehrere noch
dem deutschen Texte einverleibt werden konnten. Da=
gegen war der Druck bereits zu weit vorgeschritten,
um eine Anmerkung zu S. 10. Z. 11 v. u. einfügen
zu können, und wir lassen sie deßhalb hier folgen:

„Es ist in Abrede gestellt worden, daß der heil.
Vincenz gegen St. Cyran als Zeuge aufgetreten.
Thatsache ist, daß er sich vor dem gerichtlichen Ver=
hör zu erscheinen weigerte, weil er das Tribunal
für incompetent erklärte, eine Sache zu verhandeln,
die zugleich eine kirchliche Frage in sich schloß. Nichts=
destoweniger ist wahr, daß er indirect gegen St.
Cyran Zeugniß ablegte, indem er einen an ihn d. h.
den Heiligen gerichteten Brief producirte, der ein
Hauptbeleg für die Schuld war. Dies erkennt St.
Beuve an, obwohl er die jansenistische Version der
Sache gibt: Dans l'absence de toute pièce positive
on s'armait surtout d'une lettre de Mr. de St. Cyran

à Mr. Vincent: celuî-ci avait eu l'indiscretion d'en parler autrefois à un domestique du Cardinal et le Cardinal informé le força de la produire, Port-Royal. Tom. I. p. 511. Dies ist Beweis genug für meine obige Behauptung. Vergl. auch des Abbé Maynard Leben des Heiligen II. p. 267."

Der Uebersetzer.

Inhalt.

Einleitung.

Der Geist des Jansenismus.

Außer den großen Acten der Anbetung und des Opfers, welche unser Heiland befahl und geradezu mit dem Dasein der Kirche verband, gibt es eine Reihe von Andachten, welche mehr oder weniger direct von ihr gebilligt und zu verschiedenen Zeiten von den Gläubigen mit wechselnder Begeisterung aufgenommen wurden. In den folgenden Seiten wird durch das Beispiel einer dieser besonderen Andachten gezeigt, daß ihre Ausbreitung nicht bloß das Resultat eines ungeregelten Ausbruches natürlichen Gefühles ist, sondern daß sie einem Gesetze folgt und ein wesentlicher Theil vom Verkehre Gottes mit Seiner Kirche ist. Sie sind die Mittel, durch welche der heilige Geist die stillstehenden Wasser der Andacht im Christenthum anregt und bewegt; sie sind die Methode, durch welche die geheimnißvollsten Lehren der Kirche den Weg in die Seelen der Menge finden und eine lebendige Wirkung auf sie ausüben. Diese Andachten sind gleichsam das Erzeugniß des Herzens der Kirche, während die Dogmen durch ihre Intelligenz geformt werden. Das Alles leuchtet einem Katholiken klar genug ein; er tritt freiwillig in Bruderschaften, wie ihn seine Andacht leitet, indem er aus der Thatsache, daß Abläße an sie geknüpft sind, weiß, der heilige Stuhl hat sie gebilligt und be=

stätigt; und er philosophirt niemals über ein System, welches sein Herz zu augenscheinlich sanctionirte, um von seinem Verstand gerichtet zu werden. Er kann es für eine überflüssige Arbeit halten, daß wir, wie wir in den folgenden Seiten thun, die Principien, auf welche diese Andachten gegründet sind, als tief in der christlichen Theologie liegend, nachweisen. Andererseits kann es dem Geiste Derjenigen, welche geneigt sind, über diesen Gegenstand nachzudenken, scheinen, es fehle ein Glied an den für die Wichtigkeit dieser Andachten vorgebrachten Beweisen. Man kann sagen: es liege in ihrer Verbreitung unter den Gläubigen nichts Wunderbares, nichts Uebernatürliches, da die Menge immer mehr fühlt, als denkt. Man kann behaupten, ihre Wichtigkeit werde übertrieben, wenn man von allen Christen fordere, für ihr System zu schwärmen, an ihren von Gott verliehenen Einfluß zu glauben oder im eigenen Herzen durch eine von ihnen sich besonders angezogen zu fühlen. Andererseits aber ist es ganz genügend, um in Denen, welche ihre Wichtigkeit in Zweifel ziehen, jeden Gedanken an Einbildung zu zerstören, wenn man ihnen zeigen kann, daß diese Andachten der ganz besondere Gegenstand des Hasses der Häretiker gewesen sind. Der Instinkt der Häresie ist vollkommen untrüglich. Die Besessenen erschracken, als Jesus sich nahte, weil die Geister, welche Besitz von ihnen ergriffen hatten, mehr als einen Menschen in Ihm erkannten; und der Jansenismus würde sich niemals dem heiligen Herzen widersetzt haben, wie er that, hätte er in dieser Andacht nicht eine Macht gefühlt, die er fürchtete. Man würdigt niemals Etwas des Hasses, was nur der Ver-

achtung werth ist. Um diese Ansicht zu bestätigen,
wird es gut sein, die ganze Ausdehnung der Opposition gegen diese Andacht zu zeigen, ihre geheimen
Ursachen zu enthüllen und eine Darstellung der furchtbaren Häresie, welche sie zu überwinden suchte, zu
geben. Es wird zur Verherrlichung des heiligen Herzens beitragen, wenn wir zeigen, daß es seit Jahren
das Losungswort der Kirche gegen den Irrthum war,
ja, daß es sogar seine Märtyrer hatte.

Demjenigen, welcher in der Geschichte des Jansenismus forscht, wird nichts unerklärlicher sein, als
die wunderbare Macht, welche er während eines so
langen Zeitraumes auf die öffentliche Meinung in
Frankreich behielt. Im Jahre 1640 war es, als der
„Augustinus“ des Jansenius erschien und im Jahre
1789 war die Partei, welche die in jenem Werke enthaltenen Lehren unterstützte, noch stark genug, die
katholische Hierarchie Frankreichs zu vernichten und
an ihre Stelle den constitutionellen Klerus zu setzen.
Und diese lange Laufbahn wandte der Jansenismus
dazu an, den Enthusiasmus der entgegengesetztesten
Charaktere anzufeuern und zu seiner Vertheidigung
die verschiedensten Talente zu bewaffnen. Welches
konnte der mächtige Zauber sein, der zu gleicher Zeit
die dunkle Tiefe eines Pascal und den liebenswür-
digen Glanz einer Madame de Sevigné bestricken, der
die Esther des Racine und die Satyren Boileau's ein-
geben konnte! Ja, der Eifer für den Jansenismus
verbreitete sich über die Grenzen Frankreichs; er brannte
in der Brust Josephs II. so heftig, daß dieser zu dessen
Vertheidigung die schönen Provinzen der Niederlande
auf das Spiel setzte und sie, durch den eigensinnigen

Versuch, die Parteiansichten gegen die katholischen Vorurtheile eines tapferen Volkes durchzusetzen, verlor;
während zu einer und derselben Zeit der heilige Stuhl
Frankreichs Verlust befürchtete, sollte Oesterreich und
Neapel der katholischen Kirche verloren gehen; so gewaltig regten die in jenem Werke enthaltenen Lehren
die Seelen der Menschen auf. Seltsam, in der That,
daß ein exotisches System, geboren auf der Universität Löwen, und die hinterlassene Arbeit eines fremden
Doctors, der seinen Bischofssitz als Belohnung für
ein Pamphlet auf Frankreich erhielt, sich so in der
Gunst und Intelligenz einiger der edelsten und größten Söhne Frankreichs festsetzen konnte! Was war die
wunderbare Anziehungskraft in diesen Lehren, daß sie
einen so erstaunlichen und in folgenden Geschlechtern
anhaltenden Einfluß ausübten? Wendet man sich zu
den Lehren des Jansenius selbst, so ist man noch
weniger im Stande, sich dieses Factum zu erklären.
Was war in den fünf Propositionen so Anziehendes,
daß sie den Eifer des halben gebildeten Europa an-
regten? Das System, welches sie beseelte, war ge-
nau von jener Art, welche wir gewöhnlich unter dem
weiten Begriff des Calvinismus verstehen. Der Verfasser behauptet, unser theuerer und heiliger Erlöser
sei nicht für alle Menschen, sondern nur für die Prä-
destinirten am Kreuze gestorben; der Rest der Menschheit empfange nicht einmal genug Gnade, um die Tod-
sünde zu meiden, während die Gerechten, welche zuletzt gerettet würden, eine ihnen verliehene Gnade be-
säßen, durch welche dieselben zu bloßen Maschinen
herabgewürdigt würden, da sie ihren Willen nöthige
und sie der Kraft des Widerstandes beraube. Elen-

des und reizloses System! Es beraubt Gott all der
Langmuth und des Erbarmens, womit Seine Gnade
bis zuletzt mit einem Sünder verfährt; es verwandelt
unseren liebevollsten Schöpfer in einen willkürlichen
Tyrannen, welcher dem Menschen Gesetze auferlegt,
die für dessen natürliche Schwäche zu schwer sind, ohne
daß er ihnen die übernatürliche Kraft gibt, sie zu er=
füllen. Es beraubt sogar Jesum am Kreuze der Liebe
und zerstört den Gnadenreichthum Seines Leidens,
da es behauptet, Er verringere durch einen bestimm=
ten Act die Allgültigkeit Seiner Leiden, indem Er
sich weigert, sie für mehr, als wenige Auserwählte
aufzuopfern. Wie würde es alle unsere Bemühungen
paralysiren, wenn wir, als zitternde Sünder Jesu zu
Füßen fallend, nicht mit Gewißheit fühlen könnten,
daß Er für uns Sein kostbares Blut vergoß! Unsere
sterbenden Lippen könnten nicht einmal das Crucifix
küssen, außer unter einer Bedingung. Dies ist eine
populäre, aber vollkommen wahre Darstellung der
Lehren des „Augustinus.“ Wirklich, wenn dies die
Ansichten sind, welche Europa wahnsinnig machten,
so ist die Bethörung noch unbegreiflicher. Gerade
ihr Inhalt ist ein Beweis, daß darin die Macht des
Jansenismus nicht liegt.

Die Thatsache ist, daß die Häresie sowohl ihren
Geist, als ihren Buchstaben hat; ihre Lehren werden
in Wirklichkeit nur von Wenigen geliebt, beachtet und
verstanden; aber ihr Geist des Widerstandes gegen
eine lebendige Autorität ist sicher, eine Partei um sich
zu sammeln. Sie braucht nur ihre anstößigsten Lehren
den Blicken zu entziehen und sich zu bemühen, von der
Kirche nicht ausgeschlossen zu werden, so ist sie sicher,

die Stellvertreterin von Interessen und Principien bei
Handlungen zu werden, welche von ihren Theorien
ganz getrennt, und so eine Kraft zu gewinnen,
welche nicht ihre eigene ist. Die Minister Joseph's II.
wußten wenig von dem schweren Werk, welches in
der kaiserlichen Bibliothek vermoderte, während sie
Quesnel eifrig vertheidigten, welcher dasselbe in an=
derer Gestalt reproducirt hatte; sie begriffen nur, daß
die Bulle Unigenitus von Rom ausgegangen war und
daß die Jansenisten fort und fort zu Gunsten der
Civilgewalt gegen die Kirche mitwirken würden.

Der Jansenismus war eine planmäßige, systema=
tische Verschwörung gegen Rom, aber nicht in dem
Sinne, wie jene Luthers und Calvin's. Genf und
Augsburg wagten einen offenen Krieg, der Jansenis=
mus war ein geheimes Complot. Seine Macht lag
nicht in seinen Lehren, sondern in der furchtbaren
Hartnäckigkeit, mit welcher sich seine Anhänger an sie
hielten und nicht weniger in dem schrecklichen Eigen=
sinn, mit welchem sie beschlossen, in der sichtbaren
Vereinigung mit der Kirche Gottes zu bleiben, aus
dem einfachen Grund, sich in ihr Leben einzufressen
und ihren Verordnungen zu trotzen. Calvin beging
eine selbstmörderische That, indem er sich von der
katholischen Kirche ausschließen ließ und eine ihr ent=
gegengesetzte Kirche errichtete. Der helle, gesunde Ver=
stand der französischen Nation hatte die Absurdität der
Menschen durchschaut, welche für sich selbst eine Re=
ligion errichteten und sich anmaßten mit einer gewissen
Untrüglichkeit, jedoch nicht Unfehlbarkeit, aus der
Bibel den reinen und ächten Glauben Jesu zu ziehen.
Demzufolge fühlte Heinrich IV., nachdem er sich den

Weg zum Throne Frankreichs erkämpft hatte, daß er
nicht sein ächter König werden könne, so lange er
Hugenot blieb; und der Fall von La Rochelle verkün=
dete in dem Augenblick, als der „Augustinus" im Ge=
hirn des Jansenius arbeitete und im rastlosen Geist
St. Cyrans jenes Complot reifte, daß die protestan=
tische Macht für immer vorüber war.

Alles dies enthält nichts Neues für die Geschichte
der Kirche; daß Calvin seinen Jansenius haben
sollte, ist nicht merkwürdiger, als daß die Monothe=
liten den Eutychianern folgten. Der höfische und ge=
zierte Eusebius war von Arius nicht verschiedener, als
Heinrich Arnauld von Angers oder Caulet von Pamiers
von den Häresiarchen Genfs verschieden waren. Das
System des „Augustinus" hatte an sich wenig Neues.
Baius hatte verwandte Lehren aufgestellt und war
kurz vorher von derselben Universität verurtheilt
worden. Was Neues darin war, das war die Ehr=
furcht vor der Tradition, welche sie sich anmaßten, der
gekränkte Ton beleidigter Unschuld, mit welchem sie
die Beschuldigung der Neuerung zurückwiesen, die
systematische Berufung auf die alte Kirche und die
stolze Behauptung, daß sie, und sie allein den heiligen
Augustinus repräsentirten. Manche Häresie hatte sich
gegen die gegenwärtige, lebendige Braut Christi auf
die ersten Väter berufen; aber die eigentliche Wesen=
heit des Jansenismus war diese Berufung. Sie be=
seelte seine ganze Politik. Beinahe zwei Jahrhunderte
klammerten sich die Jansenisten fest an die Kirche an,
welche sie verdammte, indem sie sich von den Leben=
den auf die Todten beriefen. Verdammung auf Ver=
dammung ihrer Lehren ging vom heiligen Stuhl aus

und dennoch ließen sie von ihrer Haltung nicht ab. Jeder=
zeit dienten ihnen einige elende Ausflüchte zum Vor=
wand, im Schooß der Kirche zu bleiben, ohne doch dem
Rechte zu entsagen, das zu glauben, was sie, als dem
wahren Glauben entgegen, verdammt hatte. Die
Ausflucht ging jedesmal darauf hinaus, in der einen
oder anderen Form ein Princip zu behaupten, über
welches in nachfolgenden Controversen, die sie er=
hoben, zu entscheiden, außer der Möglichkeit der
katholischen Kirche lag; mit anderen Worten, sie
läugneten die beständige Unfehlbarkeit der Kirche;
was sie der Kirche des fünften Jahrhunderts zuge=
standen, das sprachen sie der des siebenzehnten ab.
Ihr letzter Vorwand war die bestimmte Annahme
des Principes: um ein guter Katholik zu sein, genüge
es, die Entscheidungen der Kirche mit achtungsvollem
Schweigen entgegen zu nehmen, ohne das innere Ur=
theil demjenigen, was sie aussprechen, im mindesten zu
unterwerfen. Mit anderen Worten: sie behaupteten
das Recht, Doctrinen, welche der Nachfolger des heili=
gen Petrus verdammte, als unabhängig von der kirch=
lichen Lehre behaupten zu dürfen.

Daß es von Anfang an ein bewußtes Complot
war, in der katholischen Kirche eine Partei zu bilden
und erstere zu überwinden, kann man hinlänglich klar
beweisen, ohne auf die gewöhnliche Geschichte einer
Art Versammlung zu Bourg=Fontaine, die sie organi=
sirt hätte, zurückgehen zu müssen. Die Geschichte von
sechs Häuptlingen der Partei, welche sich versammel=
ten, um Maßregeln für die Verbreitung des Deismus
zu treffen, widerlegt sich von selbst, denn was immer
auch Jansenius und St. Cyran waren, Deisten waren

sie nicht. Diese unkluge Behauptung konnte die Ver=
theidiger der Kirche nur den unwürdigen Sarcas=
men Pascals aussetzen. Aber daß es schon zu An=
fang der Existenz des Jansenismus ein schändlicher
Plan war, in der Kirche zu bleiben, um ihre ganze
Disciplin zu ändern und ihr Lehren aufzupfropfen,
welche nicht die ihrigen waren, das ist vollständig
klar. Vor der Veröffentlichung des „Augustinus",
ehe das, was Jansenismus genannt wurde, be=
stand, war schon Richelieu's Adlerauge auf St. Cyran
gerichtet gewesen, und der künftige Häresiarch war
nach Vincennes gebracht worden. Diese Handlung
kann willkürlich gewesen sein; aber es lagen hinläng=
liche Beweise einer Verschwörung gegen die Kirche
vor und zwar in der ungeheueren Masse von Manu=
scripten, welche sich in seinem Cabinet vorfanden
und, wie behauptet wird, hinreichten, vierzig Folio=
bände zu füllen. Als Richelieu gedrängt wurde, St.
Cyran aus dem Gefängniß zu entlassen, antwortete
er: „Wenn mit Luther und Calvin verfahren worden
wäre, wie ich mit St. Cyran verfuhr, so würden
Frankreich und Deutschland die Blutströme erspart
worden sein, welche sie fünfzig Jahre lang über=
schwemmten." Dies war, wohlgemerkt, mehrere Jahre
bevor der „Augustinus" das Licht sah.

Man kann ein noch vollgültigeres Zeugniß, als
das Richelieu's anführen. St. Cyran war des Ver=
suches beschuldigt, eine neue Secte bilden zu wollen.
Der Hauptbeweis, auf welchen hin er nach Vincennes
geschickt wurde, ging vom heil. Vincenz von Paul aus.
Die beiden Männer waren Freunde gewesen und
hatten aufgehört, es zu sein. Es stellte sich heraus,

daß St. Cyran gesucht hatte, den Heiligen für seine
Partei zu gewinnen, und daß er zurückgewiesen wor=
den war. In einem der Briefe des heil. Vincenz
kommt folgende Stelle vor: „Eines Tages sprach
St. Cyran folgendermaßen zu mir: „Gott hat mir
große Erleuchtungen gegeben und gibt sie mir noch.
Er hat mir gezeigt, daß es seit den letzten fünf= oder
sechshundert Jahren keine Kirche mehr gibt. Vor jener
Zeit glich die Kirche einem gewaltigen Strome mit
durchsichtigen Wassern; aber das, was nun wie die
Kirche aussieht, ist nichts als eine Schmutzmasse. Das
Bett des Stromes ist noch dasselbe; aber die Waffer
sind nicht mehr die, welche sie waren." „Ich sagte zu
ihm," fährt der Heilige fort, „alle Häresiarchen hätten
diesen Vorwand gebraucht, um ihre Irrthümer auf=
zustellen," und citirte als Beispiel Calvin. „Calvin,"
war seine Antwort, „hat nicht in allen seinen Ansichten
Unrecht gehabt; er hat nur in der Methode, sie zu
vertheidigen, geirrt." Von jener Stunde an hörte
zwischen dem Heiligen und St. Cyran die Freund=
schaft auf und als er gefangen zu Vincennes saß, war
der heil. Vincenz der Hauptzeuge gegen ihn.

So rasch auch Richelieu war, kam er doch in diesem
Falle zu spät. St. Cyran's Partei war schon gebildet
und seine wichtigsten Eroberungen gemacht gewesen,
bevor er nach dem Gefängniß geschickt wurde. Er
hatte sich mit einigen ergebenen Nachfolgern verbun=
den und bei seinem Verhör erfuhr man, daß seine
gewöhnlichen Scheideworte an Diejenigen, welche er
leitete, „Occulte, propter metum Judaeorum" lau=
teten. Was diese Pläne waren, das ging aus dem
Resultat klar genug hervor. Die Kirche Gottes billigt

das System, nach welchem sich ein Christ unter die
Leitung eines besonderen Priesters stellt und sich von
dessen Rath im geistlichen Leben führen läßt. So
wird der Gehorsam, welcher in den Klöstern unter
einem Gelübde geübt wird, soweit als möglich von
Personen, die in der Welt leben, verdienstlich ver=
sucht. Es ist kein Dogma der Kirche, aber es ist et=
was mehr, als eine durch den gewöhnlichen Gebrauch
der Christen gebilligte Ansicht, daß keine Vollkommen=
heit ohne Leitung möglich ist. Der Verkehr Gottes
mit der Seele wird durch geistliche Schriftsteller zu
einer Wissenschaft gemacht, und aus dieser Wissen=
schaft werden gewisse Regeln gebildet, nach welcher
die Directoren die ihrer Sorge anvertrauten Seelen
führen. So groß auch die Schwierigkeit der Anwen=
dung dieser Regeln in der Praxis ist, so sind sie doch
nicht willkürlich, erfordern jedoch für ihre würdige
Ausübung vor Allem vollkommene Uneigennützigkeit,
Demuth und Aufrichtigkeit der Absicht. Dieses wich=
tige Amt, welches kein Priester ohne einen Ruf von
Gott antreten oder ohne Zittern führen sollte, beschloß
St. Cyran für seine eigenen Zwecke zu benutzen und
zu mißbrauchen. Seine Absicht war besonders, talent=
volle Menschen und junge Geistliche für sich zu gewin=
nen, sie zur Erziehung und zu literarischen Arbeiten
zu verwenden. Auf diese Weise hoffte er allmählig
der Nation und der Kirche seine neuen Meinungen
beizubringen. Ist es nicht klar, daß diese Idee von
dem wunderbaren Erfolg der erhabenen Gesellschaft
Jesu eingegeben wurde? Nur mit dem Unterschied,
daß St. Cyran die Leitung der Seelen und die Er=
ziehung der Jugend, welche, Niemand hat je das Ge=

gentheil zu behaupten gewagt, von den Jesuiten nur in der Absicht, die Kirche zu verherrlichen, gepflegt wurde, mit dem Zwecke unternahm, gerade diese Kirche, von welcher er seine Autorität ableitete, zu untergraben. Und wem gehörten diese Seelen, welche er unter seine Leitung nahm?

Vor der Gefangenschaft war es St. Cyran schon gelungen, eine Anzahl talentvoller Leute an sich zu fesseln. Jedermann kennt den merkwürdigen Aufschwung der Andacht, welcher im siebenzehnten Jahrhundert in Frankreich stattfand. Es war die Periode, da man den heil. Vincenz von Paul leutselig die Straßen von Paris durchschreiten sah und da Olier einer seiner Pfarrpriester war. Zahllose Damen und Edelleute vom Hofe und vom Lande führten ein Leben außerordentlicher Vollkommenheit, während ab und auf in stillen Klöstern des Landes manche Nonne in einem Zustande übernatürlicher Vereinigung mit Gott lebte. Inmitten dieser religiösen Begeisterung ging St. Cyran umher, mit außergewöhnlichen Fähigkeiten begabt, Einfluß zu gewinnen, und mit einem, was Gelehrsamkeit und Geisteskraft betrifft, wohlbegründeten, dagegen im Punkte der Heiligkeit schlecht verdienten Ruf. Auf den heil. Vincenz von Paul machte er einen Versuch und dem Jansenius schrieb er, er setze große Hoffnungen auf den Cardinal von Berulle, und wenn der heilige Instinkt dieser zwei großen Männer eine nicht zu überwältigende Macht für ihn war, so gelang es ihm doch, viele hingebende und feurige Seelen für sich zu gewinnen. Selbst in jener frühen Periode schon hatte er Singlin dem heil. Vincenz abgelockt; Lancelot war von der Ge-

meinschaft des heil. Nicolas=du=Chardonnet getrennt,
und das französische Oratorium verlor seinen großen
Prediger Desmares. Aber der größte Erfolg, den
St. Cyran errang, war die Stütze, welche er an der
Familie Arnauld gewonnen hatte. Bevor er das
Innere des Gefängnisses von Vincennes gesehen, hatte
er schon eine Eroberung gemacht, welche ihn in den
Stand setzte, der Macht Richelieu's Trotz zu bieten.

Nicht weit von Paris lag eine alte Abtei vom
Cistercienser = Orden, welche unter den wenigst ver=
sprechenden Umständen zu ihrer ursprünglichen Strenge
zurückgeführt worden war. Schon als Kind hatte
Maria Angelica Arnauld die Abtei von deren könig=
lichem Patron nach einer, vom Concil von Trient
zwar verworfenen, zu Anfang des siebenzehnten Jahr=
hunderts jedoch noch herrschenden Gewohnheit zum Ge=
schenk erhalten. Die Gnade Gottes erfüllte aber das
Herz der jungen Aebtissin, so daß sie mit wunderbarer
Energie und Willenskraft die Larheit, welche an die
Stelle der alten Regel des heil. Benedict getreten
war, reformirte und die religiöse Observanz, wie das
reguläre Kloster wieder herstellte. Unter ihrer Regel
warfen die Nonnen die weltliche Kleidung ab und
nahmen das weiße Gewand des heil. Bernhard wie=
der auf, und die alten Gewölbe der Abtei von Port=
Royal hallten statt von den profanen Gesängen und
Lustbarkeiten der Weltleute vom Gesange des kirch=
lichen Officiums wider. Die Reform bot die schönsten
Hoffnungen, sich weiter und weiter zu verbreiten; sie
ging aus den Händen Maria Angelica's auf die kö=
nigliche Abtei Maubuisson über und die Welt wurde
durch die unvergleichliche Bescheidenheit in Erstaunen

verſetzt, mit welcher das Werkzeug dieſer guten That,
nachdem ihre Arbeit vollendet war, auf den Hirten=
ſtab der reichen Abtei verzichtete und zu dem niedri=
gen, dumpfen Thale von Port=Royal zurückkehrte,
wo die klöſterlichen Gebäude oft durch die ungeſunde
Ausdünſtung der nie vertrocknenden Waſſer in Nebel
gehüllt lagen.

Jetzt, da uns die ganze Geſchichte von Port=Royal
vorliegt, können wir uns kaum einer Art Trauer
erwehren, wenn wir die rührenden Briefe leſen,
welche die Mutter Angelica an ihren Seelenführer,
den heil. Franz von Sales, richtete, worin ſie ſich
mit ihm darüber berieth, ſelbſt ihre kleine Abtei auf=
zugeben, ihrem Wunſche nach die Würde der Su=
periorin niederzulegen und ihn bat, die gänzliche Lei=
tung ihrer Seele zu übernehmen. Die Antworten
des Heiligen zeigen, wie ſehr er ſie hochſchätzte und
ihren Ernſt und ihre Energie, ſowie ihren raſt=
loſen und dominirenden Geiſt würdigte. Von allen
Frauen Frankreich's bedurfte die Aebtiſſin von
Port=Royal zumeiſt eines Seelenführers. In einigen
Umſtänden ihres Lebens war ſie der Frau von
Chantal gleich, aber ſie ſchien zu einem Werke
beſtimmt, das mehr mit dem der heil. Thereſia Aehn=
lichkeit hatte. Gleich der Erſteren war ſie einer jener
franzöſiſchen Familien entſtammt, in welchen das
Richteramt und die Verwaltung der Juſtiz erblich
waren. Wie Madame de Chantal auf ihrem Weg
von der Welt zu dem Orden der Heimſuchung, trotz
der Thränen, welche die Anſtrengung ihr erpreßte,
über den Leichnam ihres Sohnes ſchritt, ſo mußte
die Aebtiſſin Angelica, indem ſie das Kloſter von

Port-Royal wieder herstellte, sich von ihrem Vater, ihrer Mutter und ihrem Bruder losreißen, worauf sie hinter dem Gitter ohnmächtig in das Sprechzim= mer zurückfiel. Andererseits mußte sie gleich der heil. Theresia einen Orden, der seinen Eifer verloren hatte, mit neuer Lebenskraft beseelen und begeistern. Sie hatte mit lässigen Beichtvätern zu kämpfen, nachdem sie widerspänstige Nonnen überwunden. Nachdem die kräftige Herrscherin jener kleinen Welt ein Siegeszeichen errungen hatte, fühlte sie, als sie ihren Hirtenstab ergriff, daß sie etwas in sich hatte, was seinerseits wieder selbst der Bändigung bedurfte. Der männliche Geist und die unbeugsame Willenskraft, vor welcher ihre eigenen Nonnen und die Autoritäten des Ordens zu weichen gezwungen worden waren, erheischte eine so feste und milde Regel, wie jene des sanften heil. Franziscus, um ihre heftige Thatkraft unter dem Gehorsam Christi zu mäßigen. Wohl würde es gut für sie gewesen sein, wenn sie ihre Abtei ver= lassen hätte und, wie sie gewünscht zu haben scheint, eine demüthige Schülerin der heil. Johanna Fran= zisca von Chantal geworden wäre. Der heilige Bi= schof von Genf wollte sie aber aus einigen weisen Gründen niemals in den Orden der Heimsuchung auf= nehmen und er wurde zur Ruhe abberufen, als er sie noch als Aebtissin von Port Royal auf der Erde zurückließ.

In einer bösen Stunde fiel sie unter die Leitung St. Cyran's und von jenem Moment an wurde die ganze Energie dieses unbezähmbaren Willens darauf gerichtet, die Sache der Ketzerei zu fördern. Es ist unmöglich, ihr Schicksal nicht zu beklagen. Anstatt das zu werden, was sie hätte sein können, ein großes Instrument in der Hand Gottes, sank sie zu dem Werkzeug einer elenden Faction herab. Sie vergeudete ihre großen Kräfte in der unmöglichen Aufgabe, sich in der Kirche zu halten, ohne ihr gänzlich anzugehören. Sie fiel den Theorien über die Väter und das früheste Alterthum zum Opfer; sie glaubte an die Unfehlbarkeit des heil. Augustinus, anstatt an jene der ewig lebenden Kirche Gottes; ja, mit der ganzen Schwäche eines Weibes wagte sie diese und die künftige Welt für die Ansicht des Jansenius über den heiligen Augustinus. Wer kann jedoch wissen, ob sie nicht mehr betrogen, als Betrügerin war! Bis zuletzt scheint sie sich an die Hoffnung geklammert zu haben, die Kirche würde nicht gegen sie sein, und sie starb am gebrochenen Herzen, als ein unzweideutiger Befehl von der Versammlung der französischen Kirche, die Artikel zu unterschreiben, die Frage zum Abschlusse brachte. (6. August 1661.)

Ihr Tod konnte jedoch das Uebel, welches sie zu ihren Lebzeiten gethan, nicht ungeschehen machen. Nicht nur ihre Abtei, sondern auch ihre Familie führte sie der Sache des Jansenismus zu und gerade dieser kann der Erfolg der Partei in großem Maße zugeschrieben werden. Die Familie Arnauld war schon an sich ein Heer. Als sich Arnauld d'Andilly, der Bruder der Mutter Angelica, in die Einsamkeit von Port=Royal zurückzog, brachte er keine Familienneigungen zum Opfer; sechs Schwestern und fünf seiner Töchter waren Nonnen in der Abtei und sowohl zwei seiner Söhne, als fünf Neffen hatten bereits die Welt verlassen und lebten unter der Jurisdiction der

Abtei ein ascetisches Leben. Es ist unmöglich, die
Größe dieser Eroberung für die Sache des Janse=
nismus zu überschätzen. Es war ein Anzeichen, wel=
ches die Geschichte der Partei auch niemals läugnete,
daß sie eine große politische Macht im Reiche auf
ihrer Seite haben würde — die der Parlamente.
Die Aebtissin Maria Angelica gehörte einer jener
großen Juristenfamilien Frankreich's an — der Nob-
lesse de la robe. Ihr Vater war Einer jener küh=
nen Advocaten, die ebenso bereit waren, einen Prozeß
zu führen, als ein Regiment von Truppen gegen
die Ligue zu werben. Ihr Großvater war einmal
Protestant gewesen und hatte in der Bartholomäus=
nacht gerade noch sein Leben gerettet; später wurde
er Katholik, hinterließ aber seiner Familie als ein
verderbliches Erbe die Principien des parlamenta=
rischen Gallicanismus in ihrer schlimmsten Gestalt.
So war er ein geeignetes Vorbild des Geistes der
Parlamente von Frankreich. Diese großen Gesetz=
körper des Reiches waren immer durch ihren Haß
gegen Rom ausgezeichnet. Wie sie von dem Monar=
chen ausgegangen waren, welcher Bonifacius VIII.
von Anagni hinwegschleppte, so trugen sie immer
noch die Spuren der Ursünde ihrer Existenz an sich.
Eine solche Partei war froh, in der Kirche eine Fac=
tion zu haben, die ihr beistand, und sie blieb immer
in der engsten Verbindung mit den Jansenisten, so=
bald der Tod Ludwig's XIV. sie ihren natürlichen Nei=
gungen überließ. Die Parlamente von Frankreich
sind bekanntermaßen in keiner Weise mit dem Eng=
land's zu vergleichen; sie waren oberste Gerichtshöfe;
wenn nicht zufällig, repräsentirten sie weder die

Aristokratie des Reiches, noch die Majestät des Vol=
kes, sondern repräsentirten direct nur das Gesetz von
Frankreich. Nun versetzte die Blüthe der Advocaten
des Parlamentes von Paris durch ihren Eintritt in
die Einsamkeit von Port = Royal die gesammte juri=
stische Welt Frankreich's in Erstaunen. St. Cyran
hatte die Idee gefaßt, um die Abtei herum und auf
deren Grund unter ihrer Gerichtsbarkeit eine Anzahl
von Männern zu versammeln und sie mit literarischen
Arbeiten und der Erziehung der Jugend zu beschäf=
tigen, wie den Nonnen die Erziehung der jungen Da=
men oblag. Der Kern dieser Asceten oder Einsiedler,
wie sie unglücklicherweise genannt wurden, war der be=
redte Le Maitre, der Sohn einer Schwester der
Mutter Angelica, der erste Anwalt Frankreich's. Eine
Anzahl anderer ausgezeichneter Männer versammelte
sich in Port=Royal; während sie aber den hundertar=
migen Briareus des Jansenismus bildeten, war das,
was das Herz der Partei beseelte, das starre, harte
Herz, das Blut der Arnaulds. Während der ganzen
Dauer der Macht der Partei beherrschte sie ein Ar=
nauld; die diplomatischen Regeln des früheren Höf=
lings d'Andilly folgten dem Uebergewichte St. Cyran's;
dann goß ihr sein Neffe Anton, der große Arnauld,
wie er genannt wurde, die Bosheit und das Talent
seines streitsüchtigen Geistes ein, während zugleich
eine ganze Dynastie des Namens die Abtei Port=Royal
beherrschte.

Diesen Männern ist es zuzuschreiben, daß die Abtei
um den Preis der Heiligkeit ihrer Bewohner einen
weltumfassenden Namen erwarb. Ihre Einsamkeit
wurde bevölkert; Männer, deren Namen mit den

beſten Tagen der franzöſiſchen Literatur identiſch ſind,
weilten in ihrem beſcheidenen Thale; ſie verließen die
Welt, um zu beten, bei Gott zu ſein, zu faſten und
Port=Royal in eine neue Thebais zu verwandeln.
Aber weder Faſten noch Kaſteiungen konnten die ſtol=
zen Geiſter bändigen, welche ſich dort verſammelten.
Niemals wurde einem Menſch gleich St. Cyran gehuldigt,
ja ſelbſt Gott wird nicht oft, außer von Seinen Hei=
ligen ſo gläubig und vollkommen verehrt. Sogar nach
ſeinem Tode wurde ſeine Idee noch fortgeſetzt. Es
war ſein Plan, ſich gänzlich auf die Literatur ſeines
Vaterlandes zu ſtützen und die Triumphe ſeiner
Sprache mit dem Fortſchritt ſeiner Häreſie zu verei=
nigen. Die Kraft, Klarheit und Beſtimmtheit, die
flüſſige Durchſichtigkeit, welche gefällt, wenn ſie auch
keine Tiefe hat, die etwas ſagen und es gut ſagen
kann, trotz ihrer Wortarmuth, die Lebhaftigkeit und
Macht, wodurch die franzöſiſche Sprache die Sprache
Europa's und die Vermittlerin für die Gedanken aller
Nationen wurde — alles Dies ſollte zum Vehikel des
Janſenismus verwendet werden. Und es gelang.
Zu jener Zeit war es, daß Werke erſonnen und aus=
geführt wurden, welche ſo lange leben werden, als
die franzöſiſche Sprache lebt. Die den Franzoſen ſo
eigenthümliche Fähigkeit, Memoiren zu ſchreiben,
wurde ſo trefflich von ihnen angewendet, daß wir uns
heute noch nach einem ſo langen Zeitraume einbilden
könnten, mit Denen, welche der Nekrolog von Port=
Royal als in die Gräber geſunken bezeichnet, perſön=
lich bekannt geweſen zu ſein. Aber auf all Dieſem
lag ein tiefer, dunkler Makel, deſſen Vergeſſen ſelbſt
durch die Welt merkwürdig ſein würde — der Makel

2*

der Unredlichkeit. Wer würde für einen Augenblick
an den wüthenden Sectirergeist denken, der in den
Herzen lauerte, wenn wir die Gemälde der so fried=
lich aussehenden Nonnen betrachten, wie sie in einem
Kreise sitzen und unter dem Schatten der Bäume im
Klostergarten spinnen? Plötzlich wird der Leser beim
Fortgang der Memoiren überrascht, kirchlichen Oberen
zu begegnen, welche unter sie treten und dem Anscheine
nach heftig versuchen, sie zur Unterzeichnung von Do=
cumenten und Artikeln zu zwingen. Unsere Sym=
pathien neigen sich auf ihre Seite, weil das Factum,
daß das Kloster das Centrum der Rebellion war,
geschickt verborgen gehalten wurde. Die Nonnen ver=
weigerten den Lehren der Kirche ihre Zustimmung,
indem sie behaupteten, die streitigen Fragen seien zu
tief für sie. Sicher, wenn sie das waren, was sie,
wohlgemerkt, zu sein eifrig behaupteten: treugesinnte
Kinder der katholischen Kirche, würde es ihnen ge=
nügt haben, die Lehren, welche von ihr ausgingen, zu
bekennen, wenn auch nur so, wie die Jünglinge bei
ihrem Eintritt in eine englische Universität die neun=
unddreißig Artikel unterschreiben, ohne sie zu ver=
stehen. Aber das notorische Factum war, daß sie
vollkommen verstanden, was vorging, und daß Ar=
nauld's Buch über den häufigen Empfang der heiligen
Communion und die anderen Schriften der Partei
ihnen ganz geläufig waren. Obgleich heute kein Stein
mehr auf dem andern gelassen ist, kann doch selbst
nach einem so langen Zeitraum unsere Phantasie
ohne Anstrengung den Grundriß der Abtei wiederher=
stellen, das Thal unter ihrer Jurisdiction, ihre Bäche
und Fischteiche; und von den Höhen hinabschauend

auf ihre friedlichen Klostergebäude, ihre von Säulen
umgebenen Kreuzgänge und den bescheidenen Thurm
ihrer Kirche, wer würde da für einen Augenblick be=
fürchtet haben, auf dem Krater eines Vulkans zu
stehen? Aber die Einsiedler, welche in diesem Thale
wohnten, waren mit den Machinationen der Fronde
in Verbindung. Wenn es in den Straßen von Paris
Barricaden gibt und um Palais=Royal herum ge=
kämpft wird, so ist ein Jansenist, der Herzog von
Luynes, ein Glied des obersten Rathes der Rebellen
und ein anderer Jansenist, der Chevalier de Sévigné,
befehligt das von De Retz geworbene Regiment. Der
Mithelfer De Retz selbst, der ungestüme und hoch=
müthige Geist, den uns seine eigenen Geständnisse
enthüllt haben, stand, während er aus den Gäßchen
und Hütten von Paris die wilden Handwerker her=
vorrief, deren Nachkommen in der großen Revolution
die Straße nach Versailles mit Piken und Flinten
betraten, in Verbindung mit Port=Royal. Man sagt,
es sei während des Tumultes so viel Hin= und Her=
eilen zwischen Paris und der Thebais der Einsiedler
gewesen, wie zu Kriegszeiten auf der Heerstraße
zwischen der Hauptstadt und einer königlichen Resi=
denz [1]). Auch die äußerste Milde kann nicht anneh=
men, sie hätten, wie viele Andere, De Retz's Cha=
rakter nicht gekannt, indem seine Geliebte, die Prin=
zeß de Guémené, als er noch Abbé de Gondi ge=
wesen, auch die Freundin von Arnauld d'Andilly war
und zwischen Port=Royal und dem Ort ihrer Schuld
schwankte [2]).

---

1) Notice sur Port-Royal. p. 81.
2) Mém. de Retz. I. p. 25.

Derselbe ehrlose Geist bezeichnete die ganze Po=
litik der Partei. Sie brachten den Geist der Advo=
caten, und zwar unredlicher Advocaten, in die Theo=
logie. Den ganzen Kampf mit Rom fochten sie mit
einer Reihe von Spitzfindigkeiten durch, deren sich
ein achtungswerther Advocat geschämt haben würde;
und während im Verlauf dieses schändlichen Streites
die Gewissen verwirrt und gequält wurden, ver=
schmähten die Einsiedler auch Machinationen anderer
Art an anderen Orten nicht. Auf den heimlichen
Treppen der Paläste gab es Intriguen und in den
Hallen der Tuilerien führten Höflinge Anschläge aus,
die in der Einsamkeit von Port=Royal entworfen wor=
den waren. Als der Finanzminister Fouquet fiel,
wurden geheimnißvolle Beziehungen zwischen ihm und
Port=Royal entdeckt. Im Jahre 1671 wurde Lud=
wig XIV. mit all seinem Haß gegen die Secte über=
listet, einen Arnauld zum Collegen Colbert's und
Louvois' zu ernennen und der Triumph der Partei
war durch das Wiedererscheinen d'Andilly's in Ver=
sailles besiegelt; er verließ die Einsamkeit von Port=
Royal, um ein zweites Mal Höfling zu werden und
seinem Souverain für die seinem Sohne erwiesene
Ehre zu danken.

Dieser schändliche Geist in Port=Royal war so
vergiftend, daß er Alle, welche unter den Einfluß
dieses Ortes kamen, anzustecken schien. Wenn irgend
ein Mann mehr als ein Anderer durch die Aufrich=
tigkeit der Absicht und Unabhängigkeit der Gesinnung
davon hätte bewahrt bleiben können, so wäre dies
Pascal. Dieser Geist, welcher in seinem feurigen
Suchen nach Wahrheit die Maximen der Physik, so

alt, wie die Philosophie selbst, niedergeworfen hatte,
konnte, wenn auch nicht vor der Anmaßung der Par=
tei, so doch vor deren Unredlichkeit sicher gehalten
werden. Einerseits machten ihn die eifrigen Specu=
lationen seiner Intelligenz und die Anfälle von Tief=
sinn, welche über ihn kamen, für die prädestinania=
nischen Ansichten des Jansenius geneigt, andererseits
besaß die Welt ihre Reize für ihn und der junge
Philosoph schwankte lange zwischen Port=Royal und
der glänzenden Gesellschaft von Paris. Aber ein
Unglücksfall, welcher ihn beinahe das Leben kostete,
versetzte ihn in einen erneuten Zustand von Tiefsinn
und eine fanatische Liebe für Port=Royal nahm von
seiner Seele Besitz. Wir können nur wenig Dinge
dem Jansenismus schwerer verzeihen, als die edlen
Seelen, welche er verführte und verdarb, und der
edelste Geist, welchen er zu Grunde richtete, war
Pascal. Der Entdecker der Cycloide wurde in einen
Fanatiker verwandelt, der überall, wo er ging, unter
seinen Füßen einen Abgrund geöffnet sah. Er träumte
und hielt seine Träume für Visionen; sie waren von
einer solchen Beschaffenheit, daß sie ein kirchlicher
Seelenführer als Illusionen bezeichnet hätte, deren
sich ein frommes Mädchen geschämt haben würde;
aber seine kranke Einbildungskraft klammerte sich mit
einer ähnlichen Andacht an sie, mit welcher der tollste
Wesleyaner jemals den Tag, die Stunde und die
Minute seiner Bekehrung aufgezeichnet hat. Er schrieb
über sie einen Bericht und trug das Papier gleich
einem Amulet um seinen Nacken, und die königliche
Bibliothek von Paris besaß und besitzt wahrscheinlich
noch bis auf diesen Tag dies melancholische Zeugniß

der Zerstörung, welche in jenem wundervollen Geiste
zu bewirken der Jansenismus beigetragen hatte. Dem
Jansenismus war es zuzuschreiben, daß sein großes
Werk über die offenbare Gewißheit des Christenthums
nichts als ein riesiges Wrack werden sollte, dessen
Trümmer durch ihre colossalen Proportionen zeigen,
wie herrlich der vollendete Bau geworden sein würde.
Statt dessen besitzen wir nur die Provinciales. Zum
Glück für den Ruf ihres Autors war die Gelehrsam=
keit dieser Briefe nicht sein Eigenthum; er ist daher
für falsche Citate, verstümmelte Stellen und Unter=
drückung des Zusammenhanges nicht verantwortlich.
Dagegen ist er für die Unredlichkeit der ganzen
Kampfesweise verantwortlich. Nur der Geist Pas=
cal's konnte dem trockenen Gegenstande einen solchen
Reiz verleihen, wie er that, und für einen Streit,
welcher bisher in scholastische Ausdrücke eingehüllt
war, der Welt Interesse abgewinnen; er allein konnte
von dem Tribunal der Sorbonne an das der öffent=
lichen Meinung appelliren und die Geheimnisse der
Gnade der Untersuchung der Menge übergeben. Wenn
damals irgend Jemand verpflichtet war, ehrlich zu
sein, so war es sicher Pascal, der es übernommen
hatte, der Vermittler zwischen den Schulen und der
Welt zu sein; und als von ganz Frankreich die „Pro=
vinciales" begierig verschlungen und als die Dogmen
der Kirche auf die wilden Wogen der öffentlichen Mei=
nung geschleudert wurden, da war die Welt gewiß zu
der Annahme berechtigt, ihre männliche Beredtsam=
keit und die durchsichtige Klarheit ihres Styles sei
auch ein Vehikel der Wahrheit. Dem ungeachtet be=
trog er mit ihrem Beginne das in ihn gesetzte Ver=

trauen. Anstatt zu erklären, was die Häresie war, läugnete er ihr Vorhandensein; er stellt sie als ein von den Jesuiten heraufbeschworenes Phantom dar. Anstatt die Frage als eine, welche die eigentlichen Grundfesten der geheimnißvollen Gnadenlehre in sich schloß, zu bestreiten, stellte er sie als ein bloßes Gezänke der Schulen dar und reducirte sie auf die einfache Frage der Thatsache, ob die berühmten fünf Propositionen wirklich im Jansenismus enthalten wären. Man weiß jetzt, wie man eine solche Schlußfolgerung zu würdigen hat. Es war eine Pascal's unwürdige Verdrehung der Sache, so eine Frage zu charakterisiren, welche die tiefste metaphysische Speculation über die Natur des menschlichen Willens in sich schloß. Niemand behauptete, daß die fünf Propositionen Wort für Wort im Jansenius stünden, und es lag eine Beleidigung sowohl gegen die Intelligenz, als gegen die Autorität der Kirche von Seiten Derjenigen, die ihre Kinder zu sein vorgaben, in der Beschränkung auf die einfache Frage, ob diese fünf Sätze wörtlich dort stünden oder nicht. Der „Augustinus" ist nun vergessen oder wird kaum mehr gelesen; aber das Zeugniß von Männern der entgegengesetztesten Richtungen, wie Bossuet und Fenelon, beweist, daß Cornet durch die Zurückführung des umfassenden Bandes auf die fünf Sätze seine Aufgabe getreulich erfüllt und wirklich dessen wesentlichen Inhalt darin ausgezogen hat. Die scharfsinnigsten Argumente zum Beweis der Nichtexistenz des Jansenismus werden nun, da ein ganzes Jahrhundert seit Pascal's Zeiten sein Licht darauf geworfen, vergebens vorgebracht werden.

Aber es bedurfte nicht immer des Lichtes der
Zukunft, um die Wirkung von Pascal's zürnender
Beredtsamkeit zu zerstören. Er verheimlichte den eigent=
lichen Streitpunkt, wenn er sich auf Arnauld's Werke
über die heilige Eucharistie und die in Port=Royal
gestiftete ewige Anbetung als auf einen Beweis, daß
die Jansenisten an die Transsubstantiation glaubten,
berief [1]). Niemand bezweifelte, daß sie alle Lehren
der Kirche über das heilige Altarssacrament annah=
men; aber dies befreite sie nicht von der Beschul=
digung einer Empörung gegen ihre Autorität, da sie
zur selben Zeit ihrer Disciplin widerstrebten. Der
Zustand der Communität, auf welchen sie sich be=
riefen, war der beste Beleg für die Behauptung, daß
der Geist des Jansenismus die Empörung gegen die
gegenwärtig lebende Kirche Gottes ist. Trittst Du
in die Abtei von Port=Royal ein, so siehst Du in
Wahrheit das heilige Sacrament auf einen hohen
Thron erhoben. Ein rothes Kreuz auf dem weißen
Skapulier des heiligen Bernhard verkündet schon auf
dem Gewande der Nonnen, daß ihrer Ordensregel
die ewige Anbetung beigefügt gewesen war. Aber
in den Herzen, welche unter jenem Gewande schlugen,
wurzelte ein Geist der Empörung gegen die Disciplin
der Kirche, so stolz wie jener Calvin's gegen ihre
Lehren. Als Pascal diese Zeilen schrieb, mußte er
wohl, daß die Anbetung selbst der Ueberrest eines
früheren Zustandes war, als die Abtei unter der
Direction des Bischofs Zamet von Langres stand,
ehe St. Cyran dieselbe betreten hatte. Die Janse=

---

1) Provinc. Lettr. 16.

nisten setzten ihn ab, und obgleich die Nonnen fort=
fuhren, unseren hoch über ihnen auf einen Thron
gesetzten Herrn, als ihren König, anzubeten, so wider=
setzten sie sich doch eigensinnig jener innigeren Ver=
einigung, durch welche Er sich selbst in der heiligen
Eucharistie den Christen so oft darbietet.

Es war für Port=Royal ein verhängnißvoller
Augenblick, als Maria Angelica aufhörte, unter der
Leitung des heiligen Franz von Sales zu stehen;
hinfort wurde es ein Monument der Gefahr für See=
len, welche sich den frommen Bewegungen der gegen=
wärtig lebendigen Kirche widersetzten, um der einge=
bildeten Richtschnur dahingegangener Zeiten zu folgen.
Zu jener Zeit stritten in Frankreich auch zwei Systeme
um die Herrschaft. Ein Geist der Liebe hatte sich
in der heiligen Stadt Rom erhoben, der den Men=
schen verkündete, daß ihr Herr wünsche, sie möchten
Seinen Leib und Sein Blut häufiger empfangen, als
bisher, und Ihn mehr auf dem Weg der Liebe, als
der Furcht suchen. Er war durch die Stimme des
lieben heiligen Franz von Sales über die Alpen ge=
tragen worden, indem dieser seine italienischen Accente
in die französische Sprache übersetzte und ihn so be=
fähigte, den Weg in dieses große Königreich zu fin=
den. Auf seinem Zug gegen Norden aber fand er
sich Angesicht gegen Angesicht mit dem starren Geist
des Jansenismus. Es war nicht anzunehmen, daß
die Geistlichen, welche im Widerspruch mit der Kirche
behaupteten, Christus sei nicht für alle Menschen ge=
storben, mit der weniger strengen Disciplin zufrieden
sein konnten, durch welche dem Sünder in dem Augen=
blick verziehen wird, da er moralisch genügende Zei=

chen der Reue gibt, ohne auf den zögernden Jahres=
verlauf zu warten, um die Kirche von seiner Besserung
zu überzeugen. Einer der Anführer der jansenisti=
schen Partei schrieb ein Buch gegen die häufige Com=
munion. Eine ihrer Meinungen war, die Absolution
sei ungültig, wenn sie ertheilt würde, bevor die auf=
erlegte Buße erfüllt sei, und jedenfalls wünschten sie
die alten Canones wieder in's Leben zu rufen, durch
welche die Absolution auf Jahre öffentlicher Buße
verschoben wurde. Es war nicht auffallend, daß Men=
schen, welche den Glauben der Kirche angriffen, auch
ihre Disciplin verachten würden. Aber das Beklagens=
wertheste war, daß die Bräute Christi in die Schlinge
fallen und nicht sogleich gewahren sollten, daß dieser
Mangel an Sympathie mit dem Geiste der Kirche
ihrer Tage ein untrüglicher Beweis eines dabei thä=
tigen ketzerischen Geistes war. Es ist wahr, daß kein
Decret vom heiligen Stuhl ausging, nach welchem
es ein Glaubensartikel wurde, häufige Communion
sei nutzbringend; aber es gab genug Zeugnisse dafür,
daß der Gebrauch der gegenwärtigen Kirche den öfte=
ren Empfang entschieden begünstigte. Wäre Maria
Angelica nicht vom Geiste der Häresie besessen gewe=
sen, so würde sie sich eher im Verdachte des Irr=
thums, als die Kirche in dem der Larheit gehabt
haben. Die Kirche ist ein immer lebendiger Körper
und es verräth eine verborgene Krankheit, wenn sich
je das Herz nicht in Vereinigung mit ihr fühlt.

Von dem Augenblicke an, da der Jansenismus
Port=Royal beherrschte, war die Andacht von dort
entflohen. Die ewige Anbetung des heiligsten Sa=
cramentes war dort errichtet gewesen und das erste

Symptom einer Veränderung trat zu Tage, als die katholische Welt durch eine neue und extravagante Form der Andacht überrascht wurde, welche die Schwester Maria Angelica's als Ersatz für die gewöhnliche Methode des Besuches unseres Herrn im Tabernakel zum Gebrauch unter den Gläubigen ersonnen hatte. Sie wurde von der Kirche verdammt, in Port-Royal aber vertheidigt. Es ließ sich ferner nicht annehmen, daß die Zuneigung zu Maria den Verlust der Liebe für ihren Sohn lange überleben werde. Gegen die Andacht zur heiligen Mutter Gottes, als eine ausschweifende und sentimentale, wurden Bücher geschrieben.

Dasselbe zerstörende Werk wurde durch die Einsiedler, welche sich von der Welt hieher zurückgezogen hatten, noch fortgesetzt, selbst nachdem die Nonnen Paris geräumt hatten. Port-Royal wurde der Mittelpunkt einer großen, intellectuellen Bewegung, durch die Frankreich mit Werken überschwemmt wurde, welche die Traditionen und die Disciplin der Kirche herabwürdigten. Unter ihrem Einfluß ging bei dem fanatischen Versuch, das, was nicht mehr wiederkehren konnte, zurückzubringen, alles Zarte, Liebevolle und Schöne im christlichen Glauben zu Grunde! Und wie es immer der Fall ist, wenn sich die Menschen in eine veraltete Disciplin verlieben, so war das, was sie wieder hervorholten, nicht einmal das Phantom, sondern bloß der todte Leichnam des Vergangenen. Man seufzte nach der alten Disciplin, welche die Kirche in einer Zeit aufzurichten für nothwendig gefunden hatte, als sich die Menschen aus einer heidnischen Welt in ihr sammelten und die ersten Principien der

Moral zu lernen hatten, und man vergaß die tägliche Communion in den Katakomben, welche die Männer und Frauen empfingen, die inmitten des Gewühl-
les der heidnischen Gesellschaft ihrem Berufe folgten.
Man zog nicht in Betracht, daß das heiligste Sacrament von Christen sowohl in ihre Wohnungen, als
von Einsiedlern in die Wüste mitgenommen wurde,
daß es mit ihnen in ihren Häusern wohnte und sie
auf Reisen zu Wasser und zu Land begleitete. In
diesem Eifer für die ersten Zeiten schonten die Bewohner von Port-Royal sogar die Acten der Märtyrer nicht. Die schönen Geschichten der jungfräulichen Märtyrerinnen, der heiligen Cäcilia und der
heiligen Agnes, wurden für unzuverlässig gehalten
auf den bloßen Grund ihrer Uebernatürlichkeit hin;
als ob das Christenthum nicht eine übernatürliche
Religion wäre und als ob im Herabsteigen der be-
suchenden Engel oder in dem plötzlichen Erscheinen
himmlischer Visionen im Gefängniß eines Märtyrers
eine innerliche, wesentliche Unwahrscheinlichkeit läge.
Sie hielten sich für glücklich, wenn sie mit mühsamer
Gelehrsamkeit entdeckten, daß der Erzähler des glorreichen Todes eines Märtyrers irgend ein Versehen
im Namen einer römischen Legion oder im officiellen
Titel eines römischen Gerichtsprofosen gemacht hatte,
während sie das Factum, daß die Tradition der Kirche
schon seit unvordenklichen Zeiten die Legende geweiht
hatte, selbst als ein bloß historisches Zeugniß, mit
Verachtung behandelten.

Dies war die erste Stufe des Jansenismus, der
abstoßendsten und unredlichsten aller Häresien. Seine
fatalistischen Lehren, sein starrer und anmaßender Geist,

seine Unbarmherzigkeit gegen sündige und zu Grunde
gehende Seelen — Alles an ihm ist unchristlich und
reizlos. Der Versuch, in der Kirche zu bleiben, der
sie nicht angehörten, machte eine Anzahl Männer von
großen Talenten und gewaltiger Charakterkraft zu
ihren Verräthern. Sie versuchten einfach, was un-
ausführbar war; sie wollten Katholiken sein, ohne
sich an Rom anzuschließen; sie unterfingen sich, an
die Unfehlbarkeit einer abstracten Kirche der Vergangenheit oder der Zukunft zu glauben, während
sie sich gegen die ewig=lebendige gegenwärtige Kirche
empörten. Alles welkte unter ihrem Hauch: Die Hei-
ligen= und die Kirchengeschichte, die geistlichen Schriften und die Andacht. Ihre Ansprüche auf Strenge
der Disciplin brachen unter der Macht der Umstände
zusammen. Sie wurden Allen Alles, nicht wie der
heilige Philippus Neri oder der heilige Franz von
Sales, sondern indem sie jedem Interesse ihrer Partei
dienten; sie gestatteten die unreinen Romane der Ma-
demoiselle de Scuderi, weil in der Clelia die Partei
gelobt wurde. Während in einer der Pfarrkirchen
von Paris die jansenistische Disciplin geübt wurde
und von der Messe ausgeschlossene Büßer außer der
Kirche ihre Brust zerschlugen, wohnte die Princeß de
Guémené in der Umgegend von Port=Royal. Die
Strenge des Jansenismus konnte kaum größere Ga-
rantien für die Bußfertigkeit bieten, als die milde
Disciplin der Kirche, so lange sie mit der Unbußfer-
tigkeit eines De Retz und der geringen Reue einer
so Rückfälligen, wie Anna von Rohan war, sich ver-
einbarte.

Im Verlauf der Zeit traten alle diese schlimmen

Charakterzüge des Jansenismus mit größerer Schärfe
hervor. Die unerbittliche Logik der Geschichte hat
nun das Problem vollständig herausgearbeitet, ob es
möglich ist, in der Gemeinschaft der Kirche zu blei=
ben, ohne sich nach ihrem Geiste zu richten. Anton
Arnauld starb, getreu seiner Häresie, in den Armen
Quesnel's; Pascal ging vor ihm in's Grab. Hätten
sie sich aber aus ihren Gräbern erheben und die Par=
tei, der sie besser als ihrem Gott gedient hatten,
in den Tagen ihrer Entartung sehen können, als auf
dem Grabe des Abbé Paris lächerliche und ungebühr=
liche Versuche zu Wundern gemacht wurden, die selbst
eine Versammlung von Jumpers beschimpft haben
würden, wie würden ihre stolzen Stirnen vor Scham
erröthet sein! Und hätten sie erst einige Jahre weiter
geblickt und den Jansenismus in einer unnatürlichen
Verbindung mit dem Unglauben gesehen, wie er Mira=
beau zu seinen Reden über kirchliche Angelegenheiten
antrieb, wie er die Prälaten Frankreichs von ihren
Bischofsstühlen verdrängte und sich mit irgend einem
Theil des Raubes seiner neuen Freunde bekleidete, den
diese ihm verächtlich zuzuwerfen beliebten! Da zeigte sich
der Jansenismus in seiner wahren Gestalt, als eine
bloße Faction und Partei; und gleich jeder Partei hing
er sich an jede Macht, ob kaiserlich oder republikanisch,
die ihm Aussicht auf Erfolg bieten konnte. In Wien
waren seine Lehrer Höflinge und in Paris trugen
sie die rothe Freiheitsmütze. Während der, der ersten
französischen Revolution unmittelbar vorangehenden
Periode und während ihrer ersten Anfänge waren die
Jansenisten die Werkzeuge jeder Partei; ihr großes
Princip, daß es möglich sei, der Kirche anzugehören,

und dennoch in Fragepunkten, in welchen sie nicht
unfehlbar war, ihr Gegner zu sein, wie auch ihre
Anmaßung, zur selben Zeit die Richter über diese
Streitpunkte zu spielen, machte sie sowohl für einen
Despoten, wie Joseph II., als für die revolutionären
Aufrührer, welche die constitutionelle Kirche errichteten,
zu entsprechenden Werkzeugen. Ihr letzter elender
Ueberrest kam auf dem Schaffot um; sie wurden von
den Händen der Menschen zur Guillotine geschleppt,
denen sie geholfen hatten, die Kirche zu zerstören.
Ihr Verrath an der Kirche hatte die Meuchelmörder,
welche das Blut der Märtyrer bei den Carmelitern
vergossen, angestachelt, und sie selbst hinwiederum
wurden die Opfer der bösen Geister, welche zu be-
schwören nicht mehr in ihrer Macht stand.

Während dieser zweiten Phase der Geschichte des
Jansenismus nun trat die wunderbare Verbreitung
der Andacht zum heiligen Herzen ein. Die Ruhe der
vierunddreißig Jahre, während welcher die Controverse geschlafen und die Jansenisten sich schweigend
verhalten hatten, wurde zu Anfang des achtzehnten
Jahrhunderts durch einen wüthenden Sturm unter-
brochen. Einem Acte heuchlerischer Unterwerfung unter den heiligen Stuhl, welchen eine Unredlichkeit begleitete, die jener Cranmer's am Tage seiner Weihe
glich, war für die katholische Welt eine Ruhepause
gefolgt, welche man gewöhnlich den Frieden der Kirche
nennt; und ein neuer, nicht weniger schamloser Act
der Kühnheit stürzte das Christenthum wieder in Verwirrung [1]). Aber die Controverse brach unter anbe-

---

1) Im Jahre 1702 erschienen die Cas de Conscience.

ren Auspicien wieder aus. Die großen Kämpfer auf der jansenistischen Seite, Pascal und Arnauld, waren gegangen, Rechenschaft abzulegen; auf der katholischen Seite sollte Bossuet bald sterben; Port-Royal war nicht mehr; nach dem Tode der ersten Aebtissin Angelica wurde die Leitung der Abtei ihrer Nichte Angelica de St. Jean übertragen. Verschieden von ihrer Tante war sie von Kindheit an in den Principien des Jansenismus erzogen worden. Aufgewachsen in der Abtei, umgeben von Familienliebe, hatte sie niemals die Kämpfe durchzumachen gehabt, mit welchen ihre Vorgängerin um Christi willen auf Alles, was ihr theuer war, verzichtet hatte. Ihr Vater, ihre Schwestern und viele ihrer Brüder waren in Port-Royal; die Gräber der Todten umschloß das Kloster, während sich die Lebenden in der Abtei oder in der Einsiedelei befanden. Sie brauchte der Welt nicht zu entsagen, denn ihre Welt war in diesem Thale oder in den Mauern von Port-Royal in Paris ¹). Sie besaß alle die Eigenschaften, die guten, wie die bösen, ihrer Familie: ihre literarischen Fähigkeiten, ihre starke Familienliebe, das Hochfahrende und Hartnäckige ihres Wesens. Nachdem Rom gesprochen und der französische Episcopat seine Beistimmung gegeben hatte, und selbst der elende Vorwand des Gallicanismus geschwunden war, behaupteten sich noch immer unter ihrer Leitung die Bewohner der Abtei. Zuletzt beschloß man, die widerspänstigen Nonnen von

---

1) Die ursprüngliche Abtei Port-Royal war nach Paris transferirt worden; es gab zwei Häuser des Namens, Port-Royal des Champs und Port-Royal de Paris.

den übrigen zu trennen; vierzehn wurden hinweggenommen und in verschiedene Klöster versetzt. In den
Memoiren jener Zeit ist die Scene ihres Abschiedes
berühmt. Die Thränen, welche vergossen wurden,
schienen denen einer Familientrauer ähnlicher, als
denen von Nonnen, welche von ihrem Kloster ent-
fernt werden [1]. Eine Gestalt mit weißen Haaren und
majestätischer Haltung stand dem Erzbischof von Paris
an der Kirchenthüre gegenüber, als sich die verschleier-
ten Schwestern zu den Wagen begaben, welche sie
nach ihren neuen Wohnorten tragen sollten. Es war
Arnauld d'Andilly, der auf einen Bericht seiner Tochter Angelica de St. Jean von Port-Royal des Champs
gekommen war. „Ich hätte nie gedacht, sechsund-
siebenzig Jahre gelebt zu haben, um diesen Tag zu
sehen. Ich habe dort," sagte er, auf die Abtei wei-
send, „eine Schwester und drei Töchter"; und er forderte, sie mit sich auf seinen Landsitz Pomponne nehmen zu dürfen. Dies würde nicht der Weg gewesen sein, sie ihrer Häresie zu entreißen, und so wurde
seine Anforderung zurückgewiesen. Aber einen Augenblick zuvor, als sie von einem Beamten um ihren
Namen gefragt wurde, hatte Angelica, wie sie uns
selbst erzählt, mit lautem Stolze ihn ausgerufen,
„denn zu einer solchen Zeit war es gleichbedeutend,
sich zum Namen Gottes zu bekennen, wenn man sich
zum Namen Arnauld bekannte." Sie war einem
wüthenden Fanatismus zum Opfer gefallen, und der
Gedanke scheint ihr nie gekommen zu sein, daß die
Sache Gottes mit der ihrer Familie nicht identisch

---

1) Nach der Schilderung der jansenistischen Berichterstatter.

sein konnte und daß die katholische Kirche, als deren
Glied sie sich standhaft behauptete, vermuthlich mehr
im Rechte war, als ein Frauenconvent. Sie wurde
zu einer leichten Gefangenschaft in das Kloster der
Annunciaden versetzt, und als sie wieder entlassen wurde,
schied sie von demselben gerührt durch die Milde ihrer
Hüter, aber in ihrer Ketzerei ungebrochen. Selbst als
die Jansenisten durch einen Act unterwürfiger Zer=
knirschung, dem, wie wir fürchten, wohl der feste Vor=
satz der Besserung mangelte, für eine kurze Zeit mit
der Kirche Frieden schlossen, behauptete sich die Mut=
ter Angelica noch immer hartnäckig und war mit der
äußersten Schwierigkeit dahin zu bringen, dem Bei=
spiele der Uebrigen der Partei zu folgen. Sie starb
in ihrer Halsstarrigkeit und Port=Royal des Champs
überlebte kaum diese seine Aebtissin von jenem trotzigen
Geschlechte; denn das Kloster wurde im Jahre 1709
aufgehoben und die Religiosen vertheilt ¹). Die Ober=
leitung der Partei aber ging in andere Hände über.

---

1) Man hat dies als eine entsetzliche Grausamkeit darge=
stellt. Jedes Kloster ist jedoch eine Corporation, welche ihren
Bestand allein der Autorisation durch die Kirche verdankt, und
die Kirche durfte eine Gesellschaft, welche scheinbar ihr ange=
hörend, jeden Gehorsam verweigerte, nicht fortbestehen lassen.
Der Katholik soll auch den Gesetzen der katholischen Kirche
gehorchen. Die Gesammtheit konnte durch Vernichtung dieses
Stützpunktes einer Partei, welche eine Art von Fatalismus
lehrte, nur gewinnen. Die mildeste Weise war immer, die
Nonnen von einander zu scheiden. Es waren nur siebenzehn
Chor= und fünf Laienschwestern; mehrere von ihnen sind vor
ihrem Tode in sich gegangen und haben sich reumüthig er=
wiesen. Sie waren ferner nicht in Gefängnisse geschickt wor=
den, wie man häufig angibt, sondern nach Auswahl ihrer

Der Nachfolger Arnauld's war Quesnel mit weit geringerem Talente für die Controverse, dagegen befähigter, seine Irrthümer der Masse zu vermitteln und sie auf den Gesichtspunkt allgemeiner Verständlichkeit zurückzuführen. Auf der anderen Seite lebte Fénélon noch, der alle seine Kräfte der Vernichtung des Jansenismus widmete. Ihm gelang wirklich, was Pascal zu thun beabsichtigt hatte: ohne die nicht zur Sache gehörige Hülfe der Satyre gewann er das Interesse der Welt für die Controverse, indem er ihr dieselbe mit seinem anmuthigen und mächtigen Styl auseinandersetzte. Im Jahre 1715 starb er und beschwor mit sterbender Stimme Ludwig XIV., ihm einen Nachfolger zu geben, der seinen Kampf gegen den Jansenismus fortsetzen würde. Aber nachdem er geschieden war, übernahm die Andacht zum heiligen Herzen die Aufgabe, die Geister zu ermuthigen, und erfüllte Alle, die nicht verzweifelten, ungeachtet des furchtbaren Fortschrittes der Häresie, mit Vertrauen. Nach dem Tode Ludwigs XIV. stieg die Macht des Parlamentes und mit ihm stieg die Partei, welche ihm allezeit angehangen hatte. Die Frage hörte beinahe auf eine Lehrfrage zu sein; sie nahm überall ihre legitime Form einer Empörung gegen die kirchliche Autorität an. Das Parlament von Paris war nur durch das gefürchtete Ansehen Ludwigs XIV. vermocht worden, die Bulle Unigenitus als ein Landesgesetz einzuregistriren, und benützte nun diese Bulle

eigenen Vorsteherin in verschiedene Klöster vertheilt worden. Für die Zerstörung der Gebäude und die Scenen auf dem Kirchhof ist die Kirche nicht verantwortlich. Es ist bezeichnend, daß Fenelon sie mißbilligte. Histoire de Fénélon. Bausset. III, 363.

als ein Kriegsgeschrei gegen die katholische Kirche. Während der Regentschaft des Herzogs von Orleans und der Regierung Ludwigs XV. wurden die Anstrengungen des französischen Episcopats in allen Maßregeln, welche derselbe gegen die furchtbaren Schrecken des Unglaubens und der Lasterhaftigkeit unternahm, durch die Macht der Parlamente auf das Aeußerste paralysirt. Menschlich gesprochen: es schien, als ob die Christenheit selbst im Verschwinden sei. In einer solchen Zeit that den Christen die Andacht zum heiligen Herzen Jesu Noth, um sie zu beleben und zu trösten. Es ist daher nicht auffallend, daß wir dieser Andacht überall als Gegenstand des Spottes von Seiten der Jansenisten begegnen. In jansenistischen Zeitschriften wurde den Gliedern der Bruderschaften der Spottname Cordicoles angehängt. Zwar war die Wirksamkeit dieser Andacht, so weitverbreitet sie auch war, doch zu wenig in die Augen fallend, um die directen Angriffe der Parlamente auf sich zu ziehen; aber es ist eine bezeichnende Thatsache, daß die französischen Prälaten, welche die meiste Andacht zum heiligen Herzen hegten, zu gleicher Zeit wegen ihren muthvollen Bemühungen gegen den Jansenismus für die besonderen Feindseligkeiten der fürchterlichen Parlamente bezeichnet waren. Vier Jahre nach dem Tode Ludwigs XIV. ließ das Parlament von Paris die zu Gunsten der Bulle Unigenitus geschriebenen Briefe zweier Bischöfe durch die Hand des öffentlichen Henkers verbrennen; und einer dieser beiden Bischöfe war Languet, Bischof von Soissons, der Verfasser der berühmten Lebensgeschichte der ehrwürdigen Maria Margaretha Alacoque.

Im Jahre 1720 traten Ereignisse ein, deren An-

denken sich bis auf diesen Tag in einer der größten
Städte Frankreichs erhalten hat und die für den Sieg
der Andacht zum heiligen Herzen Zeugniß ablegten.
Plötzlich wurde ganz Frankreich durch die Nachricht,
in Marseille sei die Pest ausgebrochen, in Bestürzung
versetzt. Die reichen und vornehmen Bewohner verließen die Stadt, sogar viele ihrer Beamten den Posten
ihrer Pflicht. Das Parlament der Provence befahl
die Thore zu schließen und verordnete für Alle, welche
sich vermessen würden, die Mauern der Stadt zu verlassen, die Todesstrafe. Nach diesem Gewaltsact floh
das Parlament selbst vor der Pest und begab sich nach
Aix. Bevor der verhängnißvolle Cordon um die Stadt
gezogen worden war, wurde ihr Bischof, Heinrich de
Belzunce, bestürmt, dem Beispiel der Civilbehörden
zu folgen. „Gott verhüte,“ entgegnete er, „daß ich
mein Volk verlassen sollte. Mein Leben gehört meinen Schafen, da ich ihr Hirte bin.“ Beinahe zwei
Jahre lang blieb er in die verpestete Stadt eingeschlossen. Lange Zeit hindurch gab es täglich tausend Todte;
das Pflaster war mit unbegrabenen Leichen bestreut.
Die theuersten natürlichen Liebesgefühle waren gegen
die Furcht vor der Ansteckung machtlos und beinahe
alle die Kranken wurden, nach des Bischofs eigenem
Berichte, aus ihren Häusern hinausgeworfen. Eltern
wurden von ihren Kindern, Kinder von ihren Eltern
verstoßen. Die Todten und die Sterbenden lagen in
den Straßenecken und auf den öffentlichen Plätzen durch-
einander. Inmitten dieser schrecklichen Scenen suchte
sich der Bischof gleich einem dienenden Engel jeden
Tag seinen Weg durch die auf die Erde hingestreckten
Körper, indem er den Sterbenden das heilige Sacra-

ment brachte und sie salbte. Sein Klerus stand ihm
in der edelsten Weise bei. Zweihundert und fünfzig
Priester, Ordens= und Weltgeistliche fielen als Opfer
ihrer Liebe zu Gott und den Menschen. Eines Tages
trat der Bischof in ein Franziscanerkloster, um die
Hülfe der Mönche anzurufen. Der Convent saß ge=
rade im Refectorium bei Tisch und der Pater Guardian
kündete ihm an, daß Jeder, der wolle, dem Rufe
folgen dürfe. Sogleich erhoben sich Alle bis auf den
jüngsten Novizen herab, um sich anzubieten, und sechs=
undzwanzig von ihnen wurden später Märtyrer der
Barmherzigkeit. Endlich kam dem guten Bischof eine
Inspiration vom Himmel und er beschloß, seine Diö=
cese und die Stadt Marseille dem heiligen Herzen
Jesu zu weihen. Seit vier Monaten hatten die Glocken
der Kirchen geschwiegen; am 4. November aber riefen
sie die Gläubigen wieder zusammen. Von seinem gan=
zen Klerus umgeben, begab sich der Bischof barfuß,
mit einem Strick um den Hals, zu einem im Freien
errichteten Altar, wo er die heilige Messe darbrachte
und den Act der Genugthuung für das heilige Herz
öffentlich vorlas. Von jenem Augenblick an war die
Zahl der Todten im Fallen und an Ostern des fol=
genden Jahres erbrach das Volk in seinem Eifer die
Kirchenthüren und bestand darauf, daß Messen gelesen
würden; so sehr war die Furcht vor der Ansteckung
geschwunden.

Noch heute, nach so vielen Revolutionen, wird die
Widmung der Stadt jährlich erneuert und ohne Zwei=
fel war die Gnade, welche Marseille zu Theil wurde,
eine mächtige Ursache zur großen Verbreitung der An=
dacht in Frankreich. Wendet man sich andererseits zur

Geschichte der Zeit, so findet man, daß Heinrich von
Belzunce wegen seines Eifers gegen die Jansenisten
ein besonderes Ziel für die Feindschaft des Parlamentes der Provence war; und aus Rache für seine Bemühungen zu Gunsten der Annahme der Bulle Unigenitus wurden seine Temporalien mehr als ein Mal
sequestrirt. So wahr ist es, daß eine muthige Vertheidigung des Glaubens gegen die jansenistische Häresie beinahe immer mit der Andacht zum heiligen
Herzen Hand in Hand ging.

Es war aber dem Jansenismus in einer späteren
Entwickelung und an einer höheren Stelle vorbehalten,
die volle Macht dieser Andacht zu entdecken und sie
directer anzugreifen. Nachdem die Lehren des Jansenismus ein und ein halbes Jahrhundert lang die Kirche
in Verwirrung gesetzt hatten, brach die Ketzerei am
Hofe von Wien und über den Alpen an den äußersten
Grenzen des Kirchenstaates wieder in einer anderen
Gestalt aus. In den Händen Joseph's II. hatte sie
ihren lehrhaften Charakter ganz fallen gelassen und
ihre Identität mit dem französischen Jansenismus würde
gänzlich verloren gegangen sein, nähmen wir nicht an,
daß das Wesen des Jansenismus eine Empörung gegen
die Disciplin und den Geist der gegenwärtigen Kirche oder
die Weigerung ist, einer ewig=lebendigen Macht in der
Kirche die Leitung und Beherrschung ihrer Kinder zuzugestehen. Wenn ihre Lehren über die ausreichende
und wirksame Gnade für immer zur Ruhe gelegt worden sind, so ist jene besondere Form, die wir jetzt betrachten wollen, weit allgemeiner und gefährlicher. „In
Lehrpunkten ist die Kirche unfehlbar,“ so lautete das
Wort Joseph's II.; „aber es gibt eine große Masse

von Ansichten in der Kirche, welche man möglicher=
weise bezweifeln und doch ein ganz guter Katholik sein
kann. Wollen wir uns an das halten, was Sache
des Glaubens ist; alles Uebrige gehört der Jurisdiction
des Staates an." Und demgemäß ging er zum Krieg
gegen alle Kirchendisciplin über und, was für uns
das Wichtigste ist, auch gegen ihre Andachten. Er
schaffte alle Bruderschaften ab, beschränkte die Zahl
der Messen, verbot irgend welche Andachten zu pflegen,
die nicht in den Rubriken der Kirche streng festgesetzt
waren. Wie der Jansenismus in Frankreich dadurch,
daß er vom häufigen Empfang der heiligen Com=
munion abschreckte, der Frömmigkeit einen Todesstoß
zu geben beabsichtigte, so nahm es Joseph II. auf sich,
alle die populären Andachten zu zerstören, welche, ohne
unauflöslich mit der Kirche verbunden zu sein, doch
von ihr geduldet und gebilligt werden. In der jan=
senistischen Synode zu Pistoja verkörperte sich dieser
Geist in Regeln und nahm eine bestimmte Gestalt an.
In gerader Opposition zum heiligen Stuhl und mit
offenem Trotz versammelte Ricci, der schismatische
Bischof von Pistoja, eine Synode seines Klerus, deren
Decrete in Rom sämmtlich verdammt worden sind.
In dieser berühmten Synode wurden beinahe alle
unter den Gläubigen allgemein verbreiteten Ausübungen
der Frömmigkeit verworfen und verboten, auf den
Grund hin, daß sie nicht zum Glauben gehörten. Die
Glieder der Versammlung stellten als einen Funda=
mentalsatz auf, daß „ein großer Unterschied zu machen
sei zwischen Dem, was zum Glauben und zum We=
sentlichen der Religion gehört, und Dem, was nur die
Disciplin angeht;" und dann gingen sie weiter, zu

behaupten, die Disciplin dürfe der freiesten Untersu=
chung unterzogen werden, als ob es keine competente
Autorität gäbe, sie festzustellen. Sie griffen die Ver=
waltung des Bußsacramentes an und die Ertheilung
der Lossprechung vor Vollzug der auferlegten Buße;
sie verdammten die Andacht zu besonderen Bildern
und die allgemeine Lehre von den Indulgenzen, No=
venen und mit Ablässen verbundenen Gebeten. Sie
verwarfen die außerordentliche Andacht zur heiligen
Jungfrau und schließlich hoben sie aus all den beson=
deren Andachten der Kirche die zum heiligen Herzen
als neu, irrthümlich und endlich sogar gefährlich
hervor.

Der Jansenismus machte noch eine Phase durch,
bevor er für immer unterging. Nach der Regentschaft
des Herzogs von Orleans und nach Ludwig XV. brach
die französische Revolution aus. Ein kleiner Theil der
jansenistischen Partei schrak vor dem rapiden Fort=
schritt dieser furchtbaren Erscheinung bestürzt zurück;
aber es liegt kein Mangel an Nächstenliebe darin,
die große Masse der Secte deren Begünstigung zu be=
schuldigen, wenn eines ihrer eigenen Glieder, Ange=
sichts der vollen Thätigkeit der Revolution, die Jan=
senisten ihre Vorläufer nannte. Vierzig Jansenisten
saßen in der Nationalversammlung und waren die
Stifter der constitutionellen Kirche von Frankreich.
Hier trat wieder das jansenistische Princip an das
Licht, daß die Kirche keine fortwährend gebietende Ge=
walt in sich hat; man trennte den Glauben von der
Disciplin und erklärte, daß man die ersten Zeitalter
zum Vorbild nehme, wenn man in die Kirche demo=
kratische Prinzipien einführe und die Bischöfe durch

das Volk wählen ließe. Der ganze französische Epis=
copat, mit Ausnahme von Fünfen, weigerte sich, auf
diese Constitution den Eid abzulegen und wurde von
seinen Sitzen vertrieben. Eine unermeßliche Zahl von
Priestern folgte seinem Beispiel und in ganz Frankreich
wurden die legitimen Pfarrgeistlichen vertrieben, um
ihre Stellen jansenistischen Eindringlingen zu über=
lassen. In dieser Zeit, inmitten der Schrecken der
französischen Revolution war die Andacht zum heiligen
Herzen von unschätzbarem Werthe, um den Muth der
Katholiken aufrecht zu halten [1]). Eine Thatsache, welche
wir aus den blutigen Annalen jener Zeit zu Tage ziehen
konnten, wird genügen, um dies zu beweisen; sie wird
zeigen, wie die Religion während der Schreckensherr=
schaft erhalten wurde. Während Carrier Nantes mit
Blut überschwemmte, lag ein Edelmann, Namens de
la Billiere, mit seiner Frau und zwei unverheiratheten
Töchtern in den revolutionären Gefängnissen. Er war
beschuldigt, einen katholischen Priester in seinem Hause
beherbergt zu haben, wurde verurtheilt und starb auf
dem Schaffot. Seine Frau und seine Töchter wurden
vor dasselbe Tribunal geschleppt, aber keine Bosheit
oder Verläumdung konnte eine Beschuldigung gegen sie
auffinden. „Die Zeugenaussagen stimmten nicht über=
ein.“ Endlich wurde bewiesen, sie hätten auf dem
Schlosse ihres Vaters Bilder vom heiligen Herzen Jesu
unter das Landvolk auf dessen Gütern vertheilt; sogleich
wurden sie verurtheilt und vergossen mit der größten
Freude aus Liebe zu Jesus ihr Blut auf dem Schaffot.
Wir haben nun genug gesagt, um die Geschichte

---

1) Vergl. *Berault de Bercastel*, Hist. de l'Eglise.

des Jansenismus und seinen tiefgewurzelten Haß gegen
die Andacht zum heiligen Herzen zu zeigen. Nicht um-
sonst haben wir einen lang vergangenen Irrthum aus
der Dunkelheit, womit die Zeit ihn bedeckte, an das
Licht gezogen. Noch kann das Gespenst einer todten
Häresie auf der Erde spuken, und in einem protestantischen Lande, gleich unserem, liegt immer die Versuchung nahe, soweit jansenistisch zu sein, als es gilt,
die Autorität der lebendigen Kirche auf das Aeußerste
zu beschränken und von unserer Religion alles das abzustreifen, was für Diejenigen, unter Denen wir leben,
das meiste Aergerniß gibt. Der einzige rechte Weg
jedoch ist, katholisch zu sein mit Geist und Herzen.

Es ist gefährlich, dem kirchlichen Geiste der Zeit,
in der wir leben, nicht zu folgen, da wir uns unbewußt in dieselbe kalte und reizlose Religion, die mehr
im Kopf, als im Herzen sitzt und die das Resultat der
Ketzerei war, deren Geschichte wir schreiben, verstrickt
finden können. Gewiß sollte es für uns Alle eine War-
nung sein, wenn wir ernste und energische Männer von
großer Strenge der Lebensweise in solche Irrthümer
in der Lehre und in einen solchen Mangel an Prinzipien in der Praxis fallen sehen, wie wir es bei Arnauld und Pascal gezeigt haben. Und wenn man
sagt, daß Wenige gleich ihnen das Talent oder den
Ernst besitzen, Häresiarchen zu werden, so hat der Jansenismus auch seine anderen Phasen. Seine nachfol-
gende Geschichte zeigt uns, wie man an die großen Lehren
des Katholicismus, an die Transsubstantiation und an
die abstracte Unfehlbarkeit der Kirche glauben und dennoch den Protestanten oder Ungläubigen in die Hände
arbeiten kann, indem man so wenig als möglich glaubt

und Alles verwirft, was, wenn es auch nicht absolut zum Glauben gehört, doch der allgemeine Brauch guter Katholiken ist. Man vergißt, daß das, was unter den Katholiken allgemein geglaubt und geübt wird, ein Kennzeichen des Geistes der Kirche ist, da sie es duldet oder autorisirt. Die Andachten der Kirche sind die legitimen Folgen ihrer Lehren und die Verachtung gegen dieselben zeigt, daß die Lehren im Geist Dessen, der jene verachtet, keine Wurzeln gefaßt haben. Endlich, wenn irgend ein Schisma ausbricht oder wenn die Autorität der Kirche sich geltend macht, fällt man ab. Die Canones der Synode von Pistoja verdienen Studium, weil sie nichts sind, als die rationalistische Auslegung des Glaubens und der Praxis eines lauen Katholicismus.

Auch wird es selbst für Diejenigen, welche keine Katholiken sind, nicht ohne Interesse sein, den Geist und das Schicksal einer Partei, die unter allen Menschenklassen so zahlreiche Bewunderer gefunden hat, zu verfolgen. Die Jansenisten besaßen zwei Eigenthümlichkeiten, um sich großen Ruf zu erwerben: sie hatten eminente literarische Talente und litten für ihre Ueberzeugung. Aber bevor wir uns mit Ehrfurcht vor der Größe der Intelligenz beugen, wünschen wir zu wissen, in welcher Sache sie wirkte. Wir fühlen für den Genius des Hobbes, wie er auf Seiten des Fatalismus stand, nicht mehr Verehrung, als für eine physische Kraft oder für irgend eine andere in einer schlechten Sache angewendete Gottesgabe; und das System des Jansenismus ist nicht unpassend mit jenem des Philosophen von Malmesbury verglichen worden. Ferner, bevor wir einen Mann als Bekenner heilig spre-

chen, ist unsere erste Frage, was die Lehren waren,
für welche er litt. Wenn er sein Leben zum Zeugniß
für seinen Unglauben an die Freiheit des Willens hin=
gab, so werden wir ihm gewiß die Ehren verweigern,
die ein Märtyrer verdient. Das Merkwürdigste an
dem günstigen Urtheil der Engländer über die Janse=
nisten ist die leichte Verzeihung, welche sie den unehren=
haften Mitteln schenken, wodurch sie ihre Ansichten ver=
breiteten. Der einzige wirkliche und ganze Jesuitis=
mus, im protestantischen Sinne des Wortes, war der
Jansenismus. Es ist begreiflich, daß man Luthers
Muth bewundern konnte; aber selbst die Welt muß
uns entschuldigen, wenn wir uns wundern, wie sie ihre
Huldigungen an Menschen verschwenden konnte, welche
die Kirche von Frankreich nicht mit offenem Krieg zer=
störten, sondern dadurch, daß sie als Verräther in
ihrem Schooße blieben. Beweist man diese Thatsache,
so ist es, als ob man eine Betrügerei entlarve. Man
kann den Selbstbiographien des Jansenismus nicht
trauen. Fontaine's Memoiren können uns dienen, einen
pittoresken Artikel für eine Zeitschrift zu gewinnen,
aber das Resultat ist dem wirklichen Jansenisten nicht
ähnlicher, als der holde Puritaner eines evangelischen
Romanes das genaue Porträt eines fanatischen Sol=
daten von Cromwell ist. Um die Geschichte von Port=
Royal kennen zu lernen, muß man mit De Retz und
der Herzogin von Longeville am Rathstisch der Fronde
sitzen; man muß in die Einsamkeit des bischöflichen Pa=
lastes in Aleth eindringen und belauschen, wie Arnauld
den unehrenhaft verheimlichten Bischof überredet, eine
innerliche Reservation zu gebrauchen — unerhört in den
„Casuisten" der „Provinciales" — und in einem

Document die Unterwerfung abzuläugnen, welche er eben, Angesichts Gottes und Seiner Kirche, an den heiligen Stuhl sandte. Endlich muß man dem Jansenismus zu seiner Schlußscene in der französischen Revolution folgen, wo ein Jansenist als Gefährte Robespierre's ein schismatisches Concil in Paris hält, während die legitimen Pfarrer von Frankreich sterbend in den Gefängnissen von Rochefort liegen oder auf dem Schaffot umkommen aus Liebe zu Christus. Alle Ehre sei der Gesellschaft Jesu, welche zuerst den Geist dieser Ketzerei erkannte und ihre Absicht durchschaute. Von den großen Diensten, welche die Söhne des heil. Ignatius der Kirche geleistet haben, ist der Scharfsinn, mit welchem sie den Jansenismus entdeckten, und der Muth, womit sie ihn, nach guten und schlimmen Berichten, verfolgten, nicht der kleinste, während sie sich zu gleicher Zeit immer durch die innigste Andacht zum heiligen Herzen Jesu auszeichneten.

Der
Geist der Andacht
zum
heiligen Herzen.

———

Erstes Kapitel.

Geschichte der Andacht zum heiligen Herzen.

Man kann sich wundern, warum ich zu Anfang dieser Abhandlung über das heilige Herz, statt über die wunderbare Liebe Jesu zu sprechen, mit einer historischen Untersuchung über Ursprung und Fortschritt der Andacht erscheine. Und man wird sich noch mehr wundern, wenn im Verlauf die Gedanken durch das Detail sowohl profaner, als heiliger Ereignisse davon abgezogen werden. Unsere Geschichte wird uns von der Erde zum Himmel und vom Himmel wieder zurück zur Erde führen. Visionen der Heiligen werden sich sonderbar mit weltlichen Scenen untermischen und man wird finden, daß die Kabalen der Parlamente und der Umsturz der Dynastien einen unbewußten Einfluß auf die Verbreitung dessen übten, was seinen schwachen Ursprung im Dunkel eines französischen Klosters hatte. Ich glaube jedoch nicht, daß wir uns einer Treulosigkeit gegen den liebevollsten und liebenswürdigsten Gegenstand in Gottes Reich der Gnade schuldig machen, wenn wir die Betrachtung seines eigentlichen Wesens noch aufschieben. Man glaube mir, ich will nicht deßwegen die Aufmerksamkeit auf den historischen Theil lenken, weil er interessant ist, sondern weil er mir als die beste Illustration eines großen Principes in Gottes Verkehr mit Seiner Kirche erscheint. Es sieht viel-

4 *

leicht wie die einfache Behauptung einer augenschein=
lichen Wahrheit aus, wenn ich sage, daß alle An=
dachten, welche aus der Kirche hervorgehen, überna=
türlich sind; wenn man jedoch weiter geht, findet man,
daß dies in einem Sinne wahr ist, der nicht sogleich
in die Augen fällt, ja, der vielleicht schließlich nicht so
allgemein geglaubt wird, als man beim bloßen Aus=
sprechen anzunehmen geneigt ist. Die eine Thatsache,
daß die Verbreitung der Andacht kein gleichmäßiger
Verlauf mit leichtem Sieg war, wird dazu dienen, den
Leser zu überzeugen, daß das, was so einfach und na=
türlich scheint, den Herzen der Katholiken erst vertraut
und heimisch gemacht werden muß und im Gegentheil
nicht nur von Häretikern, sondern von achtungswerthen
Männern in der Kirche Gottes eine tödtliche Oppo=
sition erfährt. Diese guten Christen fühlen sich na=
türlich nicht vom Herzen Jesu abgestoßen; sie wären
ja Teufel, wäre dies der Fall; die wachsende Andacht
zu ihm war es, der sie sich mit einer Macht wider=
setzten, welche ihren inneren Widerwillen bekundete.
Und dies allein würde schon genügend beweisen, daß
in den besonderen Andachten eine tiefere Bedeutung
liegt, als es zuerst scheint. Einigen einfachen Seelen
hätte man wohl ihren Eifer nach Herzenslust hingehen
lassen können, wenn man in der Ausbreitung dieser An=
dacht nicht ein Etwas gesehen hätte, welches auch die
eigene Achtung forderte, eine zwingende Gewalt, welche,
obgleich man dieselbe nicht zugestehen wollte, ein über=
natürliches Ansehen hatte und wider ihren Willen
einen Gegenstand vor ihnen erhob, den mit einer be=
sonderen Verehrung auszuzeichnen, sie sich ganz und
gar nicht berufen gefühlt hatten.

Ich glaube nun, daß die Geschichte der Andacht zum heiligen Herzen das fragliche Princip mehr herausstellt, als die irgend einer anderen Andacht; sie trägt schon in ihrem Aeußeren die Zeichen des Uebernatürlichen; sie erfüllt in der Kirche eine gewisse Aufgabe, für die sie besonders geeignet ist; sie thaut auf einzelne Seelen himmlische Einflüsse herab; und, worauf ich besonders aufmerksam machen möchte, es ist ihre Bestimmung von Gott, dies zu thun. Dies Alles wird sich im weiteren Verlauf klarer herausstellen und so gehe ich ohne weitere Einleitung auf den Gegenstand selbst über.

Ein der Kirche gewöhnlich gemachter Vorwurf ist der, daß sie unveränderlich ist; daß, während Alles ringsumher, Künste und Wissenschaften, Philosophie, Literatur und Alles, was unsere Welt schmückt und veredelt, in einem Zustande fortwährenden Fortschreitens und Entwickelns ist, sie allein sich nicht verändert, ja unveränderlich ist. Stagnation, eine Vergangenheit und Gegenwart ohne eine Zukunft, ein langer, monotoner Tag ohne Morgen, mit einem Wort, Alles, was dem Tode gleicht, ist im Geiste der Menschen mit dem Gedanken an die katholische Kirche verbunden. Dagegen beansprucht die Welt für sich Leben, Energie und die Fähigkeit, endlose Combinationen unzähliger Formen hervorzubringen. Vergebens entgegnet man, daß diese Unwandelbarkeit gerade das ist, was man von einer göttlich-angelegten Gesellschaft fordern könne, daß es gerade die Bedingung ist, unter welcher ein Mensch Prophete sein kann, daß er nicht wechselt, da Wechsel gleichbedeutend mit Selbstwiderspruch ist; und wie kann Etwas, dessen Botschaft wechselt, das Organ

der himmlischen Wahrheit sein? Die Welt gibt dies
Alles zu, weil sie nicht anders kann; aber sie geht
weiter und sagt: „Behaltet Ihr Euere Wahrheit und
wir behalten unser Leben; ein Prophet muß, im Grunde
betrachtet, sowohl lebendig, als unveränderlich sein.
Wenn Ihr eine lebendige und energische Kraft sein wollt,
müßt Ihr mit der Welt Frieden schließen, müßt fort=
schreiten und wechseln. Bewegung ist nicht genug; eine
Maschine bewegt sich, aber sie hat kein Leben; sie ar=
beitet, aber sie bleibt bei ihrer stumpfen, wechsellosen
Bewegung und schreitet nicht fort, weil sie sich nicht
verändert.“ Nun gibt es natürlich auf die Sophistik
der Welt viele Antworten und zwar tiefere und weisere,
als ich sie zu geben im Begriffe bin. Man kann
leicht entgegnen, daß es noch eine andere Lebensbedin=
gung gibt, als die Fähigkeit des Wechsels, und das
ist: inneres Gleichbleiben; es gehört sowohl Gleich=
bleiben als Fortschreiten dazu, ein lebendiges Wesen zu
bilden. Ferner: die Kirche wechselt in ihrer äußeren
Gestalt; das heißt: sie besitzt in sich die zwei entgegen=
gesetzten Wesenheiten des Lebens: persönliches Gleich=
bleiben und dennoch jene Fähigkeit der Anpassung, durch
welche sie im Stande ist, dem Fortschritt der Welt zu
begegnen. Betrachtet die Kirche der Katacomben;
gleicht sie äußerlich jener des heil. Athanasius oder
des heil. Gregor VII.? Ja, betrachtet die Dogmen der
Kirche; natürlich sind sie unwandelbar; Gott behüte,
daß sie anders sein sollten! Aber prüfet die äußeren
Formen, in welchen sie sich der Welt darstellen! Ist
der majestätische Bau einer Rede des heil. Athanasius
etwa mit der künstlichen Ausarbeitung einer Frage der
Summa zu vergleichen? Nein, die Welt hat sich ver=

ändert und auch die Vertheidiger der Kirche haben ihre
Waffen gewechselt. Der heil. Thomas hat zu seinem
Organ gerade jene Philosophie genommen, welche der
heil. Athanasius und der heil. Basilius als die bettel=
haften Ueberreste einer heidnischen Welt verachtet hatten.
Hier also gibt es genug Wechsel, um zu zeigen, daß
die Kirche lebendig ist. Aber abgesehen von allen diesen
Entgegnungen will ich dem Leser eine andere geben, die
zwar ihn, aber nicht die Welt befriedigen wird, und sie
lautet: die Andachten der Kirche wechseln je nach den
Bedürfnissen ihrer Kinder, während ihre Dogmen un=
verändert bleiben. Um dies zu zeigen, denke man sich
z. B. einen Mann des Mittelalters, einen Cardinal
des heil. Gregor VII. meinetwegen, in die Mitte des
modernen Rom's versetzt. Ohne Zweifel würde es eine
schwere Aufgabe für ihn sein, die äußeren Züge seiner
alten Stadt wieder zu erkennen, aber dennoch eine leich=
tere, als die Bedeutung der anderen Veränderungen,
welche sich ihm aufdrängten, zu entdecken. In der Nacht,
da er mit seinem heiligen Herrn Rom verließ, war die
Stadt vom Feuer eines ungeheueren Brandes röther, als
die Strahlen der untergehenden Sonne, wenn sie hinter
den Sabinerhügeln hinabsinkt; und die fliehenden Schritte
der zitternden Flüchtlinge wurden vom Kriegsgeschrei
der Deutschen verfolgt, welche die heilige Stadt er=
obert hatten. Aber jetzt würden ihm die friedlich über
dem Palaste der kaiserlichen Gesandten aufgerichteten
Wappen verkünden, daß die Beziehungen zwischen dem
Papstthum und den weltlichen Mächten gänzlich ver=
ändert sind. Wenn er weiter forschte, würde er finden,
daß der vom heiligen Stuhl zu fürchtende Erzfeind nun
nicht mehr der feudale Kaiser, sondern die rothe Re=

publik ist. Hier ist in Wirklichkeit ein Wechsel in der
äußeren Politik des Stuhles des heil. Petrus. Nun
denke man sich denselben mittelalterlichen Carbinal auf
den Stufen St. Peters am Frohnleichnamstag; er
würde finden, daß ebensowohl im inneren Leben der
Kirche Veränderungen vorgegangen sind, als in ihren
äußeren Beziehungen zur Welt. Laßt ihn mit den
Augen der langen Prozession folgen, welche zwischen
den Pfeilern der Colonnade dahinzieht; dann laßt ihn
von der Menge in die weite Basilika getragen werden.
Das ganze Ceremonial würde ihm nicht fremder sein,
als der hoch aufsteigende Dom und das glänzende Dach,
welche die Stelle der düsteren Gewölbe des alten St.
Peter einnehmen. Er wird freilich das heilige Sacrament wiedererkennen und niederfallen und anbeten,
wenn der heilige Vater der knieenden Menge den Segen
ertheilt; aber er wird auch einen Ritus wahrnehmen,
den er nie zuvor gesehen, und bemerken, daß die Kirche
seit seiner Zeit ihre Disciplin in Bezug auf das heilige
Sacrament verändert hat. Er wird bei weiterer Nach-
forschung finden, daß im dreizehnten Jahrhundert in
der Christenheit eine Liebesfülle für unseren Heiland
unter der sacramentalen Hülle hervorbrach; das Leben der Kirche manifestirte sich damals in einem plötzlichen Liebesstrom, welcher die Herzen der Christen
überfluthete, und ein allgemeiner Freudenruf von einem
Ende der Kirche bis zum anderen verkündete damals,
daß die Gläubigen zu einer tieferen Würdigung dessen
gelangt waren, was sie wohl schon vorher gewußt: daß
Jesus selbst, sowohl Gott als Mensch, jeden Altar in seiner
Kirche zu Seiner Wohnstätte machte. Mit anderen Worten: eine neue Andacht war im Christenthum entsprungen.

Dies führt uns nun zu einer tieferen Kenntniß
dessen, was unter einer Andacht in der Kirche Gottes
verstanden wird. Es ist die Verwirklichung irgend eines
der vielen Objecte, welche unser Glaube vor uns auf=
stellt, deßhalb eines von Anbeginn der Christenheit
allen Katholiken vollkommen wohl bewußten, aber zu=
vor von der Allgemeinheit nicht so, wie es sein sollte,
empfundenen Objectes. Mit anderen Worten: es ist
ein plötzlicher Liebesausbruch gegen irgend einen Hei=
ligen oder Engel oder gegen Etwas, das mit unserem
göttlichen Erlöser oder Seiner heiligen Mutter in Zu=
sammenhang steht, das vorher schon geglaubt wurde,
das aber von der Welt nicht unbegrenzt als ein Gegen=
stand der Liebe aufgefaßt worden war. Von Zeit
zu Zeit ist es, als ob auf irgend einen schönen Theil
der Gnadenschöpfung Gottes ein Licht vom Himmel
falle und darauf verweile, während alles Uebrige in
Schatten tritt und er allein hervorzuragen scheint, um
die Herzen der Christen zu beschäftigen; so hellleuch=
tend und gewaltig bringt ihn das himmlische Licht zu
plötzlicher Auszeichnung. Neue Mittel, ihn zu ehren,
werden erfunden, Bruderschaften gebildet und von al=
len Seiten für seine Verehrung Altäre von köstlichem
Marmor und strahlendem Golde errichtet. Religiöse
Orden nehmen ihn auf und die Theologie wird in
seinen Dienst gezwungen, während die Malerei und
Sculptur mit der heiligen Kunst wetteifern, ihn den
Gläubigen zu empfehlen. Zuweilen ist der Enthusias=
mus theilweise und beschränkt sich auf ein Königreich
oder auf eine Stadt; zuweilen verbreitet er sich über
die ganze Christenheit. Als Beispiel dessen, was ich
meine, nehme man den Rosenkranz oder das heilige

Sacrament im dreizehnten Jahrhundert, oder den heiligen Joseph im fünfzehnten, oder die unbefleckte Empfängniß heute oder, was uns am meisten betrifft, das heilige Herz im siebenzehnten.

Und nun, da wir soweit gekommen sind, erhebt sich die Frage — welchem Gesetze folgen diese Gefühls= ausbrüche in der Kirche? Ist das Licht, das sich so plötzlich auf diesen Gegenstand der christlichen Liebe ergießt, Licht vom Himmel oder ist es bloß das Erzeug= niß frommer Einbildungskraft? Wenn sich die Frage auf die Dogmen der Kirche oder auf die Wirkung oder Realität der Sacramente bezöge, so würde sie natür= lich rasch beantwortet sein. Aber sie ist zugestandener= maßen kein Gegenstand des Glaubens, sondern des Gefühles. Der Fall ist dieser: es gibt in der Kirche eine Menge von auf= und abwogenden Andachten, deren Anwendung nicht absolut zur Erlösung nothwendig ist, wie das Rosenkranzgebet, mit Ablässen verbundene Ge= bete zu Ehren gewisser Objecte und dergleichen, und mit ihnen correspondiren gewisse Gefühle, wie tiefes Mit= leid mit den armen Seelen im Fegefeuer, glühende und zärtliche Liebe für bestimmte Heilige oder gewisse Mysterien unserer Erlösung, welche durch Symbole dargestellt werden, die auch zugleich Wirklichkeiten sind, wie die heiligen Herzen Jesu und Mariä, die fünf Wunden oder das kostbare Blut unseres Herrn. Und es hat sich als eine geschichtliche Thatsache heraus= gestellt, daß diese Andachten ihren Ursprung zu ge= wissen Epochen in der Kirche hatten oder wenigstens zu gewissen Zeiten mehr als zu anderen hervorragten und sich geltend machten. Die Kirche selbst nimmt sie auf und gebraucht sie als einen Theil des Triebwerkes,

womit sie ihr großes Werk der Seelenrettung ausführt.
Zugleich aber zwingt sie nicht zu deren Ausübung;
und die von mir angeregte Frage ist der Erörterung
überlassen: in welchem Sinne sind sie übernatürlich?
Ich will, eh' ich weiter darauf eingehe, vorausschicken,
daß die Frage eine wichtige ist; denn ich glaube
wirklich, daß, obgleich die Ausübung dieser Andachten
nicht nothwendig zur Erlösung ist, dennoch die Weise,
in welcher man von ihnen berührt wird, ein sehr guter
Thermometer des geistlichen Zustandes ist. Man kann
sich vielleicht zu einigen nicht besonders hingezogen füh=
len, noch weniger zu allen, aber eine Abneigung gegen
eine von ihnen ist ein Beweis, daß die Seelenstimmung
nicht im Einklang mit dem Geist der Kirche steht. Ein
großer Heiliger, und zwar kein geringerer, als der hei=
lige Ignatius, hat unter die Kennzeichen einer katho=
lischen Seele die Andacht zu gewissen Objecten gezählt,
welche wir geneigt sein könnten, als zur ausgedehnten
Klasse der Unwesentlichkeiten gehörend, gering zu
schätzen [1]). Dieses Wort des Heiligen enthält eine
tiefe Weisheit und ich will nun versuchen, darzulegen,
welch eine hohe Bedeutung in diesen Andachten der
Kirche liegt und wie gewiß es ist, daß Gott ihnen
eine Arbeit in der Welt zuertheilt, ja sie gerade zu
diesem Zwecke erweckt hat. Auch werde ich nicht ver=

---

1) Unter den Kriterien, an welchen man zu erkennen ver=
mag, ob man mit der orthodoxen Kirche fühlt oder nicht,
zählt er folgende auf: Würdiges Sprechen über Reliquien,
Verehrung und Anrufung der Heiligen, dann auch Stationen,
Wallfahrten, Indulgenzen, Jubiläen und andere Andachten
dieser Art.

geſſen, währenddem das in Frage ſtehende Princip durch die Geſchichte der beſonderen Andacht, welche uns heute beſchäftigt, zu beleuchten.

Ich beginne alſo mit der Behauptung, daß, zuge= geben, dieſe Andachten, und beſonders die zum heiligen Herzen, ſeien in der Natur begründet, doch nicht daraus folgt, daß ſie nicht auch übernatürlich ſind. Die Ob= jecte des katholiſchen Gottesdienſtes ſind an ſich ſchön und wie alles Liebliche wecken ſie natürliche Liebe. Aber ich möchte vor der Meinung warnen, daß hier ihre Thätigkeit endigt. Die Gnade ſchließt die Natur nicht aus, ja, Gott wendet das natürlicher Weiſe Anziehende dazu an, uns für ſich zu gewinnen, und wenn wir wäh= nen, bloß etwas Schönes betrachtet zu haben, bemer= ken wir plötzlich, daß Gott uns mit anmuthiger Liſt gefangen hat und daß ihre Schönheit ein Canal der Gnade für unſere Seelen geweſen iſt. Es iſt z. B. ein gewöhnlicher Rath, den man einer armen, von einer furchtbaren Sünde heftig verſuchten Seele ertheilt, Morgens und Abends zu Ehren der Reinheit der hei= ligen Jungfrau drei „Ave Maria" zu beten. Ich nehme an, der Sünder kommt nach einiger Zeit zu ſeinem Beichtvater und ſagt ihm: „Hochwürdiger Herr, ſeit Sie mir dieſe Ave aufgegeben haben, falle ich nicht mehr in dieſe ſchändliche Sünde." Der Beichtvater weiß natürlich vollkommen wohl, daß ſchon die Vor= ſtellung der reinen, ſchönen und über allen Begriff heiligen Jungfrau eine natürliche Fähigkeit hat, uns die Herrlichkeit der Reinheit zu lehren. Zugleich würde er aber ein Thor ſein, ſähe er nicht in dieſer einfachen Andacht eine die begreifliche weit überwiegende Macht. An ſich genommen könnte ſie nur den Wunſch erzeugen,

rein zu sein; aber die drei „Gegrüßet seist Du, Maria"
haben mit Gottes Gnade als ein recht eigentliches Heil=
mittel gewirkt, und er gewahrt in jener Begrüßung Got=
tes und der heiligen Jungfrau eine übernatürliche, zur
Erzeugung einer so gänzlich über ihrer scheinbaren Ur=
sache stehenden Wirkung angewendete Macht. Ich ver=
liere daher nichts, wenn ich zugebe, was vielleicht
Viele abzusprechen geneigt sein mögen: daß es ganz
natürlich ist, für das heilige Herz Jesu Liebe und An=
betung zu fühlen.

Und da ich soweit gekommen bin, gehe ich einen
Schritt weiter. Man hält es für so natürlich, das
Herz Jesu als das Symbol der brennenden Liebe, mit
welcher Er die Menschheit erlöste, zu nehmen, daß
man geneigt ist, bei der Natur stehen zu bleiben und
nach keinem anderen Erklärungsgrund für die große
Andacht zu suchen, die im siebenzehnten Jahrhundert
in der Kirche entsprungen ist. Aber wenn sie so ganz
natürlich ist, warum entstand sie nicht vorher? Was
einfach das Product der Natur ist, erscheint plötzlich
und wartet nicht auf den langsamen Einfluß der Zeit,
es hervorzubringen. Was ist nun die Thatsache?
Hatte die Kirche Gottes vergessen, daß ihr Herr ein
Herz hatte, da sie sechszehnhundert Jahre vorübergehen
ließ, bevor sie sich dessen plötzlich erinnerte und ihm
die späte Ehre einer Messe und eines Officiums er=
wies? Nein, ich kann dies nicht annehmen. Sie ge=
dachte dessen wohl, aber noch war die Zeit nicht ge=
kommen. Alles, was nicht bloß das Kind des Zu=
falls ist, hat seine Zeit. Sie behielt ihre Absicht für
sich und ihr Schweigen war nicht ohne Bedeutung.
Und was es noch wunderbarer macht, daß diese An=

dacht nicht schon früher zur Geltung kam, das ist die
Thatsache, daß sie schon viele Jahrhunderte vor der
Zeit, als sie die Aufmerksamkeit der Christen im All=
gemeinen beschäftigte, großen und einflußreichen Heili=
gen vorleuchtete. Man würde vielleicht vergebens in
den Vätern darnach suchen; sie ist zu unbedeutend, zu
subjectiv, wenn man will, um den Zeiten des heiligen
Basilius und des heiligen Gregorius angemessen zu sein.
Und dennoch erscheint in einem früheren Zeitalter, zu
einer Zeit, da vielleicht die Andacht zur heiligen Mensch=
heit Jesu mehr auf der Außenseite des Christenthums
lag, als da in einer späteren Periode die Arianische
Läugnung Seiner Göttlichkeit die Augen der Christen
mehr auf seine Gottheit richtete, dennoch erscheint schon in
den Acten der Märtyrer Etwas, das sehr dem Anfang
der Andacht zum heiligen Herzen gleicht.   Gewiß ist
es, daß im Leiden und Sterben dieser frühen Beken=
ner des Glaubens eine brennende Liebe zur heiligen
Menschheit unseres theueren Herrn und Heilandes als
das herrschende Princip jedes Gedankens und jeder Hand=
lung der Menschen sich äußert, die in Wahrheit sagen
konnten: „Ich lebe, aber nicht ich, sondern Christus
lebet in mir, für mich ist Christus Leben und Sterben
Gewinn.“

Wir brauchen uns daher nicht zu wundern, daß
mitten in der schrecklichen Verfolgung, die im Jahre 177
zu Lyon ausbrach, das Bild Jesu den Seelen der Christen
am deutlichsten vorschwebte. Unter ihren Opfern stand
mit der Jungfrau Blandina der jugendliche Diakon
Sanctus in vorderster Reihe. Und als der Schreiber
des Briefes aus den Kirchen von Lyon und Vienne
sich fragte, wie der Dulder die rothglühenden Eisen=

platten ertragen könne, welche seinen Körper zu einer
einzigen großen Wunde verbrannten, kann er nur die
Antwort finden, daß „er bethauet und gestärkt wurde
vom Quell des lebendigen Wassers, welches aus dem
Herzen Jesu fluthet." So lautet das Zeugniß der
ersten Kirche; schreiten wir nun zum Mittelalter vor, so
begegnet man jener Liebe sogleich da, wo man sie erwartet,
das ganze Herz des heiligen Bernhard entflammend und
in Fluthen glühender Beredtsamkeit von seinen Lippen
strömend. Aber wohl zu bemerken ist, daß sie sich nie
über die Gitter seines Klosters erstreckte. Warum wurde
sie nicht draußen den Ohren der Welt geprediget, bis der
ganze Continent, von den Ufern der Seine bis zu den
Rheinthälern und zu den Bergen der Schweiz, ja bis
zu den Ebenen der Lombardei mit mächtiger Stimme
von der Andacht wiederhallte? Wohl aus keinem anderen Grunde, als weil der Heilige zu wohl wußte, was
er vorhatte. Sie war der Zeit noch nicht angemessen;
sie war von zu feiner und zarter Schönheit, um bei den
rauhen Kriegern, mit welchen der heilige Bernhard zu
thun hatte, ein Echo zu finden. Nein, er predigte eine
andere Andacht — jene zum Grabe Jesu; und jeder
König Europa's sammelte seine Barone um sich, sie
nach dem heiligen Lande zu führen. Er gründete den
Orden der Tempelritter und gab ihnen nicht das heilige
Herz, sondern das Kreuz unseres Erlösers zum Ordens-
zeichen [1]). Er wußte, daß die physischen und materiel-

---

1) Der Orden der Tempelherren wurde durch Hugo von
Payens, Gottfried von St. Omer und Andere gestiftet;
Bernhard von Clairvaux aber war sein lauter Vertheidiger
und Lobredner und hat sich wahrscheinlich an Entwerfung

len Leiden Jesu weit leichter von ihnen empfunden werden würden, als der Todeskampf, den Seine Seele rang. Diesen letzteren predigte er nur seinen Cistercienserbrüdern; es war noch nicht an der Zeit, ihn der Welt zu predigen.

Um die Geschichte weiter zu verfolgen, so nehme man jeden der einflußreichen Orden der Kirche bei seinem Entstehen und man findet dieselbe starke Hinneigung zu derselben Andacht, ohne den leichtesten Versuch, sie volksthümlich zu machen. Es konnte nicht anders sein. Betrachte jene bleiche und abgezehrte Gestalt, wie sie unter den Felsen von Alvernia umher wandert! Ein sanfter Glanz leuchtet in den Augen, in welchen sich die tiefe Liebe zu Gott, die in dem Heiligen herrscht, offenbart; die Wunden der Seite Jesu, wie auch die der Hände und Füße haben ihren Stempel in sein Fleisch gedrückt. Dies Herz konnte das verwundete Herz Jesu nicht vergessen. Dem entsprechend ist der erste seiner Söhne, der Andachtsbücher schreibt, der heil. Bonaventura vom glühenden Gedanken über das Herz Jesu erfüllt. Jedoch selbst ihm gelingt die Verbreitung der Andacht nicht; sie erstreckte sich nie über seinen Orden hinaus. Wenden wir uns nun zu einem anderen herrschenden Orden der Zeit, zu dem des heil. Dominicus! Ich erblicke eine jungfräuliche Gestalt vor mir und auch sie trägt auf ihrem Leibe, wenn auch geheim, die Eindrücke der fünf Wunden ihres göttlichen Bräutigams. O heilige Katharina von Siena! Der Herr erschien

---

der Ordensregel betheiligt, so daß er füglich als Mitstifter genannt werden kann.

Anmerk. d. Uebers.

ihr in einer Vision und nahm ihr irdisches Herz hinweg. „Dann," sagt ihr Biograph, „wurde sie von einem großen Lichte umgeben und sah ihren Erlöser, wie Er in Seinen heiligen Händen ein lebendiges, von Licht strahlendes Herz trug. Die Heilige fiel zu Boden, zitternd und das Antlitz in den Händen verbergend. Jesus näherte sich ihr mit einem Blick voll Liebe, öffnete ihre Seite und legte das Herz in ihre Brust, indem er sagte: „Tochter, ich habe dein Herz hinweggenommen und gebe dir das Meine, auf daß du für immer dadurch leben mögest." Wer wäre nun so geeignet, die Andacht zum heiligen Herzen zu verbreiten, als die heil. Katharina? In einem Augenblick schien es ihr, als ob ihr unser Herr den Auftrag gäbe, den Menschen die Liebe seines Herzens zu verkünden. Sie fragte eines Tages unseren Erlöser mit Accenten der Liebe, warum Er gewollt habe, daß Seine Seite nach Seinem Tode geöffnet werde, und Er antwortete ihr: „Ich wollte der Menschheit das Geheimniß Meines Herzens enthüllen, damit sie verstehen möchte, daß meine Liebe noch größer ist, als die äußeren Zeichen, welche ich davon gebe, denn während es für meine Leiden eine Grenze gibt, ist meine Liebe für sie grenzenlos. Theuere, geliebte Tochter! Die Schmerzen der Sinne sind mit dem Weh der Seele nicht zu vergleichen." Die heil. Katharina spricht also nicht deßhalb wenig in ihren Werken vom heiligen Herzen Jesu, weil sie von Seiner Liebe nichts wußte; noch fehlte ihr die Macht der Sprache, daß sie nicht darüber predigte. Das reine Italienisch ergoß sich ungezwungen von ihren ungelehrten Lippen, wenn sie die Behörden von Florenz anredete oder die Cardinäle mit ihrer eingegossenen Theologie in Erstaunen versetzte oder den

zögernden Papst überredete, das sonnige Avignon mit
den ungesunden Dünsten und den Ruinen Rom's zu ver=
tauschen. Und dennoch verkündet keines ihrer Worte,
soweit sie das Auge oder das Ohr der Welt treffen, ihre
Andacht zum heiligen Herzen. Ihre Briefe äußern eine
weit größere Liebe zum kostbaren Blut, als zum Herzen
Jesu; sie bewahrt sie in ihrem eigenen Busen ver=
schlossen, um sich mit ihrem Herrn zu unterhalten. Ha=
ben wir nicht das Recht, aus all Diesem den Schluß zu
ziehen, daß jene Andacht noch nicht bestimmt war, volks=
thümlich zu werden? Unser Herr wartete Seine Zeit ab.
Ja die Geschichte hat eine Stelle aus den Werken der heil.
Gertrud aufgezeichnet, welche sowohl die eigene Andacht
der Heiligen zum heiligen Herzen beweist, als auch die
Verkündigung enthält, daß die Verbreitung dieser An=
dacht einer anderen Zeit vorbehalten war. Wir lesen
im Leben der heil. Gertrud: einst erschien ihr der Evan=
gelist St. Johannes und sie fragte ihn, wie es käme,
daß er, da er beim letzten Abendmahl am Herzen Jesu
geruht, doch nichts zu unserer Belehrung über die Be=
wegungen Seines Herzens geschrieben habe? Der
Heilige antwortete ihr mit diesen denkwürdigen Worten:
„Ich war beauftragt, der heranwachsenden Kirche die
Worte des unerschaffenen Wortes Gottes des Vaters
zu verkünden; aber was die Huld der Bewegungen
dieses heiligen Herzens betrifft, so hat es sich Gott selbst
vorbehalten, sie in den letzten Zeiten, im höchsten Ver=
fall der Welt bekannt zu machen, um die Gluth ihrer
Liebe, die alsdann erkaltet sein wird, wieder anzufachen [1].“

---

1) So citirt in Derouville's Buch über das heilige
Herz. In des Lanspergius italienischer Uebersetzung des

Die in dieser Stelle enthaltene Lehre bedarf keines
Commentars.

Ich habe nun aus diesem Allem das gefolgert, was
ich ein Princip genannt hatte, das mehr Licht auf diesen
Gegenstand werfen und besonders erklären würde, was
unter einer Andacht in der Kirche Gottes verstanden
wird. Aus der Thatsache, daß die Andacht zum heiligen
Herzen dem Mittelalter vorenthalten war, habe ich den
Schluß gezogen, in ihrem Ausbruch liege etwas Uebernatürliches und es könne für diesen Umstand in ihrer
Geschichte kein anderer Grund angeführt werden, als
daß sie für diese Zeit noch nicht geeignet war. Verschiedene Male scheint sie auf dem Punkte durchzu-
brechen, aber es geschah nicht und aus keiner anderen
bestimmbaren Ursache, als weil Gott sie einer anderen
Periode der Kirche vorbehielt. Nun gehe ich weiter,
um zu zeigen, daß es für die Behauptung, bei ihrem
Erscheinen zu der Zeit, da sie endlich hervorkam, habe
Gott mitgewirkt, besondere Gründe gibt. Und der
erste Beweis ist der Art, daß er sich auf alle anderen
Andachten anwenden läßt, wenn auch auf keine in demselben Grade, wie auf diese. Die eigentliche Bedeutung
einer Andacht ist die, populär zu sein; sie muß auf
Massen von Christen wirken, um überhaupt eine Andacht
zu sein. Dies ergibt sich klar aus dem, was schon gesagt worden ist; Niemand würde sich träumen lassen,
den heil. Bernhard oder die heil. Katharina von
Siena als Urheber der Andacht zum heiligen Herzen
zu bezeichnen, und zwar besonders deßhalb, weil, wenn

Lebens der heil. Gertrud begegnet uns die Stelle im 4. Kapitel
des vierten Buches.

sie dieselbe auch völlig in sich trugen, sie sie doch nicht verbreiteten oder populär machten.

Was also sind die Thatsachen? Plötzlich erhebt sich in der ganzen Christenheit zu gleicher Zeit ein eigenthümliches Gefühl wahrnehmbarer Liebe für einen besonderen Gegenstand, in einer nie vorher gefühlten Art. Natürlich ist dies Object ein solches, welches die Liebe anzieht und weckt; aber es gibt noch zahllose andere solche Objecte im christlichen Glauben. Wie kommt es denn, daß gerade dieser specielle Heilige oder Engel, gerade dies Mysterium so überwältigend hervortritt und beinahe alle Andacht absorbirt? Warum ergreift dieser Gegenstand so mächtig nicht nur Hunderte, sondern Tausende und Zehntausende auf einmal? Ich glaube, die Antwort muß lauten: weil er vom heiligen Geist kommt. Und um dies deutlich zu machen, will ich etwas tiefer auf den Ursprung einzelner Andachten eingehen.

Man kann gewöhnlich für die Verbreitung einer Andacht eine Ursache bestimmen und dies mehr oder weniger ihrer Uebernatürlichkeit gegenüber. Zuweilen wird sie durch besondere Tagesumstände verursacht und in den Seelen einer ganzen Nation regt sich ein plötzlicher geheimnißvoller Zug irgend einem Heiligen zu, von dem in besonderen Bedrängnissen Hülfe zu erwarten natürlich ist. Man sagt z. B., während des Exils unseres heiligen Vaters sei in Italien eine mächtige Andacht zur heil. Katharina von Siena entstanden. Die gebenedeite Heilige hatte Gregor XI. von Avignon nach Rom zurückgeführt; warum, da sie nun im Himmel ist, sollte sie nicht durch ihr Gebet Pius IX. in die Stadt der Apostel zurückführen? Oder irgend ein lebender

Heiliger wird das von Gott für die Verbreitung einer
Andacht auserwählte Organ. So wirkten z. B. die
Beredtsamkeit, der Eifer und die Wunder des heil. Dominicus die beinahe allgemeine Verbreitung des Rosen-
kranzgebetes. Oder ferner: kann eine solche wahrnehmbare Andacht eine Belohnung sein, welche Gott Seinem
Volke für muthigen Widerstand gegen die Ketzerei ertheilt; und ich fühle mich veranlaßt, auf diesem Haupt-
punkte länger zu verweilen, weil er mir eine gute Gelegenheit bietet, die Verfahrungsweisen des heiligen Geistes mit der Kirche in Bezug auf einzelne Andachten zu
beleuchten. Der große katholische Andachtsgegenstand
ist natürlich, nächst dem heiligen Altarssacrament, unsere
theuere Mutter Maria. Nun würde es freilich ab-
surd sein, behaupten zu wollen, es finde sich derselbe Be-
trag von Andacht zur heiligen Jungfrau so offen und
deutlich die ganze Kirchengeschichte hindurch, wie ihn
unsere Zeit aufweist; wenigstens in dem technischen
Sinne, in welchem wir dies Wort gebraucht haben.
Mit anderen Worten: obgleich der Glaube der Kirche
über diesen Gegenstand nicht wechseln konnte, so schienen
doch zuerst andere Objecte größeren Anspruch auf die
wahrnehmbare Liebe der Christen zu haben. Sicher ist
jedoch, daß diese Andacht in gewissen Theilen der Kirche
existirte. Der so enge mit dem geliebten Jünger verbundene heil. Irenäus brachte sie nach Lyon und bezeichnete Maria in seinen Werken mit dem Namen:
Patronin. Tertullian hatte von Maria gesagt, „sie
habe durch ihren Glauben die Schuld getilgt, welche
Eva durch ihre Leichtgläubigkeit begangen hätte;"
während später der heil. Ambrosius sagt: „Maria
war allein und wirkte die Befreiung der Welt." Sicher

enthalten diese Ausdrücke sowohl den Enthusiasmus,
als den Glauben an ein Dogma. Schlägt man den
heil. Ephraim auf, so wird man sich einbilden, man
habe einen Irrthum begangen und den heil. Bernhard
ergriffen, statt eines orientalischen Mönches des fünften
Jahrhunderts. Alle Gluth einer östlichen Phantasie
ist wachgerufen, um den Preis der Königin des Himmels zu singen, und die Poesie wird zu ihrem Dienste ge-
worben, gerade wie die Beredtsamkeit ihre Dienerin
wurde auf den Lippen des heiligen Abtes von Clairvaux.
Wie wir gesehen haben, genügen aber die Schriften der
Heiligen allein nicht, das Vorhandensein einer volks-
thümlichen Andacht zu beweisen, noch weniger, sie hervorzurufen. Während die Lehre in der Gestalt eines
Dogma's von den höheren Stellen der Kirche ausgeht,
erhebt sie sich hingegen in der Form der Andacht von
unten her; sie muß auf die Masse wirken, bevor sie den
Namen verdient. Nun glaube ich, daß es möglich ist,
die Zeit herauszufinden, da die Kirchengeschichte eine
große populäre Andacht zur heiligen Jungfrau bezeugt.
Versetze man sich in Gedanken in eine ungeheuere Stadt
des Ostens im fünften Jahrhundert! Ganz Ephesus,
die Hauptstadt Kleinasiens, ist in Aufregung; ein Concil soll hier gehalten werden, und von allen Theilen der
Welt versammeln sich die Bischöfe. Auf jedem Antlitz
malt sich Spannung, so daß man leicht sehen kann: die
Frage ist eine von allgemeinem Interesse. Unverständiger Weise hat es den Häretikern beliebt, die Materie
aus den Gränzen der Theologie herauszunehmen und
nicht nur zu fragen, ob unser Herr eine doppelte Persönlichkeit hatte, sondern auch, ob Maria die Mutter
Gottes wäre; noch unverständiger war es, das Concil

in Ephesus, dem alten Bischofssitze vom Adoptivkinde
Maria's, dem Lieblingsjünger St. Johannes, halten
zu lassen. Aber vielleicht kannten sie die Liebe des
Volkes zu Der nicht, von Deren wirklichem oder ange=
nommenem Aufenthalte dort sich noch manche Tradition
erhalten hatte; ja vielleicht waren sich die Ephesier selbst
noch nicht bewußt, wie sehr sie Dieselbe liebten. Aber
jetzt ist die Thatsache klar; fragt sogar die Kinder auf
den Straßen, was vor sich geht? Sie werden antwor=
ten: böse Männer seien im Begriff zu kommen, um zu
erklären, ihre eigene Mutter sei nicht auch die Mutter
Gottes. Und so drängen sie sich während eines langen
Junitages um die Pforten der alten Kathedrale St.
Mariä und betrachten mit ängstlichen Gesichtern jeden
hineintretenden Bischof. Wohl durften sie ängstlich
sein; denn man weiß, daß Nestorius den Hof auf seine
Seite gebracht hat. Erst am anderen Tag zog er in
die Stadt ein mit wehenden Bannern und tönenden
Trompeten, umgeben von den glänzenden Reihen der
kaiserlichen Leibgarde, mit dem Grafen Candidianus,
ihrem General und seinem eigenen Anhänger, an der
Spitze. Außerdem ist es für gewiß bekannt, daß wenig=
stens vierundachtzig Bischöfe bereit sind, ihm beizustim=
men; und wer weiß, wie viele Andere noch? Er selbst
ist der Patriarch von Constantinopel, der Nebenbuhlerin
Roms, der kaiserlichen Stadt des Ostens; und dann
wird Johannes von Antiochien stündlich erwartet, mit
seiner Reihe von Stimmen, und er, der Patriarch des
Stuhles, an Einfluß dem Nestorius zunächst stehend, ist,
wenn auch kein Häretiker, so doch von jener jämmer=
lichen Art, die in kirchlichen Streiten immer zwischen
dem Lager des Teufels und dem Gottes hin= und her=

schwankt. Der Tag verstreicht und noch immer geht von der Kirche nichts aus; dies beweist wenigstens, daß es eine Meinungsverschiedenheit gibt, und als die Abendschatten sich dichter auf sie senken, steigert sich die Aengstlichkeit der müden Beobachter. Endlich werden die großen Thore der Basilika aufgerissen und ach! welch ein Schrei der Freude bricht aus der versammelten Menge, da ihr angezeigt wird, daß Maria als das verkündigt worden ist, als was jedes katholische Herz sie schon vorher verehrt hatte — als Mutter Gottes. Die Ephesier hatten bis dahin selbst nicht gewußt, wie intensiv die Liebe zu Maria war, welche sie tief in ihrem Herzensgrunde trugen. Männer, Weiber und Kinder, Edle und Niedriggeborene, die stattliche Matrone und die bescheidene Jungfrau, alle drängen sich mit lautem Jubelruf um die Bischöfe; sie wollen diese nicht verlassen; sie begleiten sie in einer langen Prozession mit angezündeten Fackeln nach ihren Wohnungen; sie zünden Weihrauch vor ihnen an, um ihnen nach orientalischem Gebrauche Ehre zu erweisen. In jener Nacht wurde nur wenig in Ephesus geschlafen; aus übergroßer Freude blieb man wach; die ganze Stadt war ein Lichtstrom, denn jedes Fenster war beleuchtet. Hierauf predigten viele Tage lang die berühmtesten Prediger der Christenheit zum Preise Maria's in ihrer eigenen Kathedrale und das Volk strömte besonders hinzu, um den heil. Cyrillus von Alexandrien in seinem majestätischen Griechisch einen Vortrag halten zu hören, wie man ihn heute in Rom an jedem hohen Festtag hören kann. Hier nun ist gewiß eine bewußte Liebe für die heilige Jungfrau, welche die Masse der Menschen anspornt. Ein Kampf mit der Häresie auf Leben und

Tod hat sie zum Vorschein gebracht. Mit anderen
Worten: durch die Gnade Gottes ist hier eine volks=
thümliche Andacht zur heiligen Jungfrau in der Kirche
aufgegangen.

Wenden wir uns nun dem Herzen Jesu zu, indem
wir untersuchen, unter welchen Umständen die Andacht
zu demselben zuerst in der christlichen Welt erschien.
Bei all den anderen Beispielen besonderer Andachten,
welche ich angeführt habe, ist behauptet worden, die
Thatsache ihres plötzlichen Entstehens und augenblick=
lichen Verbreitens sei ein Zeichen für ihre Uebernatür=
keit und ihr Ausgehen von Gott. Ich gehe nun weiter
und sage, die Unzulänglichkeit einer secundären Ursache
zur Hervorbringung eines solchen Resultates führt uns
auch dazu, den Ursprung solcher Bewegungen in der
Kirche dem Wirken des heiligen Geistes zuzuschreiben.
Diese Behauptung gleicht jener, welche man in Bezug
auf das Christenthum selbst anzuwenden pflegt. Es
wird mit Nachdruck behauptet, daß zwölf arme Fischer
nicht die Welt bekehren konnten, wenn die Religion,
die sie predigten, nicht von Gott gekommen wäre. In
derselben Weise z. B. könnte ein Mönch nicht auf
eigene Hand die Rosenkranzandacht über die ganze
Welt verbreitet haben, ohne den Beistand des heiligen
Geistes, selbst wenn dieser Mönch der heil. Dominicus
gewesen wäre. Laßt uns nun die Umstände prüfen,
unter welchen die Andacht zum heiligen Herzen Jesu
ihren Anfang nahm, und sehen, ob menschliche Mittel
genügen werden, um ihre rasche Verbreitung zu erklären.

In den mittelalterlichen Heiligen liegt ein Element,
das Jedermann sogleich als romantisch erkennt und
das auf die Ursache ihrer Erfolge zum wenigsten hin=

weiſt, wenn es dieſelben auch nicht völlig erklärt. Betrachte z. B. die heilige Katharina von Siena, wie ſie
den jungen Ritter von Perugia auf das Schaffot begleitet, wo er wegen eines politiſchen Verbrechens den
Tod erleiden ſoll. Sie war zu ihm in das Gefängniß
gegangen und hatte ſeine Seele zu Chriſtus zurückgeführt; ſie hatte ihn beſtimmt, die Beichte abzulegen,
und war bei ſeiner erſten und letzten Communion im
Gefängniß zugegen geweſen. Als er dann ſterben
ſollte, kniete ſie gleich einem Schutzengel an ſeiner Seite
und flüſterte ihm zu: „Geh’ hin zur ewigwährenden
Hochzeit!“ Mit ihren eigenen Händen legte ſie ſeinen
Nacken auf das Schaffot und als der tödtliche Schlag
fiel, empfing ſie das blutende Haupt in ihren Armen.
Von dieſem Augenblick ſagt ſie: „Ich ſah den Gott-
menſchen dies Blut ſammeln, angetrieben dazu von
heiliger Sehnſucht und warmer Liebe. Welche Freude,
die Güte Gottes voll Liebe auf dieſe arme Seele, da
ſie den Leib verläßt, warten und das Blut dieſes Ver-
brechers mit dem eigenen Blut vermiſchen zu ſehen!“
Ohne zu erbleichen blickt ſie auf dieſe Scene der Grau-
ſamkeit, die einſt ihr Mädchenherz gebrochen haben
würde; Chriſtus aber hatte ihr Seinen eigenen Durſt
nach Seelen verliehen und ſie hatte eben eine gerettet.
„Ich habe, mein Vater,“ ſchreibt ſie an ihren Beichtvater, „eines Mannes Haupt in meinen Armen auf-
gefangen und niemals habe ich einen gleichen Wonne-
ſchauer empfunden. Der Geruch dieſes Blutes erfüllte
mich mit Entzücken; ich konnte es nicht von meinem
Gewande abwaſchen.“ Es war darum, weil die in
einem Parteigroll vergoſſenen rothen Tropfen ſie an
das Blut Chriſti erinnerten.

Dies war ihre Weihe zu einem dreifachen Amt, welches Gott ihr übertragen hatte: sie sollte als Friedensengel erscheinen in der wildesten Wuth der italienischen Bürgerkriege; sie sollte auf die Priester jener Zeit wegen ihrer Sorglosigkeit beim Verderben der Seelen Schmach herabrufen und die Andacht zum kostbaren Blut verbreiten. Und wahrlich, die soeben beschriebene Scene aus ihrem Leben zeigt, wie sehr Gott sie für diese Mission befähigt hat. Aber als unser Herr Seiner Kirche die Andacht zu Seinem heiligen Herzen zum Geschenk geben wollte, da wählte Er, menschlich zu sprechen, ein so wenig als möglich befähigtes Werkzeug, um das demselben aufgelegte Werk zu vollbringen. Es würde einem natürlichen Anschein entsprochen haben, wenn die Verbreitung der Verehrung des heiligen Herzens dem heil. Franz von Sales anvertraut worden wäre, dessen eigene Privatandacht dieselbe gewesen zu sein scheint; wenn aber der Heilige auf die Masse der Menschen einzuwirken suchte, so vereinigte er sie nicht zu Bruderschaften des heiligen Herzens, sondern zu solchen des heiligen Kreuzes. Wäre der Schutz dieser Andacht ihm übertragen gewesen, so würde die allbezwingende Anmuth seiner Beredsamkeit genügt haben, ihr wunderbares Wachsthum zu erklären, ohne die Nothwendigkeit, dasselbe übernatürlichen Mitteln zuzuschreiben. Aber gerade der demüthigsten Seiner Töchter vertraute sie der Herr an. Gott hat zwar oft, wie wir gesehen haben, in Seiner Kirche große Dinge durch die Hände schwacher Frauen gewirkt; aber in den meisten Fällen waren es hochbegabte Wesen und ein erhabener Enthusiasmus, ein poetischer Reiz, der sie umgab, machte sie alsdann für die Aufgabe geeignet. Aber in diesem Falle war es ganz anders. Margaretha Alacoque, ein schüchternes und zartes französisches Mädchen, hatte lange gezaudert, sich von ihrer Familie zu trennen und in ein Kloster zu treten. Sie hatte einen Beruf dazu und blieb doch zurück. Sie fürchtete nicht die Kasteiungen eines Klosters; ein härenes Hemd und strenge Zucht waren ihr nichts; denn ihre Glieder waren lange an deren Gebrauch gewöhnt gewesen; auch war ihre Welt nicht so außerordentlich glänzend, um sie vom Kloster abzulocken; es war nur die enge Welt einer kleinen Provinzialstadt. Das liebende Herz konnte sich aber von der Mutter und von den Gefährtinnen nicht trennen. Endlich brachte sie das Opfer und begab sich nach einem langen und qualvollen Kampf in ein Kloster des vom heil. Franz von Sales gegründeten Ordens der Heimsuchung. Der Rest ihrer Geschichte ist bald erzählt, da er nur wenig Zwischenfälle hat. Das Kloster war kein verderbtes, aber ein laxes; und sie, mit ihrem strengen und übernatürlichen Gehorsam, mit ihrem Durste nach Vollkommenheit und ihrer pünktlichen Beobachtung der Regel fand ein schweres und unedles Kreuz in den täglichen Nadelstichen, welche die entarteten Töchter des heil. Franz ihr versetzten. Zuweilen häuften sich in der That Beleidigungen und Zornausbrüche auf ihr; für gewöhnlich aber hatte sie die langsame und beständige Verfolgung schweigenden Groll's zu ertragen. Sogar ihr Beichtvater verkannte und verachtete sie, so daß sie auf Erden selbst bei Denen keinen Trost fand, welchen Gott gewöhnlich die Stelle des Vaters, der Mutter, der Brüder und der Schwestern, die um Seinetwillen verlassen werden, auszufüllen gibt. Und was noch bemerkenswerther war: die so ihrer Seele zugefügten Wunden

schienen nie zu heilen, sondern blieben immer offen, von
Neuem blutend, so oft das Benehmen der Schwestern
ihr das Gefühl aufdrang, nicht geliebt zu sein. Sie
blieb bis zuletzt dasselbe liebevolle und zarte Geschöpf,
sein empfindlich gegen Lieblosigkeit und wie eine zarte
Blume sich entfaltend bei jedem kleinen Liebesbeweis.
Kein Tropfen Bitterkeit drang je in ihr Herz ein; denn
sie liebte immer Diejenigen am meisten, welche am
schlimmsten gegen sie verfuhren, da sie Dieselben immer
als Gottes Werkzeuge betrachtete, durch deren Hülfe sie
am inneren Leiden Jesu Theil haben konnte. Es war,
als ob unser Herr ihre Empfindungsfähigkeit in ihr gelassen hätte, damit ihr Herz, gereinigt von Allem, was
Sünde ist, gleich dem Seinigen leiden könnte.

Dieser zarten und heiligen Nonne nun wollte Jesus
die Verbreitung der Andacht zum heiligen Herzen an-
vertrauen; und wir wollen die erste ihrer Visionen einfach mit den Worten ihres Biographen geben: „Eines
Tages, als sie vor dem heiligen Sacrament kniete, war
sie von dem Gefühle der Gegenwart Gottes tief durch-
drungen. In diesem Augenblick zeigte sich ihr Jesus
Christus in einer wahrnehmbaren Gestalt und ließ das
Haupt Seiner Dienerin sanft an Seiner Brust ruhen.
In diesem kostbaren Augenblick entdeckte Er ihr zum
ersten Mal die unerklärbaren Geheimnisse Seines göttlichen Herzens und die Schätze von Liebe für die Menschen, worin es glühte. Indem er damals das Herz
Seiner Dienerin mit einer Liebe erfüllte, die gewissermaßen Seiner eigenen angemessen war, sagte er: „Sieh
mein Herz, das so von Liebe für die Menschen und ins-
besondere für dich entflammt ist, daß es die Flammen
seiner Liebe nicht in sich verschließen kann — es ist ge-

zwungen, sie mit deiner Hülfe zu verbreiten. Ich wünsche, du mögest sie den Menschen offenbaren, damit sie durch diese kostbaren Schätze, welche ich dir entdecke und deren heiligmachende Gnade sie von der ewigen Verdammniß zu erretten fähig ist, bereichert werden können. Ich habe dich erwählt," fügte Er hinzu, „als einen Abgrund von Unwürdigkeit und Unwissenheit, für die Vollführung eines so großen Planes, damit Alles durch mich geschehen könne [1]."

Und nun, da Schwester Margaretha Maria von den Lippen unseres Herrn selbst ihre Mission empfangen, da Er sie zur Vertrauten der Sorgen und Leiden Seines heiligen Herzens gemacht hat, wie setzt sie nun die Vollziehung Seines Gebotes in's Werk? Er hat ihr einen Befehl gegeben; welche Mittel hat Er ihr verliehen, ihn auszuführen? Es gab in der letzten Hälfte des siebenzehnten Jahrhunderts genug Menschen in Frankreich, um ihr bei dem Werke Gottes zu helfen. Bossuet lebte hoch in Ansehen bei Ludwig XIV.; aber seine gebieterische Beredtsamkeit wurde nicht in Thätigkeit gesetzt, um der armen Nonne von der Heimsuchung zu helfen. Die niedrige Schwester eines obscuren Klosters in einer kleinen Stadt Burgund's war zu tief verborgen, um selbst den Augen des weitschauenden Adlers von Meaux zu begegnen. Ferner lebte Fenelon, der hochherzige und der Welt abgestorbene Prälat, noch saßen auf dem erzbischöflichen Stuhle von Cambray; es würde gut für ihn gewesen sein, hätte er seine kühne

---

1) Ich will diese Stelle nur dadurch commentiren, daß ich daran erinnere, wie sie zu der bereits erwähnten Vision der heil. Gertrud ein Gegenstück bildet.

und edle Intelligenz, seine fließende Rede und seine
vollendete Herrschaft über die künstliche Struktur seiner
Muttersprache zum Schmucke eines Thema's aufgeboten,
das seines wohlwollenden Mitleides so viel angemessener
war, als die mystischen Träume der Visionärin, die ihn
täuschte. Und was ging mit St. Sulpice vor, daß es
die niedrige Nonne ignorirte? Olier war todt; aber
noch lebte sein Geist in seiner Congregation und gerade
sie war die einflußreichste Genossenschaft in der französischen Kirche. Wäre die Vertretung der Andacht zum
heiligen Herzen einfach ihr anvertraut gewesen, so würde
nichts leichter gewesen sein, als sie zu verbreiten, gesetzt,
daß es etwas Irdisches war, das durch irdische Mittel
verbreitet werden sollte. Aber Gott wollte nicht, daß
etwas durch die Macht der Erde Starkes die Quelle
Seines Werkes wäre; Er wollte es für Sich ganz
allein haben. In Betreff der Andacht zum heiligen
Altarssacrament, welche im dreizehnten Jahrhundert auf-
kam, wurde eine unbekannte Nonne von keinem der einflußreichen Orden durch unseren Herrn in einer Vision
mit der Aufgabe betraut, Seinen Willen zu verkünden;
aber Er stand ihrer Schwäche bei, indem Er sie mit
einem Manne in Verbindung brachte, der später den
Stuhl Petri einnehmen sollte. Aber der heiligen Jungfrau, der Jesus den Auftrag gab, der Welt das unendliche Erbarmen Seines heiligen Herzens zu verkünden,
wurde keine solche Hülfe. Keiner der großen Namen
von allen denen, welche damals die Kirche von Frankreich schmückten, wird in ihrer Geschichte auch nur
erwähnt.

Arme Schwester Margaretha Maria! Es gibt kein
schrecklicheres Kreuz im geistlichen Leben, als wenn sich

in einer Seele Schwäche und Kraft begegnen, wenn
Gott im Herzen einen glühenden Wunsch, Etwas für
Seine Verherrlichung zu thun, entstehen und das Ge=
schöpf in seiner angebornen Unfähigkeit verbleiben läßt.
Jesus hatte der heiligen Jungfrau zwei sich widerspre=
chende Befehle gegeben: den einen, der Welt die An=
dacht zu Seinem heiligen Herzen zu verkünden, den
anderen, ihren Oberen unbedingt zu gehorchen. Jeder
Versuch von ihrer Seite, die Andacht in der Commu=
nität einzuführen, wurde mit starker Hand niedergehal=
ten; und dennoch war ihr geboten, sie in der Christen=
heit zu verbreiten. Sie hatte den Befehl, die Einfüh=
rung eines Festes zu ihrer Ehre in der Frohnleichnams=
octav zu verkünden; aber, so äußerst unbekannt, wie sie
war, wie war es ihr irgend möglich, sich den Zutritt
zum heiligen Stuhl, oder auch nur zu den localen Au=
toritäten ihrer eigenen Diöcese zu verschaffen? Bevor
sie jedoch starb, hatte sie den Trost, die Andacht in
ihrem eigenen Orden, ja sogar in ihrem Kloster einge=
führt zu sehen, wo ihr endlich eine späte Gerechtigkeit
widerfuhr; und nach ihrem Tode verbreitete sie sich mit
beispielloser Schnelligkeit durch die ganze Welt. Wenn
man mich fragt, durch welche Mittel die Andacht popu=
lär wurde, so muß ich antworten: ich weiß es nicht.
Ich kann nur sagen, daß sie im Lauf von dreißig Jahren
in allen Theilen der bekannten Welt von Frankreich bis
China dreihundert Bruderschaften zählte. Ich könnte
mich begnügen, in einer Andacht, die in innigen from=
men Seelen entsteht, nichts Uebernatürliches zu sehen.
Wenn aber eine unbekannte Nonne die Welt bestimmt,
eine ihr selbst so theure Andacht aufzunehmen, wenn
sich die von ihr veranlaßte Bewegung gleich einem Lauf=

feuer verbreitet und den Dienst eines feuerigen Kreuzes
verrichtet, indem sie dieselbe von Land zu Land, über
Meere und Berge, von der alten Welt der neuen über-
liefert, so kann ich nur den Finger Gottes sehen und
glauben, daß Jesus die Schwäche des unvollkommenen
Werkzeuges, das Er selbst auserwählt hatte, mit Seiner
allmächtigen Kraft ausrüstete.

Und nun noch ein einziges Argument, um meine
Sache zu beweisen, dann schließe ich. Es lag auf dem
Weg der Andacht zum heiligen Herzen noch eine andere
Schwierigkeit, welche nicht ihr allein eigen ist, sondern
bei jeder Andacht in der Kirche vorkommt. Ich spreche
von einer, die von einer Seite ausgeht, woher man keine
erwarten würde — von der Kirche selbst. Sobald sich
in irgend einem Theil der Kirche eine besondere Gefühls-
steigerung äußert, nimmt der heilige Stuhl sogleich eine
mißtrauische und ängstlich besorgte Haltung gegen dieselbe an; wird sie von behaupteten Visionen oder Wundern begleitet, um so schlimmer; die Züge des wachsamen Hüters des Glaubens zeigen beständig einen
Schein von Mißtrauen. Die Andacht verbreitet sich
und die ganze Welt erschallt von ihrem Triumph; Rom
aber bewahrt noch sein kaltes, todtes Schweigen. Endlich bitten einige ihrer eifrigen Freunde um Autorisation;
dann wird all die amtliche Würde des feierlichen Tri-
bunales über die Frage ausgeübt. Unenthusiastische
Theologen prüfen sie kühl; Canonisten streiten mit der
Genauigkeit und Trockenheit der Juristen für und wider
die Evidenz ihrer Uebernatürlichkeit und Richter halten
Gericht darüber, wie über einen Criminalfall. Und
wir dürfen nicht wünschen, daß es anders wäre; diese
Vorsicht des heiligen Stuhles ist ein Hemmniß, wenn

man will, für die Andacht, aber zu gleicher Zeit ist sie
ihre Garantie.“ Ich hätte mit diesem Argument begin=
nen können, wie ich nun damit endige, hätte ich nicht
gewünscht, von der Höhe, welche ich eingenommen hatte,
herabzusteigen und den Gegenstand gleich einem der all=
gemeinen Geschichte zu behandeln. Was von den Phi=
losophen, die überhaupt gar keine Christen sind, für die
Weltgeschichte beansprucht wird, ist buchstäblich wahr
von der Geschichte der Kirche. Durch das Ganze der
verschiedenen Scenen, welche sie darstellt, äußerlich so
ähnlich einer bloßen Episode in der Weltgeschichte, so
voll von Intrigue und Schwäche und Leidenschaft,
herrscht doch Gott über das Resultat. Ja, wir können
uns der Sprache der Pantheisten bedienen und sagen,
daß die Stimme der in jedem Kampfe triumphirenden
Partei die Stimme Gottes ist; denn wir besitzen das,
was der Profangeschichte mangelt: eine Richtschnur,
die uns vor dem Irrthum bewahrt, die Werke des
menschlichen Geistes für die Lehre der göttlichen Wahr=
heit zu halten. Und diese Richtschnur ist eine sehr reale,
wie sich aus der Thatsache ergibt, daß sich der heilige
Stuhl keineswegs ohne Unterschied den Bitten zu Gun=
sten der Andacht zum heiligen Herzen oder der dieselbe
betreffenden Visionen gewogen erwies. Von einer
Nonne in einem fernen Theile der Welt, so ferne, wie
die Wurzeln des Libanons, hieß es, sie sei mit Visionen
begnadigt worden, die jenen der ehrwürdigen Marga=
retha Maria ähnlich seien [1]). Die Nachricht verbreitete
sich von dieser einsamen Region des fernen Ostens
westwärts und der Fall kam vor den heiligen Stuhl.

---

1) *Berault Bercastel*, Histoire de l'Eglise. XI, 382.

Er verurtheilte die Visionen richterlich und hob die
Bruderschaften, welche sich in großer Menge zu bilden
begonnen hatten, unbarmherzig auf. Nachdem die Andacht eine lange Zeit hindurch in der Welt bestanden
hatte, bat eine entthronte Königin von England, die ihre
Krone aus Liebe für den heiligen Stuhl verloren hatte,
daß eine Messe gelesen werde zu Ehren des heiligen
Herzens Jesu. Das Verlangen wurde der kalten Ana-
lyse des Promotor fidei unterworfen und verworfen,
natürlich nicht, weil eine solche Messe, welche seitdem
gestattet worden ist, ungesetzlich war, sondern weil die
Petition von ihren Anwälten auf Gründe hin betrieben
wurde, deren Haltbarkeit zweifelhaft war [1]). Gerade
der Beamte der Congregation der Riten, der in seiner
Eigenschaft als sogenannter advocatus diaboli der
Genehmigung sich widersetzt hatte, autorisirte später die
Andacht, als er unter dem Namen Benedict XIV. den
päpstlichen Thron bestieg.

Ich glaube nun meine Sache bewiesen zu haben.
Vielen konnte es die ganze Zeit über scheinen, es wäre
große Mühe darauf verwendet worden, etwas zu beweisen, was Jedermann schon vorher wußte und fühlte.
Ich kann nur sagen, daß ich mich darüber freue; und
dennoch, der Leser vergebe mir die Wiederholung, aber
ich bin nicht überzeugt, daß Ihr in Euerer Einfalt im
Recht seid, zu glauben, es wäre unmöglich, gegen diese
Andacht einen Widerwillen zu empfinden. Zweimal hat
das heilige Herz sich in England Eingang zu verschaffen
gesucht, und jedes Mal war es eine kritische Periode
für die Kirche Gottes. Ich glaube, es soll einem Vor-

---

1) *Benedict.* XIV. de Canoniz. IV, 2. 31.

läufer von Sturm äußerlich und von Frieden inner=
lich gleichen; es wird aufgerichtet zur Erhebung und
zum Falle Vieler in Israel, als ein Zeichen, gegen
welches gesprochen werden soll. Bei seinem ersten
Kommen schien es, als ob Gott vorhabe, England
alle die Verbrechen der Reformation zu verzeihen.
Der Herzog von York, der Erbe der brittischen Krone,
war zum katholischen Glauben bekehrt worden und
durch seine Vermittlung hatten die katholischen Prie=
ster Zutritt zum Palast von Whitehall. Der General
der Gesellschaft Jesu wurde gebeten, einen seiner Un=
tergebenen nach England zu senden, und seine Wahl
fiel auf den Pater de la Colombière, das Amt eines
Beichtvaters bei der Herzogin von York auszufüllen.
Es ereignete sich, daß er zur selben Zeit Margaretha
Maria's Seelsorger war, der Einzige, der sie jemals
verstanden hatte und mit ihr in der brennenden Liebe
zum heiligen Herzen sympathisirte. Jesus hatte ihr
prophezeit, daß jeder Fortschritt, welchen jene Andacht
machen würde, ihr Acte der Aufopferung kosten
werde; und nun, da sich die Aussicht bot, daß der
stolze Geist Englands durch die Liebe Jesu gewonnen
werden könne, sollte sie durch das Aufgeben ihres
einzigen irdischen Trostes dieses Opfer bringen. Der Ver=
lust ihres Beichtvaters hatte der heil. Theresia Thrä=
nen erpreßt; deßhalb durfte wohl Margaretha Maria
klagen, ohne daß man sie darum tadeln darf; sie
weinte bitterlich und opferte die Thränen, welche ihrem
blutenden Herzen entströmten, Gott auf. Zwei Jahre
lang wanderte der Sohn des heil. Ignatius dieses
schweren Werkes wegen durch die gedrängten Stra=
ßen Londons; während zwei Lenzen hielt er zusam=

menhängende Predigten, in welchen das heilige Herz
nicht vergessen wurde. Er machte Bekehrungen und
vollbrachte außerdem ein Werk, das er noch höher
schätzte; mitten unter den Katholiken Englands, welche
durch die kleinen, gemeinen Verfolgungen des Gou-
vernements niedergedrückt waren, fand er einige Seelen mit der Fähigkeit, in der Vollkommenheit fortzu-
schreiten, obgleich sie wie Schaafe ohne einen Hirten
wanderten, da sie keinen hatten, der sie führte. Gerade
als er ihre Leitung begann, als sie ihn gleich einem
Vater zu lieben anfingen, da brach über ihnen ein
Sturm aus, der die bleibende Einführung der Andacht zum heiligen Herzen für manches lange Jahr
unmöglich machte. Das Titus-Oates-Complot brach
aus und Pater de la Colombière wurde zuerst gefangen genommen und dann durch das brittische Parlament verbannt. Er wandte dem unglücklichen England für immer den Rücken, und als der Herzog von
York unter dem Namen Jakob II. auf den Thron
kam, folgten ihm andere Männer in der Pflege des
königlichen Gewissens. Als aber die Krone von England durch die Irrthümer Jakobs II. auf eine andere
Dynastie überging, vergaß das Haus Stuart das
heilige Herz nicht, und Diejenige, welche wir oben
als die erste Bittstellerin um eine Messe zu seinen
Ehren angeführt haben, war keine Andere, als Maria
von Modena, Englands verbannte Königin. Wahrscheinlich lag die Andacht in England noch verborgen
und that an ruhigen Orten und in demüthigen Seelen
geheime Werke. Die nächste bestimmte Spur davon
zeigt sich jedoch erst in der stürmischen Zeit, welche der
katholischen Emancipation voranging. Dasselbe Par-

lament, welches den Pater de la Colombière verbannt hatte, war nun geneigt, die arme kämpfende
Kirche in England mit seinem souveränen Lächeln zu
ermuthigen. Die Gefahr, welche damals die Katholiken bedrohte, war die, mit einer Welt, die es nicht
über sich vermochte, großmüthig zu sein, ohne einen
entsprechenden Ersatz zu fordern, einen gefährlichen
Compromiß zu schließen. Zu jener Zeit lebte ein
Mann, dem es vielleicht zuzuschreiben ist, daß die katholische Kirche in England überhaupt bestehen sollte;
der sie vertrat, als ihr Vertheidiger gegen den Erastianismus zu einer Zeit, als Viele von Denen, welche
sie während der Jahre der Verfolgung und Vernachlässigung ermuthigt und unterhalten hatten, geneigt
waren, ihre Rechte für das Lächeln der Welt einzu-
tauschen. Wir dürfen hoffen, daß ihnen vergeben ist;
denn sie wußten nicht, was sie thaten. Wir können
sicher den Schluß ziehen, daß zu jener Zeit ein gehei-
mer Zusammenhang zwischen der Andacht zum heiligen
Herzen und einem Abscheu vor dem Erastianismus
bestand, da der erste zu jenes Ehren in England errichtete Altar der einer Privatkapelle war, wo Dr.
Milner zu Old-Oscott oder Maryvale die Messe zu
lesen pflegte.

Das ist jedoch nicht das erste Mal, daß die Andacht zum heiligen Herzen ihren Weg nach England
gefunden hat. Bei ihrer früheren Einführung bewiesen sich unsere Vorfahren als dessen unwürdig, was
Gott ihnen anbot, und das nicht Geringeres war, als
die Gnade, das erste Land zu sein, in welchem die
Liebe des Herzens Jesu gepredigt wurde. O welche
Gnade war das! Es war eigen, daß die Söhne des

heil. Ignatius sie bringen sollten, die auch in der Fronte des Kampfes gestanden waren und ihr Blut für England vergossen hatten. Welche Wonne müssen der heil. Augustinus, der heil. Gregorius und der heil. Mellitus auf ihren himmlischen Thronen empfunden haben, als dies Apostolat der Liebe in England begann. Die Lehren der Kirche wurden nicht wie in ihren Tagen unter den großen, schattigen Eichen, im Schooße der grünen Wälder oder an den Ufern eines einsamen Stromes gepredigt, sondern im Herzen von London, in den Hallen von Westminster und an den geräuschvollen Ufern der Themse. Ach, wir waren ihrer nicht würdig und sie wurde weggestoßen. Die Kirche fiel wieder mit mächtigem Getöse und ihre Feinde prophezeiten mit einem Triumphgeschrei, sie sei gefallen, um sich nie wieder zu erheben. Aber noch setzte sie ihr Liebeswerk fort, heimlich und schweigend, da sie kaum wagte, ihr Haupt zu zeigen. Viele hielten sie für so erniedrigt und verachtet, daß sie keine Eifersucht erwecken könne, und fühlten es unter ihrer Würde, sie zu hassen oder zu fürchten. Aber ganz plötzlich stand der Pöbel von London gegen sie auf; ein Fanatiker brauchte nur das Wort auszusprechen und rothe Flammen hüllten ihre, mit den schützenden Namen fremder Könige geborgenen Kapellen ein. Die Handwerker Londons, die Bewohner der Gäßchen und Höfchen plünderten sie noch in ihrer Verwüstung und possenhafte Prozessionen mit Kreuz und Chorrock und Casel tanzten mit wahnsinnigem Geschrei um ihre brennenden Altäre. Dennoch erhielt sich trotz alledem ihr kräftiges, altes Leben und sie kennt sich nun selbst kaum in ihrer veränderten Gestalt, wie sie

kampfbereit und wie in einer Person aufsteht gegen
alle Angriffe, indem sie das doppelte Werk, welches
die gesetzliche Kirche nur mit einem Blicke stupider Un=
fähigkeit betrachtet, entschieden aufnimmt: die Chri=
stianisirung großer Städte und die Vertheidigung des
Christenthums gegen die Aufklärung der Zeit.

Und nun halte man mich nicht für fantastisch,
wenn ich glaube, daß das heilige Herz seinen Antheil
an diesem Werke hat. Habe ich nicht nachgewiesen,
daß weltliche Ereignisse eine seltsame unbewußte Wir=
kung auf die Verbreitung der Andacht zu ihm geübt
haben? Kam sie nicht gerade zu der Zeit nach Eng=
land zurück, wo die Mächte der Welt gezwungen wur=
den, die Edelleute, die sie vertrieben und die katho=
lischen Vornehmen, welche sie verabscheut hatten, wie=
der in ihre Concile aufzunehmen? Ja; und wurde
sie nicht gerade durch den Mann unter uns gefördert,
dessen Bemühungen es zuzuschreiben war, daß dieser
Wechsel mit verhältnißmäßiger Würde, in jedem Falle
aber ohne ernstliches Aufgeben des Princips statt=
fand? Ich kann daher nicht im Unrecht sein, wenn
ich den Schluß ziehe, daß sie sich für England eignet
und daß sie bestimmt ist, dort Gutes zu thun, aus
dem einfachen Grunde, weil sie jetzt dort verbreitet ist.
Eine Bruderschaft wurde vor einiger Zeit in der St.
Georgs=Kathedrale der Diöcese Southwark gebildet;
die Söhne des heil. Ignatius gründeten zu seiner
Ehre eine andere in ihrer Kirche von der Unbefleckten
Empfängniß. Und jetzt bezeugt eine dritte zu Moor=
fields in der St. Marienkirche das unaufhörliche
Wachsthum der Andacht zum heiligen Herzen unseres
Herrn.

Zweites Kapitel.

Die Anbetung des heiligen Herzens.

———

Man kann über den Umfang des Widerspruches, den die Andacht zum heiligen Herzen in der Welt gefunden hat, erstaunt gewesen sein und man hat wahrscheinlich aus der Thatsache, daß die Häresie einen so tödtlichen Krieg gegen sie gewagt hat, den Schluß gezogen, sie müsse ein großes Werkzeug zur Verherrlichung Gottes sein. Wir müssen jedoch noch darüber Rechenschaft ablegen, wie sie unter den Katholiken selbst auf Gegner traf. Man kann nicht mit Sicherheit behaupten, daß dieselben Motive, welche einen französischen Jansenisten gegen das heilige Herz einnahmen, auch ihren Weg in die Seelen so vieler Christen gefunden haben, die einen Widerwillen gegen die Andacht heimlich fühlten oder auch offen an den Tag legten. Und ich bin in der That vollkommen bereit, viele solcher Katholiken von einer so schrecklichen Untreue gegen die heilige Wahrheit Gottes freizusprechen. Dennoch wird eine tiefere Betrachtung der Gründe, auf welchen die Andacht beruht, darthun, daß bei Solchen den Wurzeln des Gefühles heimlich oder zugestandenermaßen der lebendige Instinkt des Glaubens fehlt, wodurch die Menschen abgehalten werden, sogleich die Eigenthümlichkeiten der Verehrung des heiligen Herzens Jesu wahrzunehmen und zu erkennen. So kommt es, daß wir jetzt in der bestmöglichen Lage sind, diese Wahrheit zu ergreifen, da die Zeit uns in Besitz all der Einwürfe gesetzt hat, welche

begreiflicher Weise gegen sie gemacht werden können.
Es ist dieser Andacht, wie so mancher anderen in der
Kirche Gottes ergangen; nehmen wir nur z. B. die
Conceptio Immaculata. Sobald als sie dem Chri=
stenthum vollständig dargelegt wurde, empfing sie der
untrügliche Instinkt der Masse der Christenheit mit
lautem Freudenruf. Unterdessen hatte die Opposition
Jener, welche nicht genug Glauben hatten, um sie zu
lieben, in den intellectuellen Schwierigkeiten, welche
die Theologen erhoben, die nicht sogleich die ganze
Tragweite dieser neuen Praxis für das System der
katholischen Lehre erkannten, ein Organ gefunden, so
daß nun die ganze Frage bis auf das kleinste Detail
erörtert und untersucht wurde und wir jetzt in der
Lage sind, sie gereinigt von all dem Dunkel, welches
früher auf ihr lag, der Welt vorzulegen. Ich bin
jedoch nicht im Begriff, hier eine Streitfrage auszein=
ander zu setzen; ich werde zur Verherrlichung Gottes
und zur Verehrung des heiligen Herzens weit mehr
beitragen, wenn ich zeige, wie die von der unbekannten
Tochter des heil. Franz von Sales angeregte Frage
in die Tiefen der christlichen Theologie einführt. Es
bedarf nur einer Liebe, wie die ihre war, um das
Herz Jesu zu lieben; aber auch die Kenntniß der hei=
ligen Menschheit in ihrem ganzen Umfange, so weit
sie geoffenbart ist, ist nöthig, um in Worten aus=
drücken zu können, warum wir es anbeten. Die Trag=
weite der Streitfrage wird sich schon aus der bloßen
Angabe der darin enthaltenen Fragen ergeben. Sie
wird in den Augen des Lesers einen höheren Werth
erhalten, wenn man sieht, daß sie nur ein Theilchen
des großen Kampfes ist, der um die heilige Mensch=

heit Jesu in der Welt stattgefunden hat. Seit der
Zeit, da der heil. Johannes der Evangelist seine we=
nigen Kinder vor der ersten Häresie warnte, scheint
der Geist des Antichrist's in jeder Form und Gestalt
von Land zu Land zu fliegen, indem er sein Bestes
thut, unsere Vorstellung von Jesu zu verderben und
Seine Anbetung zu verhindern. Von der alten Brut
der ersten Häresien an, welche den Gespenstern des
alten Heidenthum's ähnlicher sehen als Verderbnissen
des Christenthums, bis herab zu den raffinirteren,
intellectuellen und subtilen Irrthümern der letzten Zei=
ten, gibt es, um sie zum Hervorkommen zu bringen
und den Dämon in ihnen aus seinem ausschließlichen
Besitz zu treiben, damit er sich in seiner natürlichen
Wuth zeige, nur das eine Mittel, die heilige Mensch=
heit als Gegenstand der Anbetung aufzustellen. Nach=
dem das Princip im Allgemeinen festgesetzt worden ist,
werden die Details in Frage gezogen. Und derselbe
böse Geist, welcher die Christen wegen der Mensch=
heit im Großen und Ganzen verwirrte und beun=
ruhigte, erfüllt nun unsere Seelen in Bezug auf die
Verehrung des heiligen Herzens mit Dunkel. Ja,
sogar der seinen Verehrern beigelegte Name gleicht
einem Echo des den Katholiken von den Arianern ge=
machten Vorwurfes, als machten sie sich ihren Prin=
cipien nach der Anbetung eines Menschen schuldig [1]).

Da wir also aus den Bestimmungen der Kirche
schon wissen, daß das Herz Jesu angebetet werden
soll, so werde ich, was der christliche Instinct dem Leser
bereits gesagt hat, nicht beweisen, ich werde nur zeigen,

---

1) *Cordicolae*, ἀνθρωπολατραι.

wie diese Wahrheit gerade in dem Begriff von Seiner heiligen Menschheit enthalten ist; und um dies zu thun, werde ich, so weit als ich vermag, auf die Lehre von der Incarnation eingehen. Im Verlaufe werden wir die tiefen Demüthigungen und Leiden Jesu in Seiner Passion zu betrachten haben; aber gerade jetzt müssen wir unsere Augen auf Seine Herrlichkeit und auf Seine Größe richten. Es wird eine wonnevolle Aufgabe für uns sein, zu zeigen, wie es kommt, daß jedes Knie sich beugen muß vor Seiner heiligen Menschheit und wie Sein heiliges Herz würdig ist aller Anbetung, Verehrung und Verherrlichung von jedem Geschöpf für immer und ewig.

Um alle Unklarheit und Zweideutigkeit zu vermeiden, will ich gleich zu Anfang als Thatsache außer allem Zweifel feststellen, daß der Gegenstand dieser Andacht das materielle Herz Jesu ist, das mit brennender Liebe für die Menschen in Seinem Busen schlug und für uns am Kreuz durchbohrt wurde. Es ist natürlich vollkommen wahr, daß ein Grund unserer Verehrung auf Rechnung der Liebe zu schreiben ist, deren Symbol es ist; laßt uns aber nie vergessen, daß es mehr als ein bloßes Symbol ist. Der Geist und das Wasser und das Blut legen Zeugniß ab für die Realität seines Leidens; es war nicht bloß ein Symbol, es war ein realer Gegenstand. Daher ist es, obgleich es natürlich als ein Symbol der Zärtlichkeit, des Mitleides und der Liebe Jesu genommen wird, nicht ein bloßes Bild und eine Bezeichnung, sondern Sein wirkliches eigenes Herz, das wir verehren. Sein gemaltes Bildniß auf dem Altar ist nur in einem relativen Sinn der Gegenstand der Ver-

ehrung, obgleich Jesus der Schwester Margaretha Maria
kund that, daß Er an der jenem heiligen Symbole
gezollten Verehrung ein besonderes Wohlgefallen habe.
Dennoch wurde die Messe und das Fest eingesetzt,
nicht um das Bild, sondern um Sein heiliges Herz,
das nun im Himmel ist, zu ehren. Auch nützt es
nichts, zu sagen, daß es im Grunde betrachtet die
Person des Ewigen Wortes ist, welche wir anzubeten
beabsichtigen. Natürlich ist die Person des Ewigen
Wortes der endliche und eigentliche Gegenstand der
Verehrung, welche die Kirche in der Einsetzung des
Festes darzubringen vorhat; wir dürfen jedoch nicht
vergessen, daß, obgleich alle Feste diesen einen Gegenstand gemein haben, jedes neben dem noch ein ihm
besonders eigenes Motiv hat.

Das, was wir hier meinen, kann durch die Malerei klar gemacht werden. Ein Maler kann den
Wunsch hegen, ein Bild von unserem Herrn zu malen. Wenn er ein guter Christ ist, so wird die Andacht zu unserem heiligen Erlöser der Grund sein,
welcher ihn dazu bestimmt; und der directe und erste
Gegenstand, den er malt, wird Jesus Christus selbst
sein. Er kann Ihn jedoch in endloser Mannichfaltigkeit der Umstände darstellen, als Kind oder in Seiner Passion oder Seiner Himmelfahrt; er kann in
seinem Geiste verschiedene Ideen oder Conceptionen
von unserem Herrn tragen, entweder voll Liebe, voll
Majestät oder in Trauer, und diese Conception,
glaube ich, wird von den Malern das Motiv des Bil-
des genannt. In derselben Weise beabsichtigt die
Kirche in allen Festen unseres Herrn die Person des
ewigen Wortes als den primären Gegenstand der

Anbetung zu ehren; aber jedes Fest ehrt Ihn in einem
besonderen Mysterium oder mit einer besonderen Idee:
entweder als leidend oder als triumphirend, freud=
voll oder traurig oder glorreich, wie es eben der Fall
ist. Die Wohlthaten Gottes können nicht mit einem
einzigen Blick zusammengefaßt werden, und der kurze
Lauf eines Tages kann Das nicht in sich schließen,
was zu ehren eine Ewigkeit nicht genügen würde.
Jeder Festtag bringt daher irgend einen neuen Be=
weggrund mit sich, das Endziel unserer Anbetung zu
lieben. Es ist daher unnütz und überflüssig zu unter=
suchen, ob die Liebe Jesu oder das physische Herz
oder die Person Jesu der Gegenstand unserer An=
dacht ist; als ob das eine das andere ausschlösse.
Jedes von diesen wird in verschiedenen Theilen der
vom heiligen Stuhle ausgegangenen Decrete und der
gebilligten Officien besonders genannt. Wenn es heißt,
der oberste Priester erlaubte die Celebration des Festes,
„damit sich die Gläubigen mit um so größerer An=
dacht der Liebe Jesu in Seinen Leiden erinnern möch=
ten“, so liegt schon die Endursache der Einsetzung
dieses Festes vor uns. Wenn uns aber die Kirche
in jenem Theile des Officiums, der am meisten ihre
Intention ausdrückt, zu singen gebietet: „Cor Jesu
charitatis victimam venite adoremus,“ so können
wir nicht zweifeln, daß sie zugleich vorschlägt, die
Person Jesu solle das primäre oder materielle Ob=
ject unserer Andacht und das reale, als ein Symbol
Seiner Liebe genommene Herz von Fleisch und Blut
ihre formelle Ursache oder, um uns ganz klar aus=
zudrücken, ihr Motiv sein [1]). Wir nehmen es daher

1) Dies ist einer kleinen Abhandlung Muzzarelli's ent=

für ausgemacht an, daß die Kirche das heilige Herz
Jesu anzubeten beabsichtigt, und wir führen nur ihre
Intention aus, wenn wir nun prüfen, welche Art
der Verehrung ihm gebührt. Wenn wir, um die Frage
festzustellen, einen weiteren Kreis ziehen und in den
Bestimmungen der Kirche in Bezug auf die Anbetung
der Menschheit Jesu genauer nachforschen, so muß
uns die trockene, logische Erörterung gestattet werden.

Die Frage ist eine wichtige; sie ist in jedem Zeitalter das Kriterium und das Zeugniß des häretischen
Geistes gewesen. Versetzen wir uns also vor die
Menschheit Jesu und fragen uns: welcher Art ist die
Anbetung, welche ihr darzubringen wir verpflichtet
sind? Worauf wir im Augenblick unser Auge richten,
das ist nicht die Gottheit, sondern die Menschheit Jesu.
Wir nehmen das zusammengesetzte Wesen, den Gott-
menschen, und betrachten, ohne die Gottheit auszu-
schließen, die Menschheit. Soll Jesus als Mensch
mit derselben Verehrung angebetet werden, wie Gott
selbst, oder mit einer geringeren Huldigung [1])? Wir

---

nommen, welche den Titel hat: Dissertazione intorno alle
regole da osservarsi per parlare etc. etc. — Su la divo-
zione al S. S. Cuore di Gesu Christo. p. 74.

1) Die Frage lautet in der scholastischen Sprache: utrum
Christus in quantum homo adoretur latria. Der Ausdruck
in quantum homo ist nicht so zu nehmen, als ob die Menschheit von der Gottheit geschieden oder reduplicativ gefaßt werde;
doch ist es die Menschheit, nicht die Gottheit, worauf sich die
Frage in Betreff der Anbetung richtet. Sensus est specifi-
cativus: utrum humanitas sit id quod adoratur latria,
saltem ut res, quae adoratur. — *De Lugo*, De Incarn.
Disp. XXXIV, 2.

wissen, daß die heilige Jungfrau Maria ihren Platz
in der Reihe von Wesen einnimmt, welche über den
Engeln und über den Heiligen stehen, und daß sich
vor ihr sogar die Seraphim im Himmel mit beson=
derer Verehrung für sie beugen. Hat nun im Ritual
des Himmels die heilige Menschheit auch eine Ver=
ehrung für sich, jene, welche der heiligen Jungfrau
gebührt, übersteigend, aber geringer als die Gott dar=
gebrachte Huldigung? Wir dürfen nicht annehmen,
das sei eine bloße Frage des äußeren Gottesdienstes.
Das Ceremoniell ist etwas begrenztes, so daß oft die=
selbe äußere Ehre für ein menschliches Wesen be=
fohlen wird, welche man Gott selbst zu zollen hat.
Weihrauch wird sowohl einem Menschen, als dem
heiligen Sacrament gespendet und wir beugen die
Kniee sowohl vor einem König, als vor Gott. Aber
die Anbetung ist etwas Tieferes und es fragt sich:
was ist das Gefühl in unseren Seelen, wenn wir die
heilige Menschheit anbeten? Oder, um der Frage so
nahe als möglich zu treten: fühlten die Engel, als
sie die Menschheit des Kindes Jesu anbeteten, wie
es noch in Maria's Schooß verborgen lag, in sich
denselben innerlichen Act, als da sie im ersten Mo=
ment ihres Daseins die Gottheit des ewigen Wortes
anbeteten? Und die Antwort, welche uns die katho=
lischen Theologen [1]) einstimmig geben, lautet: die An=
betung, welche sie dem göttlichen Kinde zollten, war
kein geringerer Act, sondern der eine und derselbe,

---

1) Conclusio communis et certa est adorari etiam hu-
manitatem Christi eadem prorsus latria qua Verbum di-
vinum. *De Lugo*, De Incarn. Disp. XXXIV, 2.

mit jenem, welchen sie dem ewigen Worte vor Seiner
Incarnation darzubringen pflegten.

Wir brauchen darüber auch nicht zu staunen, wenn
wir betrachten, was wir von der Incarnation glau=
ben und was das eigentliche Fundament aller unserer
Hoffnungen ist. In dem Augenblick, da es uns ver=
kündigt wird, daß Gott Mensch geworden ist, so über=
wältigend diese Verkündigung auch sein mag, wer=
den wir doch sogleich dadurch auf wunderbare Resul=
tate vorbereitet. Solch ein Wesen, wie der Gott=Mensch,
kann nicht existiren, ohne daß ein Ritual von Ehr=
furcht und Anbetung um Dasselbe gewoben wird.
Wenn wir uns einmal überzeugt haben, wer das ist,
Der auf die Erde herabgekommen ist, Der als schla=
fendes Kind in Seiner Mutter Armen liegt, Der
kommt mit gefärbten Gewändern von Bosra, „Jener
Schöne in Seinem Kleide“, so drängt uns unser na=
türlicher Impuls, sogleich niederzufallen und anzu=
beten. Anbetung hängt von Erkenntniß ab; wir ver=
ehren das, was wir kennen; und wir haben nur der
Idee Herr zu werden, wie es kommt, daß Jesus Gott
ist, so werden wir sogleich fühlen, wie es kommt, daß
Leib und Seele und jeder Theil Seiner heiligen
Menschheit in ihrer Vereinigung mit Seiner göttlichen
Person angebetet werden muß.

Das, was wir nun versuchen, ist etwas Kühnes.
So lange, als wir uns auf die einfachen Sätze be=
schränken, die jedes Kind aus seinem Katechismus kennt,
und sagen: der allmächtige Gott erschien als Kind,
damit Er Sein Blut für uns am Kreuze vergieße,
haben wir nichts zu thun, als zu lieben und anzu=
beten. Aber in dem Augenblick, da der Verstand seine

eigenen Worte zu erfassen und seine Ideen zu klären
versucht, wie bricht er unter der Aufgabe zusammen,
gleich einem schwachen Instrument, das zusammen=
bricht, wenn es zu einer Arbeit verwendet wird, für
die es nie bestimmt war. Eine Vereinigung hat zwi=
schen zwei Dingen stattgefunden, zwischen der Gott=
heit und der Menschheit — wer kann die Gränzen
dieser wunderbaren Vereinigung bestimmen? Als Gott
die Geschöpfe in das Dasein rief, unterstützte sie das
Ewige Wort, damit sie Seine eigene schaffende Hand
ertragen konnten und nicht im ersten Moment ihres
Daseins erbleichten, hinsiechten und starben. Aber
hier wird uns gesagt, daß Gott die Menschheit in
sich Selbst aufgenommen hat; wie kann sie diese ge=
waltige Erhebung ertragen? Mußte Er nicht erniedrigt
oder die Menschheit vernichtet werden? In der Ge=
genwart des ewigen Sohnes zu stehen ist eine Auf=
gabe, welche ohne die fortwährende Hülfe der Gnade
die Natur der Engel übersteigt; wie wird es das
arme Fleisch ertragen, für immer und ewig sein Eigen
zu sein? Betrachte die geheimnißvolle Verbindung
zwischen Leib und Seele; wird das Gehirn nicht
schwindlich von der unaufhörlichen Thätigkeit der im=
mer waltenden Intelligenz, und wird das Herz nicht
endlich von den wilden Leidenschaften des Willens,
mit dem es so ungleichartig vermählt ist, zerrüttet
und aufgerieben? Aber hier sind zwei Elemente, die
noch weit unvereinbarer sind, als Geist und Materie.
Wird nicht das ungestüme Vorwärtsdrängen und die
mächtige Fluth der Attribute Gottes die Natur des
Menschen so lange umbilden und durchdringen, bis
sie aufhört, sie zu sein? Oder, wird nicht die glü=

hende Gottheit die Menschheit, welche sie sich zu eigen gemacht hat, auf ein Nichts reduciren? Und wenn die Beiden als eine Person mit einander handeln sollen, wie wird die menschliche Intelligenz die furchtbare Energie Gottes ertragen? Wie kann Gott den Willen beherrschen, ohne ihm Gewalt anzuthun? Wessen Geist könnte ohne die stützende Hand der heiligen Kirche Gottes die Wucht dieser wunderbaren Gedanken tragen? O unerschütterlicher Glaube Mariens, die alles Dies in ihrem Herzen erwog und ihm in's Angesicht sah und dennoch glaubte! Gebenedeiet bist Du, die Du geglaubt hast! Das rosige Kind, dessen friedliches Athmen kaum ihr Ohr berührte, wenn Es auf ihrem Schooße schlief, war der Gott, dessen Stimme das Schweigen der Ewigkeit brach. Und als Er vor ihren Augen aufwuchs und ihre Wangen küßte und ihren Namen rief, wie konnte sie glauben, daß es Gott wäre, der so zärtlich durch diese sanften Augen blickte? Und als seine Intelligenz sich zu entwickeln begann, wie die eines anderen Menschen, als ihr so rasch Ideen aufzugehen schienen — dennoch war es der allwissende Gott, der darunter verborgen lag! O gebenedeiet bist Du, die Du geglaubt hast! Hilf uns, voran zu schreiten und das Große zu sehen, das Gott vollbracht hat: wie die Menschheit unversehrt in den Flammen der brennenden Gottheit liegt!

Und nun muß ich wie ein Kind, das keine Worte finden kann, um das auszudrücken, was es sagen will, meine Zuflucht zur heiligen Jungfrau nehmen, um die Frage, welche ich erhoben habe, in Betreff der beiden Naturen in unserem Herrn Jesu Christo

7 *

zu beantworten. Es ist ihr altes Amt, den Glauben
zu hüten, indem sie auftritt, die Ehre ihres Sohnes
zu vertheidigen. Die erste Häresie, die sich erhob,
wurde von dem heil. Irenäus beantwortet, der sagte:
das Fleisch Christi war nicht nur in dem Leibe
Marien's, sondern aus ihm [1]); und vor Alters hieß
es: von ihrem reinen Blute wäre Sein anbetungs=
würdiger Leib gebildet. Und als der Versuch gemacht
wurde, zu lehren, Jesus sei eine vom Ewigen Worte
verschiedene Person, war der einzige Weg, die Lehre
zu vertheidigen, daß man sie dem Schutze Mariens
anvertraute und sie als die Mutter Gottes verkün=
digte. Ich weiß daher kein besseres Mittel, um zu
zeigen, wie das Fleisch, welches aus dem reinen Blute
ihres Herzens gebildet wurde, aller Anbetung würdig
ist, als indem ich umständlich darlege, wie sie jenen
höchsten Titel verdiente.

Man wird bemerken, daß Jene, welche zuerst die
sogenannte hypostatische Vereinigung läugneten, die
heilige Wahrheit nicht offen in Frage stellen durften.
Sie gaben beinahe Alles zu; sie sagten, die Gottheit
ruhe, herrsche und wohne in der Menschheit Jesu;
ja, sie sei der Balsam, mit welchem diese gesalbt sei.
Sie trieben die Menschheit bis auf das Aeußerste;
sie wurden beredt über die wunderbaren Gnaden,
welche Christus weit über den Cherubimen und Se=
raphimen verliehen waren; aber sie wandten sich gleich
Wahnsinnigen bei der bloßen Erwähnung des auf
die heilige Jungfrau angewendeten Namens der Mut=
ter Gottes. Die Gläubigen von Constantinopel wur=

---

1) S. *Iren.* Contra Haer. III, 21. 22.

den oft dadurch geärgert, daß sie die Bezeichnung
„Gottesgebärerin" von den Lippen ihres Patriarchen
sogar auf der Kanzel ihrer Kathedrale läugnen hören
mußten. Er behauptete, für die Ehre Jesu eifrig zu
sein; aber er konnte Maria keinen Schlag versetzen,
ohne auch ihren Sohn zu treffen; und wenn wir uns
vorstellen, was im Schooße Mariens stattgefunden,
werden wir bald die Wichtigkeit dessen begreifen, was
sie läugneten.

Ein Wunder hatte stattgefunden, wie nie zuvor
und nie wieder eines stattfand. Der heilige Geist war
gekommen und hatte in ihr, von ihrem besten Herzblut einen vollkommenen Leib gebildet und hatte ihn
einer vollkommenen Seele geeinigt, so daß Maria zugleich Jungfrau und Mutter war. Hier war die Natur des Menschen ganz vollkommen: betrachtet man
aber diese heilige Menschheit im ersten Augenblick
ihres Daseins, da hatte sich ein Wunder ereignet,
wie zuvor kein Menschenherz eines erfaßt und begriffen hatte. Bevor das Herz zu schlagen, der Geist
zu denken begonnen, bevor der Wille Zeit hatte,
einen Affect zu bilden, war das Ewige Wort gekommen
und hatte sich Alles zu eigen gemacht und Er, der
in Maria's Schooße lag, war der Gott des Himmels
und der Erde. Nicht war Maria's Sohn empfangen
worden und alsdann der Sohn Gottes hinzugetreten,
um sich Selbst mit dieser Person zu vereinigen. Hier
gab es überhaupt keine menschliche Persönlichkeit; die
einzige Person, die hier war, war das Ewige Wort
selbst. Er kam und nahm alle Bedingungen dieser
Art des Sein's auf sich. Wenn eine Mutter ein Kind
unter dem Herzen trägt, rührt nur der Leib von

ihrem Fleische her; die Seele, der edelste Theil, kommt von Gott, ohne irgend eine Mitwirkung ihrerseits; aber wer würde das Herz haben, zu sagen, sie, welche Ihn gebar, sei nur die Mutter Seiner materiellen Gestalt? Nein, das ganze zusammengesetzte Wesen, die Person ihres Kindes mit Leib und Seele gehöret ihr. In derselben Weise ist Gott Maria's Sohn, weil die Menschheit, welche von ihr geboren wurde, dem Ewigen Sohne [1]) in ähnlichem Sinne gehört, wie Fleisch und Geist jedem Menschen eigen sind. Und man darf nicht annehmen, dies sei eine bloß oberflächliche und zeitweise Vereinigung gewesen. Wenn einmal eine individuelle Natur durch jene Art des Sein's, die man Persönlichkeit [2]) nennt, Besitz von sich ergriffen hat, so behält sie dieselbe in alle Ewigkeit. Gott macht sie schon bei dem Act ihrer Schöpfung zu einem besonderen einzelnen Wesen, erhebt sie zu einer Person und gebietet ihr, für immer und ewig für sich zu bestehen. Dieses erfordert keinen neuen Beschluß; Gott bildet einen Leib, belebt ihn mit einer intellectuellen Seele, und sofort ist der Mensch Herr seiner selbst und tritt in ein Recht ein, woraus ihn Nichts mehr vertreiben kann.

Dieses unveräußerliche Recht nun, welches eine menschliche Persönlichkeit verleiht, ist völlig auf die

---

1) Ich brauche kaum hinzuzufügen, daß das Resultat solcher Untersuchungen nicht mit dem Schluß der Monophysiten, wonach Gottheit und Menschheit nur eine Natur bildeten, enden darf.

2) Ueber die Persönlichkeit siehe *De Lugo*, De Incarn. XII, 3.

zweite Person der heiligen Dreieinigkeit zu übertragen. Sie hatte in dieser heiligen Menschheit keinen Rivalen; Sie brauchte Niemand zu vertreiben, denn Niemand hatte vor Ihr Besitz davon ergriffen; ja dieselbe hatte vor Ihr gar nicht existirt. So trat an die Stelle des Sein's, das sie besessen haben würde, hätte sie für sich bestehen sollen, dasjenige des Ewigen Wortes. Dieses Ewige Wort gab nun dieser menschlichen Natur seine eigene göttliche vom Vater und heiligen Geiste unterschiedene Persönlichkeit.

Im Schooße Mariens trat Er, der Ewige und Unerschaffene, in Sein neues Recht ein, und o! wie bebte und schauerte unter einem Strome unendlicher Liebe die ganze Natur, als die heilige Menschheit im ersten Moment ihres Sein's für immer und ewig Gott angehörte! Wie liebte das Ewige Wort diese Menschheit, durch welche der Sohn den Vater anbeten und Ihm mit dem ersten Schlag Seines heiligen Herzens eine Verehrung zollen konnte, wie sie weder alle die Cherubim und Seraphim, noch alle die Heiligen oder sonst ein erschaffenes Wesen im langen Laufe der nie endenden Zeiten Ihm darzubringen vermochten. Er nahm diese Menschheit als Sein Eigenthum an und drang in die dunkelsten Verborgenheiten ihres Willens ein, dachte mit ihrem Verstande, lebte mit ihren Neigungen, fühlte sich glücklich in ihren Freuden und litt in ihrem Wehe. Er opferte sie Seinem Ewigen Vater, um zu leiden, was Dieser wollte; denn Er wußte, daß sie Ihm das gegeben hatte, was Er vorher nicht besaß: ihr eigenes Blut, welches Ihm durch die Vereinigung mit Seiner Wesenheit die Fähigkeit verlieh, alle die großen Beleidigungen, womit

Seine Nebenmenschen die Majestät Gottes beschimpft
hatten, abzubüßen. Mit welcher unaussprechlichen
Liebe glühte Er für die Sünder, und da Er einen
wahren Schatz von Leiden in Sich wahrnahm, opferte
Er Seinen Leib auf, damit er zerrissen, Sein Blut,
damit es vergossen werde, Sein Herz, damit es
trauere, wenn ihnen Gott nur Barmherzigkeit erweisen wollte.

So waren die Gedanken des Ewigen Wortes in
Bezug auf die heilige Menschheit, welche Er annahm;
und es würde die höchste Zeit für mich sein, nun auf
die Betrachtung der Verehrung, welche wir ihr schuldig sind, überzugehen. Dennoch will ich etwas länger
auf diesem Theil des Gegenstandes verweilen, denn
es ist kaum genug, die nakte Lehre der hypostatischen
Vereinigung festzusetzen, wenn wir sie nicht auch in
ihren Wirkungen betrachten. Die gewaltige Wahrheit
ist viel zu hoch für uns; wir gebrauchen während
der ganzen Zeit Ausdrücke, die allerdings eine Bedeutung für uns haben, weil Gott die Ideen verleiht, welche mit ihnen in unseren Seelen correspondiren; es sind aber solche, die für Worte zu tief sind.
Die Wunder dieser heiligen Vereinigung können nur
in ihren Wirkungen gesehen werden. Kommt also
und laßt uns sehen, was der incarnirte Gott für
die Menschheit, die Sein Eigen ist, gethan hat. Laßt
uns die Majestät und Schönheit, die Er ihr mit-
theilt, betrachten, damit wir erfahren, wie Jesus,
unser König, all unsere Anbetung verdient. Und
Alles, was wir nur zu sagen im Begriffe stehen, betrifft Ihn als Menschen. Wir würden nichts Neues
sagen, behaupteten wir, die Gottheit sei vollkommene

Heiligkeit; nein, es ist die blendende Reinheit der Menschheit, auf welche wir nun, wenn wir vermögen, unsere Augen richten müssen. Natürlich behielt sie ihre eigene Natur; der Sohn Gottes that ihr keine Gewalt an; sie blieb menschlich wie zuvor; aber auf diese Menschheit wurde eine Gnade ergossen, welche zu begreifen die Ewigkeit nicht ausreichen wird.

Um dies zu verstehen, muß man bedenken, daß jedes erschaffene Wesen gewissermaßen einen Makel an sich hat und zwar den, daß die Heiligkeit für dasselbe etwas Accidentielles und von ihm zu Scheidendes ist. Ein klarer Beweis dafür ist der, daß es unter gewissen Umständen fähig ist, zu sündigen; ja, durch seine eigene Schwere würde es früher oder später ohne die Gnade Gottes zur Sünde hingezogen werden. Was aber die Menschheit Jesu betrifft, so ist die Heiligkeit ihr natürlicher Duft, ja, ein nothwendiger Theil eines Zustandes, welcher wesentlich der ihr eigene ist. Und dies ist der Grund, weßhalb sogar die lichte Heiligkeit der Seraphim vor der glänzenden Reinheit der heiligen Menschheit erbleichen muß. Jene ist nur ein mattes und schwaches Bild der Heiligkeit Gottes; aber in dieser Menschheit ist die eigentliche Heiligkeit des Ewigen Wortes! Gott hat in Seiner unendlichen Güte zugelassen, daß einige Strahlen Seiner Glorie jene gesegneten Geister schmücken dürfen; aber die verschwenderische Hand Gottes des Vaters hat die ganze Reinheit des ewigen Lichtes über jene menschliche Seele ausgegossen, um für immer ihr eigen zu sein.

Das Wunderbarste war die Schönheit dieser heiligen Menschheit. Ein Attribut Gottes kommt ihr

von Rechtswegen [1]) zu; Unendlichkeit kann sie nicht
besitzen, denn sie ist etwas Erschaffenes; Seine Allmacht
ließ der Ewige Sohn gleichsam zurück, denn Er konnte
dieselbe nicht mit sich nehmen; aber die Heiligkeit
konnte und wollte Er nicht zurücklassen. Als Er in
das Sein trat, war der Balsam, womit Er in Maria's
Schooß gesalbt wurde, die eigentliche Heiligkeit Got=
tes; und der Wohlgeruch drang bis in die tiefsten
Tiefen Seiner Seele. Gott darf nur das Feuer schaf=
fen [2]), so muß es schon seiner Natur nach brennen;
und so sank die glühende Fluth der Heiligkeit des
Ewigen Wortes tief in die menschliche Seele, bis sie
über und über in himmlischem Glanze erglühte.
Wenn das Licht überhaupt kommt, so durchdringt es
alle durchsichtigen Dinge, bis nicht nur ihre glän=
zende Oberfläche, sondern ihr innerstes Wesen von
seiner ihm innewohnenden Schönheit schimmert. Es
zerstört sie nicht; sie bleiben; sie bleiben was sie
waren; aber sie leben und bewegen sich und haben
ihr Sein in dem schönen Glanz, der in sie einge=
drungen und eins mit ihnen geworden ist. Auf diese
Weise kam das Ewige Licht des Lichtes im Augen=
blick der Verkündigung geräuschlos und schweigend
und ergoß sich in die in jenem Augenblick erschaffene

---

1) Non potest etiam de potentia absoluta humanitas
uniri substantialiter Verbo et non sanctificari; quia impli-
cat contradictionem uniri et non habere in se participa-
tam naturam in quo formaliter consistit conceptus sanc-
tificationis substantialis. — *De Lugo*, De Incarn. Disp.
16. Sect. 1.

2) Siehe: *Petavius*, De Incarn. XI. 7. besonders die Ci=
tate aus St. Cyrillus von Alexandrien.

menschliche Seele. Kein lauter Ton verkündete Seine
Nähe; wie ein friedvoller Eroberer drang Es in die
Tiefen des menschlichen Wesens ein, bis Wille, Ver=
stand und menschliche Liebe ganz umgewandelt waren
und sich nicht bewegen konnten, ohne daß der Strahl
des himmlischen Glanzes jede Seiner Bewegungen
traf [1]).

Ferner, wie das Licht die Dunkelheit vertreibt,
so zerstört die hypostatische Vereinigung ihrem Wesen
nach die Möglichkeit der Sünde. Bis auf diese Zeit
konnte kein Wesen ohne Sünde geblieben sein, stand
ihm nicht die Gnade Gottes besonders bei. Das
schreckliche Uebel griff wie ein Krebsschaden um sich,
bis Engel auf Engel von der Ansteckung erfaßt waren.
Die schreckliche Möglichkeit wuchs zu einer schauder=
haften Thatsache. Sie flog von Chor zu Chor und
jeder von ihnen bis hinab auf die niederste Stufe
der Engel zahlte der elenden Macht seinen Tribut,
bis sich die überwältigende Pestilenz auf die Erde
hinab verbreitete und ihr nie versiegendes Gift durch
das menschliche Geschlecht fortsetzte. Nur ein einziges
Wesen gab es, das durch die engste Verbindung mit
Ihm mit einer Sündlosigkeit ausgestattet war, die
der Schatten Seiner eigenen genannt werden kann;
was aber bei Maria eine Gnade war, das war bei
Ihm ein unbestreitbares Recht. War sie einmal be=
stimmt, die Mutter Gottes zu werden, so war sie
durch ihre fleckenlose Reinheit entschieden geeignet und
befähigt dazu. Was aber das Resultat der Congru=
ität bei Maria war, gehörte als Recht der Mensch=

---

1) *Petavius*, De Incarn. IV, 14.

heit Jesu. Nicht einmal Gottes absolute Macht hätte jener heiligen Menschheit gestatten können, zu sündigen.

O unendliche Heiligkeit jenes Leibes und jener Seele. Für das Ewige Wort war es eine Nothwendigkeit, sie vollkommen zu beherrschen [1]) und Er konnte sie nicht sündigen lassen, ohne Seine eigene wesenhafte Rein= heit zu verlieren. O bezaubernde Schönheit der Mensch= heit Jesu! Kein Wunder, daß sich die Könige der Erde vor ihr beugen, da sie nothwendiger Weise der Vater lieben oder aufhören muß, Seinen eingebo= renen Sohn zu lieben. Und der Sohn muß sie lieben, wenn Er sich selbst lieben will; und der heilige Geist schließt sie in die Arme Seiner ewigen Liebe, da die wesenhafte Glorie des Wortes auf ihr beruht. Kommt, laßt uns anbeten, da Gott sie trägt: nicht wie einen Juwel an Seiner Stirne, oder wie eine Krone auf Seinem Haupte, sondern als die Bedingung Seiner menschlichen Thätigkeiten und als die Vervollstän= digung Seines menschlichen Wesens unauflöslich mit Ihm verbunden [2]).

Man wird mir sagen, ich hätte unter all den Herrlichkeiten der heiligen Menschheit das heilige Herz Jesu vergessen. Um aber zu beweisen, daß dem nicht so ist, werde ich nun direct auf die Frage ein= gehen: ob Sein Fleisch und Blut an den wunder= baren Wirkungen der hypostatischen Vereinigung Theil

---

1) Dies ist die Ansicht des *Suarez*, De Incarn. Disp. 33. Sect. 2. über diese schwierige Frage.

2) Siehe die Erklärung der Persönlichkeit bei *Petavius*, De Incarn. VIII, 2.

hat. Rufen wir uns das Symbol dieser Andacht in
das Gedächtniß zurück: das brennende Herz, welches
ein Kreuz des Leidens überragt und Flammen feuriger
Liebe umgeben. Dann erheben wir unseren Geist zu
seinem Urbild im Himmel, dem wirklichen Herzen Jesu,
und untersuchen nun, ob es mit den übrigen Theilen
der glorreichen Menschheit einen Antheil an den Herrlichkeiten hat, welche wir beschrieben haben. Und ich
weiß keine bessere Art, die Frage zu entscheiden, als
indem wir untersuchen, welche Art von Huldigung
dasselbe verdient, um zu sehen, in wie weit es an
der Anbetung Theil nimmt, die, wie Alle zugeben,
der göttlichen Person des Ewigen Wortes gezollt wird.

Hier also ist ein Problem zu lösen; etwas völlig
Neues wird auf der Erde gesehen: Gott selbst ver-
bindet sich mit einem menschlichen Leibe in einer so
innigen Vereinigung, daß dieser seiner göttlichen Person
wahrhaft angehört. Schon die Gegenwart solch eines
Wesens in der Welt mußte einen feierlichen Ritus von
Liebe und Bewunderung, wie man nie vorher einen
gekannt hatte, rings um dasselbe in das Leben rufen
und unzählige Fragen mußten sich darüber erheben,
wie die Ansprüche Seiner Menschheit mit den Prä-
rogativen Seiner Gottheit in Uebereinstimmung gebracht und geordnet werden könnten. Und hierin,
wie in allem Uebrigen, hat die Gegenwart Jesu einen
Antagonismus in die Welt gebracht. Die Bemühungen der Häresie richteten sich unwillkürlich sowohl
gegen Seine Menschheit, als gegen die Mutterschaft
Mariens; und als es kund wurde, daß das Concil
von Ephesus sie als die Mutter Gottes verkündigen
wollte, hörte man den Elenden, der ihr diesen Na-

men abgesprochen hatte, in ohnmächtiger Wuth aus=
rufen: „Was mich betrifft, ich kann es niemals über
mich bringen, zu sagen, daß ein Kind von zwei oder
an drei Monaten für Gott zu erklären oder ein Kind an
der Brust seiner Mutter anzubeten sei." Zwei Dinge
also konnte diese spitzfindige Häresie niemals über=
winden: die Mutterschaft Mariens und die Anbetung
der heiligen Menschheit. Aber es währte lange, be=
vor sie zu dem offenen Geständniß gezwungen werden
konnte, welches ihr der Sieg der Wahrheit entrang.
Vorher hatte Nestorius, einer Schlange gleich, die
durch ihre Windungen ihrem Verfolger zu entschlüpfen
versucht, Alles gethan, was er konnte, die Frage zu
umgehen. Er hatte gesagt, die heilige Menschheit
könne mit der Gottheit angebetet werden; das heißt:
als ein getrenntes Wesen an ihrer Seite und durch
einen besonderen Act. Aber der Blick, welchen die
Kirche auf Jesum, den Gegenstand aller ihrer Liebe,
gerichtet hatte, war viel zu klar und zu fest, um
durch eine solche Ausflucht geblendet zu werden, und
sie sprach über Alle, welche die Menschheit nicht mit
einer und derselben Anbetung verehren wollten,
welche sie dem Ewigen Worte zollten, ihr Anathema
aus [1]).

Aus dem, was bisher gesagt worden ist, kann

---

1) Si quis in duabus naturis adorari dicit Christum (in
qua duae adorationes introducuntur) sed non una ado-
ratione Deum Verbum incarnatum cum propria ipsius
carne adorat sicut ab initio Dei Ecclesiae traditum est,
talis anathema sit. Dies sind die Worte des fünften Ge=
neralconcils, des zweiten von Constantinopel Coll. 8. 9.

man leicht erkennen, warum dies also sich verhält.
Die innere Verbindung, welche zwischen der heiligen
Menschheit und der Person Gottes des Sohnes be=
steht, ist leicht zu folgern. Wenn es wahr ist, daß
die Thätigkeiten des Menschen dem Worte nicht nur
verliehen, sondern wirklich die Seinigen sind, so ist
es nicht schwer, zu sehen, wie die dem Sohne Ma=
riens gezollte Anbetung keine andere, als die dem
Sohne Gottes dargebrachte ist, da beide eine und die=
selbe Person sind. Aber so klar dies auch ist, dürfen
wir doch nicht annehmen, daß der böse Geist, der im
fünften Jahrhundert die Anbetung Jesu zu verhin=
dern suchte, nach seiner ersten Niederlage den Kampf
als verloren aufgab. Er hat um jeden Zoll gekämpft
und jeden einzelnen Punkt nur aufgegeben, nachdem
er in und außer der Kirche zahllose Fragen über den
Gegenstand erhoben hatte. Es wird daher nothwen=
dig sein, um die Frage in das hellste Licht zu stellen,
so auf die Einzelnheiten der jedem Theile gebühren=
den Anbetung einzugehen, wie wir die Wirkungen
der Incarnation auf die Menschheit als ein Ganzes
durchgegangen haben. Auf diesem Wege werden wir
beim heiligen Herzen selbst ankommen.

Versetzen wir uns denn vor die heilige Mensch=
heit Jesu, wie sie nun im Himmel ist, oder wenn
man will, wie sie auf dem Schooße Maria's ruhte,
als die drei Könige kamen, sie anzubeten. Der christ=
liche Instinkt sagt uns sogleich, was zu thun sei;
glauben wir einmal, daß dies unser Gott ist, so wer=
den wir keine Frage erheben: wir fallen nieder und
beten an. Thun wir dies nicht, so glauben wir nicht
wirklich an Seine Gottheit. Fragt uns Jemand um

den Grund, warum wir es thun, so werden wir antworten: die Person, welche vor mir ist, ist das Ewige
Wort, und da der Leib, welchen ich vor mir sehe,
der Seinige ist, so bete ich ihn mit derselben Andacht
an, die Ihm selbst gebührt. Und werden wir weiter
gedrängt, so können wir fortfahren, indem wir ein
allgemeines Princip aufstellen und sagen, daß, wenn
jemals einer Person Verehrung gezollt wird, nicht
nur die äußere Ehrenbezeugung, sondern auch die innere Huldigung, welche diese lenkt und begleitet, derselben als einem Ganzen dargebracht werden. In einer
solchen Action gibt es keine Trennung. Wenn sich ein
Mensch vor seinem Könige neigt, so trennt er in
seinem Geiste nicht den Leib von der Seele des Wesens vor ihm und sagt: „Diesem Fleisch und Blut
huldige ich nicht." Er beugt sich vor der ganzen Person,
dem zusammengesetzten Wesen, das aus Seele und
Leib besteht und dem er seine Huldigung darbringt.

Diesen irdischen Begriff können wir auf die Anbetung Jesu übertragen. Erst das Christenthum hat
eine Idee zur Geltung gebracht, die vorher nicht
existirte, wiewohl sie der Wahrnehmung der menschlichen Intelligenz nicht entgangen war; nämlich die
der Persönlichkeit. Die Kirche wendet sie für ihre
eigenen Zwecke an und definirt, daß es im Menschen
Jesus Christus nur Eine Person gibt und zwar die
göttliche. Sie gestattet den Philosophen, über das zu
disputiren, was die persönliche Identität jenes „den-
kenden, intelligenten Wesens ist, das jeder Mensch sein
Selbst nennt"; ja, sie läßt ihre Kinder über diesen
Gegenstand jede beliebige Ansicht hegen, wodurch die
Frage nicht zu einer ungereimten Albernheit gemacht

wird; wenn sie aber einer Probe bedarf, um die Hä=
retiker von Jenen, welche an der Wahrheit festhalten,
zu unterscheiden, so deutet sie auf die heilige Mensch=
heit hin und gebietet allen Menschen, sie anzubeten.

Wollen wir ferner annehmen, ein Mensch würde,
frappirt von der Verkündigung, Jesus Christus als
Mensch sei mit derselben Andacht anzubeten, wie das
Ewige Wort, fragen, ob er, wenn er im Geiste die
heilige Menschheit von der göttlichen Person trenne,
jener nicht eine geringere Huldigung darbringen dürfe,
als jene, die Gott gebührt? Einem solchen Menschen
würde einfach die Antwort zu geben sein, welche katho=
lische Theologen gegeben haben [1]. In Sachen der
Anbetung ist es unerlaubt, eine solche Abstraction zu
machen. Natürlich, angenommen eine solche Scheidung
fände zwischen dem Menschen Jesus Christus und dem
Ewigen Worte statt, so würde die sich selbst über=
lassene Menschheit aufhören, verehrungswürdig zu
sein, außer so, wie jedes andere Werk Gottes; aber
angebetet dürfte sie nicht werden. Nehmt euerem Kö=
nige sein Königthum und er wird eine Privatperson
und verliert seine Huldigung. Aber trennt ihr in
euerem Geiste, so lange er König ist, den Menschen von
dem Monarchen und schlagt ihn, so macht ihr euch
nichtsdestoweniger des Hochverrathes schuldig. Nehmet
einen goldenen Kelch vom Altardienst; er wird einfach
ein Kunstwerk, statt daß er ein geweihtes Gefäß ist;
so lange er aber zum Opfer des köstlichen Blutes ge=

---

1) Man kann Suarez, De Lugo und Vasquez an=
führen. Der Letztere citirt zwei Generalconcilien, um seine
Behauptung zu beweisen.

braucht wird, ist es eine Sünde, ihn zu berühren, wenn ihr nicht dadurch, daß ihr euch selbst Gott weiht, das Recht erworben habt oder eine besondere Erlaubniß von der Kirche dazu besitzt. Wieviel wahrer ist dies von der heiligen Menschheit, die nicht nur die officielle Repräsentation Gottes ist, Ihm nicht nur wie ein Stück Eigenthum angehört, sondern Sein ist durch eine persönliche Vereinigung, welche seit dem ersten Augenblick ihres Bestehens stattgefunden hat, im Augenblick noch ist und für immer und ewig sein wird. Es heißt die Würde dieser Menschheit verunglimpfen, wenn man zu einer Abstraction greift, bloß um sie anders zu fassen, als sie ist. Die rechte Antwort auf diese Frage ist dann die folgende. Wenn man bei Jesu, als dem Menschen, in Gedanken die Menschheit von der göttlichen Person getrennt hält, so begeht man ein Unrecht, wenn man sie für die Zwecke der Andacht überhaupt scheidet oder davon abstrahirt: indem man dies thut, verstümmelt man die Ihm gebührende Huldigung. Faßt man aber die heilige Menschheit vom Gesichtspunkte der Menschheit, jedoch in ihrer Vereinigung mit der Person, dann muß sie mit einem und demselben Act verehrt werden, mit welchem man Jesum als Gott verehrt[1]).

So ist die Lehre der Kirche in Bezug auf die Verehrung Jesu als eines Ganzen, Leib und Seele mit einander; aber nun taucht eine andere Frage auf: Welche Verehrung würde dem Leibe unseres Herrn gebühren, angenommen er wäre von Seiner Seele getrennt? Bisher haben wir uns in Gedanken vor

---

1) *De Lugo*, De Incarn. Disp. XXXV, 3.

den lebenden Jesus versetzt, inmitten der Freuden
Seiner rosigen Kindheit oder wie Er nun ist, triumphirend im Himmel. Aber nun müssen wir uns zu
Seinem bleichen und entstellten Leibe wenden, wie er
als eine todte Masse am Kreuze hing oder wie er auf
Maria's Schooße lag, um für die Grablegung vorbereitet zu werden; und dann fragen wir uns, welche
Verehrung gebührt jener zerrissenen und blutbefleck-
ten Gestalt, nachdem die Seele, welche sie belebte,
hinweggeschwunden war? Wir haben nur Seine heilige Mutter zu fragen, um zu erfahren, daß sie selbst
diese leblosen Glieder mit derselben Verehrung, welche
sie dem lebenden Jesus, das heißt, Gott selbst zollte,
anbetete. Als sie ihn mit Linnen umwand, betete sie
Seinen Leib mit derselben Andacht an, als da sie in
den ersten Freuden ihrer Mutterschaft ihr neugebo-
renes Kind in der Nacht Seiner Geburt als Gott ver-
ehrte. Und der Grund davon ergibt sich aus dem,
was schon gesagt worden ist: die Vereinigung zwischen einem Menschen und seinem Leibe hört nicht mit
dem Tode auf, weil sie eine persönliche ist. Er bleibt
ihm und er wird ihn wieder annehmen als solchen
am Tage des Gerichtes. Weit mehr ist dies bei dem
heiligen Leib der Fall, der vom heiligen Geiste aus
Maria's Blut gebildet und mit der Person des Sohnes
Gottes vereinigt wurde. Er nahm ihn nicht an, um
ihn eine Zeitlang zu tragen und ihn alsdann gleich
einem Gewande abzustreifen, sondern um ihn für immer zu behalten. Ja, als Er ihn zuerst annahm, ver-
schmähte Er es nicht, sich unmittelbar mit ihm zu vereinigen. Er ließ die Seele nicht wie eine Scheidewand
zwischen Sich und diesem irdischen Gebilde von Fleisch

8 *

und Blut treten, sondern Er dehnte die hypostatische
Vereinigung direct auf jeden Theil Seiner heiligen
Menschheit aus. So geschah es, daß selbst, nachdem
das Leichenbegängniß vorüber und der kalte Stein vor
den Mund des Grabes gerollt war, die Gottheit Seine
leibliche Einsamkeit nicht verließ. Als der Leib allein
gelassen und Niemand bei ihm war, der über ihm
weinte unter den Cypressen des Gartens, hielt die
Gottheit noch Wache über ihn und blieb ihm so nahe
verbunden, wie je.

Noch ein, besonders auf das heilige Herz anzu=
wendendes Wort und wir sind fertig! Es ist nicht
nur begreiflich, daß Seele und Leib von einander
getrennt werden können, sondern auch, daß die ver=
schiedenen Theile dieses heiligen Leibes von einander
zu scheiden sind. Und in der That haben verschie=
dene Andachten zur Menschheit Jesu zu ihrem Gegen=
stande verschiedene Theile Seines anbetungswürdigen
Leibes, wie z. B. das kostbare Blut, die fünf Wun=
den und die von ihnen getroffenen Theile und das
heilige Herz. Nun gibt es einen Theil des Leibes
unseres Herrn, auf den sich die Frage besonders rich=
tet: ich meine das kostbare Blut, da Er es aus Liebe
für uns gänzlich vergossen hat. Aber ich kenne keine
Frage, die man ruhiger dem Instinkte eines Christen
überlassen kann, als diese. Wer fühlt nicht, daß er
seine Erlösung dem Blute Jesu schuldet? Und wenn
zwischen unserem göttlichen Heilande und diesem heilen=
den Strome keine persönliche Verbindung besteht, wird
es dann nicht alle Fähigkeit verlieren, unsere Sünden
wegzuwaschen? Fürwahr also, die hypostatische Ver=
einigung hemmte dieses lebenspendende Blut nicht.

Außerdem können wir als ein festes theologisches Princip aufstellen, daß, wie sich das Ewige Wort mit einer vollkommenen menschlichen Natur vereinigte, Er auch bei der Auferstehung Nichts zurück ließ, was zu ihrer Realität nothwendig war. Es wird ferner geglaubt, daß die hypostatische Vereinigung niemals das verläßt, was als ein realer Theil ihrer leiblichen Gestalt schließlich immer in ihr bleiben muß. Deßhalb schied kein Tropfen des kostbaren Blutes, das bei der Auferstehung wieder mit Ihm vereinigt wurde, aus dieser Vereinigung heraus. Wie ängstlich mochten damals die Engel über diese rothen Tropfen gewacht, wie sie behütet haben, wo sie auch, während der drei Tage, da Er im Grabe lag, ruhen mochten! Er hatte sie wie eine reinigende Sündfluth überallhin für uns vergossen; und überall mochten während jenes furchtbaren Tages und jener schrecklichen Nacht Seine Schritte von Blut gezeichnet gewesen sein. Von Seiner erbleichten Stirne begann es in rothen Perlen hinabzurollen, bis Seine Gewänder blutig gefärbt und das grüne Gras unter den Olivenbäumen von den kostbaren Tropfen bethaut war. Die Geißel schlürfte sie begierig ein und an den Spitzen Seiner Dornenkrone gerann das Blut zu dunklen Flecken. Es lag auf der Straße und unter dem Kreuze. Aber wo es auch sein mochte, gewiß wurde es von Engeln verehrt und angebetet, weil sie noch immer Seine göttliche Person mit demselben vereinigt sahen und wohl wußten, daß es am dritten Tage dem heiligen Herzen, von dem es kam, wieder zurückerstattet werden würde.

Wäre es also wahr gewesen, daß das heilige Herz

während dieser drei Tage vom Uebrigen der anbetungs=
würdigen Menschheit wirklich getrennt gewesen sei, so
würde es demungeachtet ein Gegenstand der Anbetung
sein, weil es durch diese Trennung doch nicht von der
Person des Ewigen Wortes verlassen geworden wäre.
Zu gleicher Zeit ist aber eine solche Annahme für unseren
Zweck nicht nothwendig. Der Gegenstand unserer An=
dacht ist das lebendige Herz, wie es nun mit der übrigen
Menschheit unseres göttlichen Heilandes verherrlicht im
Himmel ist. Um dieses klarer herauszustellen, haben wir
nur auf eine Stelle in der Bulle, durch welche die Sy=
node von Pistoja verworfen wurde, hinzuweisen. Die=
ses sogenannte Concil wird verurtheilt, „weil es die
Verehrer des Herzens Jesu darüber tadelt, daß sie nicht
bemerken, wie weder das heiligste Fleisch Christi,
noch irgend ein Theil davon oder auch die ganze
Menschheit, getrennt oder abstrahirt von der Gott=
heit, mit der Huldigung der Anbetung verehrt wer=
den dürfe." „Als ob," fährt die Bulle fort, „als
ob die Gläubigen das Herz Jesu separirt oder ab=
strahirt von der Gottheit anbeteten, wenn sie dasselbe
als das Herz Jesu, das Herz der Person des Wor=
tes, mit dem es unauflöslich verbunden ist, anbeten!
In derselben Weise ist der blutlose Leib Jesu Christi
während der drei Tage des Todes im Grabe anbe=
tungswürdig, da derselbe von der Gottheit weder ge=
trennt, noch abstrahirt ist."

Endlich also haben wir das Ziel erreicht, welches
wir uns bei Beginn dieser Erörterung gesteckt haben.
Wenn sie auch lang und schwer gewesen ist, so wird
sie wenigstens dazu gedient haben, zu zeigen, wie tief
die Andachten zur heiligen Menschheit Jesu im christ=

lichen Glauben gewurzelt sind. Sie sind keine todten
Dinge, die gleich Fossilien in die Ueberreste einer ver=
gangenen Welt eingewachsen sind; sondern das ganze
System ist lebendig, so daß man auch nicht den klein=
sten Theil berühren kann, ohne das Ganze zu affi=
ciren. Wir können nun sehen, aus welchem Grunde
die Gewalt des Bösen mit solcher beispiellosen Hart=
näckigkeit gegen diese einfachen Andachten zur anbe=
tungswürdigen Menschheit immer gerichtet war: bloß
deßhalb, weil sie für die Anbetung Jesu als Mensch
Zeugniß ablegen.

Kein Wunder daher, daß diese verlorenen Geister
alle Mächte der Hölle gegen sie aufregen. Sie erin=
nern sich in ihrer schrecklichen Verzweiflung, daß der
eigentliche Grund, weßhalb sie vom Himmel verstoßen
wurden, ihre Weigerung war, sich vor dem Befehle
Gottes zu beugen, Der verkündigte, Alle, selbst die
Geister der Engel würden das menschgewordene Wort
anbeten müssen. Kein Wunder, daß sie gegen die
Idee der Persönlichkeit in jeder Gestalt, in welcher
sie vor ihnen erschien, Krieg führten. Sie sehen wohl,
wie sie die ewige Verantwortlichkeit eines menschlichen
Wesens in sich schließt. In heidnischen Zeiten ver=
dunkelten sie dieselbe so, daß sie nahezu vergessen
war. Noch immer verdunkeln sie jede Lehre, welche
die Menschen an die Persönlichkeit jedes einzelnen
menschlichen Wesens erinnert, wie die Ewigkeit der
göttlichen Strafe und die Auferstehung des Fleisches.
Durch die Incarnation des Wortes wird die Reali=
tät dieser Idee deutlich und unverkennbar zur Gel=
tung gebracht und sie versuchen, diese Lehre mit un=
aufhörlichen Anstrengungen zu vernichten. Sie haben

selbst versucht, mit der Incarnation zu wetteifern und
sie nachzuahmen. Aus diesem Grunde werden Menschen von Teufeln besessen; sie bieten Alles auf, um
einen menschlichen Leib und eine Seele zu ihrem Eigenthum zu machen, um so anscheinend die Persönlichkeit eines solchen Wesens zu vernichten und sich dieselbe anzumaßen; obgleich sich dies natürlich durch den
allmächtigen Namen Jesus und durch die Exorcismen
der Kirche zu ihrer eigenen Erniedrigung verkehrt.
Aber ihr größtes Verlangen geht darauf hin, die
Intelligenz eines Menschen zu beeinflussen, um neue
Häresien zu erfinden, welche diese mächtige Wahrheit
läugnen oder die Menschen von der Anbetung der
heiligen Menschheit abhalten.

Die letzte dieser Bemühungen ist der gegen die
Andacht zum heiligen Herzen gerichtete Krieg. Er ist
keine vereinzelte Erscheinung; er ist nur ein Act in
jenem großen Kampfe gegen die Anbetung Jesu als
Mensch, welcher mit dem Fall der Engel begann und
wohl erst mit dem Tage des Gerichtes enden wird.
Sein Zusammenhang mit der Häresie ist uns nicht
länger verborgen. Wir können uns nicht länger
darüber wundern, daß der doctrinäre Irrthum oder
Erastianismus, jene Häresie der Weltlichkeit, so oft
den Widerwillen gegen die Andachten zum heiligen
Herzen begleitet. Ungehorsam gegen den heiligen Stuhl,
Opposition gegen die katholischen Andachten, unwürdige
Auffassung der Ehre Maria's, alles scheint eine Art
von organischem Ganzen zu bilden. Nicht etwa, daß
sie an sich etwas Substantielles haben; sondern alle
sind Symptome des häretischen Geistes, welcher wie
eine Krankheit auf die Seelen aller Derer lauert, die

nicht durch und durch getreue Kinder der Kirche
und bereit sind, jeden Augenblick und in jeder Ge=
stalt sich von ihr auszuscheiden. Mit der Gnade
Gottes wird es dem Feinde der Menschheit niemals
gelingen, die Einfalt und die kindergleichen Andach=
ten der Katholiken zu vernichten. Sie werden dem
Instinkte ihres Herzens folgen und immer und im=
mer nur ausrufen:

Preis, Segen, Liebe, Gehorsam und Verherr=
lichung sei überall und für immer dem göttlichen Her=
zen Jesu und dem unbefleckten Herzen Mariä. Amen.

Drittes Kapitel.
Die Liebe des heiligen Herzens Jesu.

Ein ungläubiger Philosoph hat den wunderlichen
Satz aufgestellt, daß „Der, welcher Gott recht liebt,
nicht fordern dürfe, daß Gott seine Liebe erwiedere.'
Aber dies ist ebensowenig das Gefühl eines Christen,
als die Sprache des natürlichen menschlichen Herzens.
Zur Ehre der, wenn auch gefallenen Menschheit ist
in den Tiefen unseres Wesens immer ein mächtiger
Zug zu Gott hin gelegen, ein Ueberrest unserer ur=
sprünglichen Gerechtigkeit. Wie eine von ihrer ersten
Heimath vertriebene Nation ein schwaches Bild des
Landes, welches sie verlassen hat, behält, so scheint es
auch, als ob das Menschengeschlecht noch eine traurige
Erinnerung an seinen alten übernatürlichen Zustand
bewahre und sich noch sehne, Gott zu lieben und von
Ihm geliebt zu werden. Gerade die Irrthümer, in
welche die Menschen in Betreff der Natur Gottes

gerathen sind, zeigen die Hartnäckigkeit, mit welcher
sie sich an die Idee von Seiner Existenz anklammern.
Es ist, als ob sie ein sehnendes Verlangen fühlten,
zu wissen, wie Er sie aufnähme, wenn sie Sein An=
gesicht wieder suchten. Sie blickten in ihre eigenen
Herzen und fanden die lebendige Kraftfülle gänzlich ver=
geudet und vernichtet; eine Liebesfähigkeit ohne Ziel
und ohne Gegenstand, wenn es nicht einen Gott gab,
den sie lieben konnten. Dies war die Sprache ihres
Herzens, der Ruf ihres inneren Bewußtseins. An=
dererseits, wer oder was konnte ihnen über den Cha=
rakter ihres Gottes Nachricht geben? Die äußere Welt
rief es aus, daß es einen Gott gebe, aber konnte sie
ihnen sagen, wie Er sie betrachtete, oder wie sie Ihn
betrachten könnten? Liebte oder haßte Er sie? Konn=
ten sie wagen, Ihn zu lieben?

Wenn sie die Natur betrachteten, vermochte diese
das Geheimniß nicht zu lösen. In der Majestät der
Sterne und in der heiligen Schönheit der Blumen
tönte eine süße Musik von Frieden und Ruhe; aber
dies Alles war die ungefallene Natur, und gab es
außerdem nicht genug, das auf eine Erschütterung,
auf irgend einen nachfolgenden Friedensbruch zwischen
dem Schöpfer und Seinen Geschöpfen deutete? War
nicht das Angesicht der Erde von Narben und Wun=
den als Zeichen Seines Zornes bedeckt und erzähl=
ten nicht der Vulkan und die Pest eine andere Ge=
schichte, als Korn, Wein und Oel, womit Gott das
Herz des Menschen erfreute? Daher stürzten sich die
Menschen in die entgegengesetztesten Ansichten über
Gott und dicht neben anderen Riten gab es grausame
und blutige und Religionen, welche den Geist der

Wolluſt athmeten. Nach der einen war Gott ein gutartiges Weſen, das, ſoweit es ſich überhaupt um ſie kümmerte, wünſchte, ſeine Geſchöpfe möchten ſich freuen; bei dem die Zulaſſung des Leidens die Folge der Sorgloſigkeit war und deſſen Natur die Aufer= legung von Schmerz und Pein, als einer Strafe, ganz fremd war. Andererſeits wurden die ſtrengen alten Religionen aufgeſtellt, welche Gott mit Menſchenopfern verſöhnten und die Frucht des Leibes für die Sünde der Seele dahingaben. Sie betrachteten Gott als einen allmächtigen Dämon mit unbegränzten Gewalten und unerbittlichem Willen.

Bejammernswerther Zuſtand der Menſchheit, ſich mächtig zu Gott hingezogen zu fühlen und dennoch nicht zu wagen, ſich Ihm zu nahen! Was konnte ſie abhalten, ſich in die Arme Gottes zu ſtürzen, da ſie immer offen waren, um Diejenigen, welche Ihn ſuch= ten, zu umfangen? Der einzige Grund, weßhalb ſie zurückblieben, war der, weil ſie nicht wußten, wie liebevoll und wie gut Er iſt. Sie hatten den Glauben verloren, daß Er all Denen, welche ihn eifrig ſuchen, den reichen Lohn Seiner Liebe ertheilen würde. Ohne dies war die Seele unfähig, aus ihren Tiefen einen Act der heiligen Liebe Gottes hervorzubringen [1]. Ver= gebens lernten ſie durch eine unglückliche Erfahrung die Fäulniß der Sünde kennen; ſie trieb ſie nicht zu Ihm hin. Attribut um Attribut Gottes ſchien ſie für Ihn anzuflehen und um ſie zu werben; aber ſie löſten die Frage nicht: können wir Ihn lieben und wird Er

---

[1] Siehe *De Lugo*, De Virt. Fid. Div. Disp. XII, 5. über die Frage, warum die natürlichen Kräfte ohne Glauben nicht hinreichend ſind, den oben bezeichneten Act hervorzubringen.

uns wieder lieben? Schönheit, Majestät und Reinheit
erzeugen kalte Bewunderung und berühren das Herz
nicht, bis das Wesen, welches diese Eigenschaften besitzt, seinen Anspruch auf Liebe dadurch beweist, daß
es seine eigene Liebe zeigte. Die Natur konnte die
Wunder Gottes offenbaren; sie war eine Entfaltung
wunderbarer Macht und bewies den feinen Einfluß
irgend eines unsichtbaren allmächtigen Geistes; aber
sie sagte von dem persönlichen moralischen Charakter
ihres Schöpfers zu wenig, um feste Hoffnung auf
gegenseitige Liebe einzuflößen. Es ist die Natur des
Menschenherzens, daß es seine Liebe nur dann ver-
schenken will, wenn es auf Erwiederung hoffen kann.
Es kann nicht auf Commandowort hin lieben; denn
die Liebe muß dem freiwilligen Quell des unerkauften
Herzens entspringen. „Zeige mir, daß Du lieben
kannst, wenn Du willst, daß ich Dich liebe[1])," das ist
die Sprache, welche das Menschenherz selbst gegen
Gott führt. Lag es aber in Seiner Natur, zu lieben?
Kann Er für Seine armen Geschöpfe fühlen ohne
Gefühle, sie bemitleiden ohne Leiden, sie lieben und
dennoch leidenschaftslos sein?

Dies ist die Sprache, welche das menschliche Herz
gebrauchen würde; die alte Tradition Gottes, der
unter den Bäumen des Paradieses mit Accenten der
Liebe zu Adam redete, war mehr und mehr verdunkelt. Der Glaube an Gott als ein liebendes Wesen
war von der Erde verschwunden; Hoffnung und Liebe
waren damit untergegangen; und da jedes Motiv,
welches das Herz des Menschen erregt, aufgehört hatte,

---

1) Vis ut ameris, ama. *De Lugo.* l. c.

ihn zum Himmel zu heben, was konnte er da anderes
thun, als die Fülle seiner mächtigen Fähigkeiten und
Kräfte auf die Liebe zur Erde zu verwenden? Was
sonst, als der Glaube an einen liebenden Gott hat
genug Himmel in sich, um die Seele von den sicht=
baren Freuden der Sünde abzuhalten? Die Schön=
heit der Tugend und die Häßlichkeit des Lasters kön=
nen wohl eine Zeit lang die jungen Herzen der Men=
schen und der Nationen schwellen, aber sie werden bald
von der mächtigen Sündfluth der Verderbtheit und
dem heftigen Strom wilder Leidenschaft hinwegge=
schwemmt. Ja, nachdem die zitternde Seele das Gleich=
gewicht verloren und die erste Sünde begangen hat,
drückt das Gefühl der Schuld sie im Verhältniß ihrer
Liebe zur Tugend um so tiefer darnieder und schreckt
sie von Gott ab. Dann kommt außer dem, was schon
vorher da war, ein neuer und schrecklicher Zweifel über
die Seele — wird Gott vergeben? Die indische Buße
und die herrschenden Menschenopfer legen für die
Macht dieses schrecklichen Zweifels hinlängliches Zeug=
niß ab. Die Vernunft kann und kann auch nicht zu
Gunsten des Erbarmens Schlußfolgerungen ziehen;
aber die größten Anstrengungen konnten Angesichts
des furchtbaren Schweigens, das Gott bewahrte, den
Zweifel nicht entfernen. Daß Er strafte, war gewiß;
die Erde trug genug Zeichen an sich, daß Seine Ge=
rechtigkeit schon in ihrer Anlage vorgesorgt und daß
sie sogar mit den Gesetzen des Geschlechtes, das auf
ihrer Oberfläche wohnte, verwoben war. Gab es irgend
einen Beweis, daß Er je vergebe?

Dies ist der Zustand des Menschen, der nicht un=
ter der Herrschaft der Gnade steht; es ist von Gott

genug übrig, um Ihn zu suchen, aber nicht genug, um
Ihn zu finden; genug, Ihn zu fürchten, aber nicht
genug, um Ihn über Alles zu lieben. Während er
sich verzweifelt an den Gedanken der Existenz seines
Gottes anklammert, ist er über die Gegenwart eines
Wesens, dessen Charakter so ungewiß ist, indessen sich
seine Macht so fühlbar macht, fortwährend beunruhigt.
Sogar die Liebe des Menschenherzens war so zur
Selbstsucht geworden, daß sie oft ein größerer Fluch
war, als sein Haß, da sie sowohl das Herz, als den
Gegenstand seiner Zuneigung verderbte. Sein Gott
sogar besaß schließlich keine moralische Natur und war
in das bloße Princip des Lebens entartet, als Pflanze,
Baum oder Thier verehrt. Oder es gab einen Gott
der einfachen Zerstörung neben einem Gott der ein=
fachen Liebe, welche ein getheiltes Reich besaßen oder
als Nebenbuhler einen zweifelhaften Kampf führten.
Und wiederum gab es im fernen Osten den Gott der
Wanderung, selbst unpersönlich und für alle Anderen
die Zerstörung der Persönlichkeit, da die unglückliche
Vereinigung mit ihm das Individuum in seiner Um=
armung auf ein Nichts reducirte. Oder nehmen wir,
um den Erdkreis zu vervollständigen, jenen unge=
heueren Theil des Menschengeschlechtes, der über dem
atlantischen Meer vergessen worden und von seinen
Mitmenschen abgefallen und so die reinste Repräsen=
tation der bloßen Natur, ohne irgend eine Beimischung
der göttlichen Tradition geworden war. Ihre Götter
sind unter den Geistern zu suchen, welche die Körper
der wilden Thiere beleben. Der höchste Begriff des
göttlichen Charakters, zu welchem sie gelangten, war
in der List und Wildheit des Instinktes der wilden

Thiere verkörpert; während in den von ihrer wildwüch=
sigen Civilisation geschaffenen Reichen die Menschenopfer für ihren Begriff von der Grausamkeit Gottes
Zeugniß ablegten.

Solches ist das Erzeugniß der Anstrengungen, welche
die Masse der Menschheit in ihrem hülflosen Suchen
nach dem Gott, den sie verloren hatte, machte; es ist
der schlagende Beweis, den die Geschichte zum Schluße
eines großen Theologen liefert, daß keine Vorstellung
von Gott außer der des liebenden Wesens, das uns
der Glaube offenbart, im Menschenherzen je einen
Act der Liebe erweckt, vermittelst dessen Gott über Al=
les geliebt werden kann. So unmöglich ist es für den
Menschen ohne Glauben, einen wahren und richtigen
Begriff von Gott zu haben; er setzt Gottes Erbarmen
auf bloßes absolutes Wohlwollen herab oder er ver=
gißt beides zusammen. Er bildet sich ein und verehrt,
wie man heute thut, ein Wesen von weibischer Güte
und endlicher Gerechtigkeit, mit einem allgemeinen
Himmel und einer temporären Hölle, oder er schafft
sich einen Gott der bloßen Rache und schrickt vor seiner
eigenen Schöpfung zurück. Diese beiden Ansichten,
obwohl einander so entgegengesetzt, haben soviel ge=
mein, daß sie es selbst als einen vorübergehenden Act
unmöglich machen, Gott über Alles zu lieben. Keiner
von diesen ist unser liebender Gott, der die Sünder
liebt, trotz Seines Hasses gegen die Sünde, der Er=
barmen übt, wiewohl Er gerecht ist.

Wen gibt es, der das Vertrauen zwischen dem
Menschen und seinem Schöpfer wieder herstellen kann?
Wer wird der Menschheit sagen, wie liebevoll Gott ist,
obgleich Er die Reinheit selbst ist? Nur die Stimme

Gottes selbst kann Seinen Geschöpfen wieder Muth einsprechen; und plötzlich spricht Er. Eine Botschaft kommt vom Himmel herab und diesmal wird sie nicht durch einen Abgesandten überbracht; es ist Gott selbst, Der sie bringt. Es ist die Stimme des Ewigen Vaters, Der durch Seinen Sohn spricht: „Also hat Gott die Welt geliebt, daß Er Seinen eingeborenen Sohn da= hingab." Es ist die Stimme des Ewigen Wortes: „Einen Leib hast Du mir zugerichtet; siehe, ich komme, zu vollbringen, o Gott, Deinen Willen. Siehe, ich bin auf Erden, um Deinen Willen zu thun, und Dein Wille ist, daß ich den Menschen sage, wie Du sie liebst. Und deßhalb bin ich mit der Liebe eines Gottes gekommen, die in mir glühet. Ich trage sie in meinem Busen eingeschlossen und in ein menschliches Herz zu= sammengefaßt." Und auch der heilige Geist muß Sei= nen Antheil an dem Werke haben: er bildet das Herz Jesu aus dem Blute einer jungfräulichen Mutter. Er bildet dasselbe mit der Absicht, daß es leide, und legt in dasselbe die unendliche Fähigkeit, zu lieben, und die unbegrenzte Kraft zu leiden, welche beide zu einer menschlichen Seele gehören.

Dies also ist der Geist der Andacht zum heiligen Herzen; ihr Ziel und Gegenstand ist nicht nur die Anbetung, sondern auch die Liebe. Die Menschheit hat gezweifelt, ob Gott lieben könne; sie konnten Liebe ohne Leidenschaft und ohne Gefühl nicht verstehen. Um diesen quälenden Zweifel zu lösen, kam Gott vom Himmel herab mit einem menschlichen Herzen, das übervoll war von Liebe und unter jeder menschlichen Bewegung pochte und zitterte, aber ohne Sünde war. Es ist das wirkliche Herz von Fleisch und Blut, das wir in dieser Andacht anbeten; aber außer dieser Verehrung nehmen wir es auch als ein Symbol der Liebe. Gerade wie wir, wenn wir von unserem Freunde sagen, sein Herz sei voll von Liebe, sein wirkliches Herz als den Typus seiner Empfindungen nehmen, so spricht Jesus, indem Er sich zu unserer Sprache herabläßt, von Seinem eigenen Herzen als voll von Liebe [1]). Das Herz des Menschen ist einem Sacramente gleich; es ist sowohl das Zeichen, als das Organ der Liebe; und wenn die Menschen in ihrer Undankbarkeit vergessen, wie liebevoll Er ist, so deutet Er auf Sein heiliges Herz und befiehlt Seinen Dienern, die Andacht zu demselben, als einem äußerlichen und sichtbaren Zeichen der Liebe, welche Er für sie hegt, immer weiter zu verbreiten.

Hier sind wir denn bei dem Geist der Andacht zum heiligen Herzen angelangt; es ist die Verehrung der Liebe Jesu. Die Andacht zu den fünf Wunden oder zum kostbaren Blut oder zum heiligen Kreuz sind alle gleichmäßig an die Person Jesu gerichtet, aber sie sind im Geiste, der sie beseelt, von derjenigen verschieden, die uns gerade beschäftigt. Während sie sich besonders an die Passion in ihren verschiedenen Phasen des Leidens, der vermittelnden Macht und des Triumphes richten, hat jene eine besondere und directe Beziehung zur Liebe Jesu während Seines Lebens. Die Collecte im Missale deutet nicht nur auf die Passion, sondern im Allgemeinen auf die „Wohlthaten, welche die Früchte der Liebe des Herzens Jesu sind." „Cor

---

1) Leben der ehrwürdigen Margaretha Maria Alacoque. I, 187.

Jesu charitate vulneratum venite adoremus," ift
die Einleitung des Officiums im Brevier; und in dem
Breve, welches die Andacht autorifirt, wird als ihr
Ziel und ihre Aufgabe „die Förderung der Erinnerung
an die Liebe unferes Herrn" feftgeftellt.

Es ift, als ob Gott in diefer Andacht mit Seinem
Volke auf einen Streit einginge und fie herausfor=
derte, Ihm zu zeigen, was Er mehr gethan haben
könnte, um ihnen Seine Liebe zu beweifen. Die Men=
schen fühlen, daß die Gottheit so hoch über ihnen fteht,
daß fie an Ihrer Fähigkeit, zu lieben, zweifeln, weil
Sie kein Mitleid und kein Erbarmen empfinden könne.
Deßhalb, um ihre Furcht zu entfernen, liebt fie Gott
hier mit einem menschlichen Herzen. Laßt fie forschen
und fehen, ob fie ein Herz finden können, das liebe=
voller und mitleidiger ift, als das Seine. Hier wird
der Charakter Gottes mit menschlichen Worten aus=
gedrückt und dem menschlichen Verftändniß angemef=
fen gemacht. Das menschliche Herz Jefu hat uns die
Fähigkeit gegeben, die Liebe Gottes zu ermeffen, das
Unbegreifliche zu begreifen. Wir wollen daher die
Fähigkeit, die Er uns verleiht, gebrauchen und fie als
die Richtschnur der Liebe Gottes nehmen, um die Un=
gerechtigkeit des Menschen, der Seine Liebe und Huld
bezweifelt, zu zeigen. Und um dies zu thun, wollen
wir die Liebe des Herzens Jefu analyfiren. Wir
werden fehen, welchen Einfluß auf daffelbe die Gott=
heit übt. Vermindert fie feine Liebesfähigkeit oder
nimmt fie diefelbe ganz hinweg? Wir wollen Gottes
Antheil an dem fraglichen Punkte vornehmen und die
Zweifel, welche die Menschen zitternd forschen laffen,
ob Gott in Wirklichkeit lieben könne oder nicht, beant=

worten. „Kann Gott Liebe fühlen, da Liebe eine Lei=
denschaft ist?“ dies ist die geheime Frage der mensch=
lichen Seele. „Kann Erbarmen in Ihm sein, da Er
nicht fühlen kann [1])?“ Wir wissen, daß die Gottheit
Liebe in sich trägt. Vor Alters schon haben wir ge=
hört, daß der Vater den Sohn liebt; und der heilige
Geist ist die ewige Frucht des Blickes der Liebe, den
der Vater für immer auf das schöne Antlitz Seines
Ewigen Wortes gerichtet hat. Und der Sohn liebt
den Vater; denn derselbe Geist geht aus ihnen Bei=
den, als aus einer Quelle der Liebe hervor, und ist
selbst die unerschaffene Freude ihres gegenseitigen In=
newohnens. Kann aber das Unendliche sich herablas=
sen, das Endliche zu lieben? Kann Gott uns lieben?
Gottes Antwort auf den Ruf der Menschheit ist das
Herz Jesu.

Daher darf Niemand denken, wir wollten, wenn
wir von der Liebe Jesu sprechen, läugnen, daß Er als
Gott liebt. Es ist im Gegentheil gerade unsere Auf=
gabe, zu zeigen, wie das ganze Wesen Jesu in Seiner
heiligen Menschheit von Liebe bebt, wie Sein Herz
zu einer Liebesfähigkeit erhoben ist, die alle Gedanken
und Worte übersteigt, gerade weil Er Gott ist. Wie
Christus zwei Arten von Willen hatte, so besitzt Er
auch zwei Arten von Liebe: die Liebe, welche die
Gottheit immer für ihre armen Geschöpfe fühlte, und
die menschliche Liebe, welche Er als Mensch auf sich
nahm. Die einzige Frage ist, wie weit neutralisirt

---

1) Der heilige Thomas, Summa I, 20. macht sich selbst
den Einwurf: Videtur quod amor non sit in Deo; nulla
enim passio est in Deo, Summa I, 20.

ober zerstört die eine die andere? Hier ist noch die=
selbe furchtbare Gottheit; nahm sie dem menschlichen
Herzen die Zärtlichkeit und Liebesfähigkeit? oder be=
raubte sie dasselbe der Fähigkeit zu fühlen, während
sie ihm ihre furchtbare Unveränderlichkeit mittheilte?

Um diese Frage zu beantworten, müssen wir auf
das im letzten Kapitel aufgestellte Princip zurück=
gehen: daß Derjenige, welcher die heilige Menschheit
annahm, die Person des Ewigen Wortes war. Aber
während sie die Menschheit erhob, zerstörte sie nichts.
Was der Sohn Gottes annahm, war ein menschliches
Herz, von derselben Natur, wie unser eigenes. Hoff=
nung, Furcht und Liebe, gerade die Elemente, aus
welchen die menschlichen Leidenschaften entstehen, eben
dieselben Gefühle, welche in ungesetzliche und auflösende
Neigungen ausarten, sie alle waren vorhanden. Und
wenn man fragt, wie es kommt, daß im Herzen Jesu
keine solchen Wirkungen aus ihnen entstanden, so ist
die Antwort dieselbe, welche man bei der übrigen
Menschheit geben könnte. Woher kommt es, daß der
eine Mensch kalt, launisch und selbstsüchtig ist, wäh=
rend der andere liebevoll, zärtlich und mitleidig?
Nicht, weil ihre Naturen verschieden sind, sondern
weil die Personen, die verantwortlichen, aus Seele
und Leib zusammengesetzten Wesen, die ihrer gemein=
samen Natur eigenen Fähigkeiten in verschiedener
Weise anwenden. Das Feuer des Vulkanes ist von
demselben Stoff, wie die Flamme, welche auf unseren
Heerden brennt, obgleich die eine zerstört, während
die andere uns wohlthut und wärmt. Hier nun han=
delt die Person des Ewigen Wortes in einem mensch=
lichen Herzen mit all den Impulsen, Hoffnungen, Be=

fürchtungen, Neigungen und Wünschen eines Menschen. Er nimmt die Sünde, ja, sogar die Fähigkeit,
zu sündigen, hinweg; aber alles Uebrige läßt Er, wie
es war. Er bringt die wesenhafte Reinheit Gottes
mit sich, so daß Alles, was wild und verkehrt ist,
beschwichtigt wird, während Er an dessen Stelle
vom Himmel herab eine Liebesfähigkeit bringt, wie
kein Herz auf Erden je zuvor eine solche besessen. Da
das Herz menschlich ist, so ist auch seine Liebe menschlich, aber ihre Intensität ist durch die Macht der Person, von der sie ausgeht, unaussprechlich erhöht [1]).

Jeder Act der Liebe, der aus dem Busen eines
Adamskindes hervor kommt, ist der Art nach
derselbe; aber daß er aus seinem ganzen Herzen und
mit der ganzen Kraft seines Wesens sich äußert, das
ist das Resultat der Energie der Person, welche alle
ihre Fähigkeit zusammennimmt, um ihn zu erzeugen.
Kein Wunder daher, daß das menschliche Herz Jesu
eine größere Kraft der Liebe in sich schließt, als die
gesammelten Kräfte aller Engel und Heiligen im Himmel hervorbringen können. Jeder Act des Erbarmens,
der aus seinen innersten Tiefen fließt, hat die ganze
Kraft Gottes, um hervorzukommen. Wo immer auch
Feuer ist, muß es der Beschaffenheit seiner Natur nach
brennen, wenn es auch nicht verzehren will; und hier
schmelzt die Gottheit das menschliche Herz nicht, sondern macht es erglühen aus Liebe. Die Flamme seiner
Liebe ist dieselbe wie die unserige; aber der Hauch,
der sie anfacht, ist der Geist des Ewigen Wortes.
Seine ganze Macht, welche mit einem Wort die Him-

---

1) Nach der bekannten Maxime: Actus sunt suppositorum.

mel aus dem Nichts geschaffen hat, ist darauf ge=
richtet, die feuerige Gluth eines menschlichen Herzens
bis auf den höchsten Grad zu steigern. Jeder Puls=
schlag seiner gewaltigen Empfindungen hat die hef=
tige, drängende Gewalt des Sohnes Gottes in sich.
Was die gewöhnliche Menschenliebe betrifft, so steht
ihre Größe und Heftigkeit oftmals im Verhältniß zu
ihrer Unerlaubtheit; während hingegen der reine
Geist eines Engels lieben, aber nicht fühlen kann.
Hier, im Herzen Jesu, ist das ganze Gefühl der Men=
schennatur, ohne das Wilde ihrer Heftigkeit; hier ist
die ganze Reinheit des ewigen Lichtes, während der
brennende Geist der Seraphime kalt ist im Vergleich
zu der Liebe, welche jenes belebt. O wunderbare Liebe
des jungfräulichen Herzens Jesu! Sie ist nicht unend=
lich, denn sie ist erschaffen; und dennoch hat keines
Engels Senkblei jemals die Tiefen dieses unbegränzten
Oceans ermessen. Wie die Ewige Liebe kennt sie keinen
Fortschritt; denn sie glühte in der Brust des Jesu=
kindes bei ihrem ersten Pulsschlag mit derselben Fülle,
wie jetzt im Himmel. Rein, wie die unerschaffene
Liebe brennt sie mit der Heftigkeit einer wirklichen
Leidenschaft für das Menschengeschlecht; stark, mit
Gott=gleicher Stärke ist sie doch zart und sanft, wie
die Liebe einer Mutter.

So ist der Einfluß Gottes auf Sein eigenes mensch=
liches Herz; es enthüllt uns keine neuen Thatsachen,
sondern macht uns nur das, was wir längst gewußt
haben sollten, heimisch: daß Gott die Liebe ist. „Ver=
kostet und sehet! Denn der Herr ist süß [1])!“ wurde

---

1) Pf. XXXIII, 9.

vor Alters gesagt; aber nun wissen wir es, weil jene
entzückende Lieblichkeit durch menschliche Augen blickt
und mit Tönen einer menschlichen Stimme rührt.
Wollen wir nun unsere Augen auf die wunderbare
Zärtlichkeit des Herzens Jesu richten, indem wir uns
fortwährend erinnern, wer Er ist, und daß, wenn Er
das liebevollste Wesen ist, das jemals Seine eigene
Erde betrat, dies nur ist, weil Er Gott ist. Die
Tiefen Seiner Seele sind undurchdringlich, aber wir
können aus ihren äußeren, von Gnade und Wahr=
heit erfüllten Manifestationen errathen, was in ihr
vorgeht. Wollen wir nun Alles, was das Verhalten
und die Handlungen Jesu uns über die Liebe Seines
Herzens offenbaren, aufmerksam beobachten.

Es ist wenig genug, was uns die Bibel über das
Aeußere Jesu sagt, aber doch genug, um zu zeigen,
daß die Majestät einer holdseligen und gewinnenden
Liebe aus allen Seinen Handlungen hervorleuchtete.
Da Er von einer Jungfrau geboren und im Leibe
Seiner Mutter durch die directe Thätigkeit des hei=
ligen Geistes gestaltet worden war, um das Organ
der glorreichsten Seele zu werden, die jemals existirte,
könnte man schon im Voraus annehmen, daß der
Leib Jesu weit schöner sein würde, als selbst jener
Adam's im Paradiese. Demgemäß weissagten die
Propheten, Er werde an Schönheit alle Menschenkin=
der weit übertreffen. Und wir haben nur die Wir=
kung Seiner Erscheinung auf alle Diejenigen, welche
Ihn umgaben, zu beobachten, um zu sehen, wie, als
Er auf die Erde herabkam, eine majestätische Lieb=
lichkeit aus Seinen Zügen, Worten und Geberden
leuchtete. Als Sinnbild wählte Er das Lamm, das

sanfteste der Geschöpfe, und so tief war es Seiner
äußeren Haltung aufgeprägt, daß der erste Ausruf
des heiligen Johannes des Täufers, als er Sein Ant=
litz erblickte, war: „Siehe das Lamm Gottes!" Man
hatte von Seiner Kindheit erwarten können, daß Lieb=
lichkeit und Holdseligkeit das Charakteristische Seines
Aeußeren gewesen sei. Denn wenn es wahr ist, daß
aus den Augen der Kindheit immer eine unschuldige,
mit dem Bewußtsein der Vernunft noch nicht ver=
mischte Einfalt herausleuchtet, so wird dies vor Allem
in den Augen des Jesuskindes gewesen sein; da Er
in der Absicht, uns um so sicherer dadurch für Sich zu
gewinnen, durch die Jahre der Kindheit hindurchgehen
wollte. Er nimmt das Aeußere der Kindheit in ihrer
gewinnendsten Gestalt an; Er dämpfte nach Seinem
eigenen Gefallen das Licht der Intelligenz in Seinen
kindlichen Augen, damit das sanftere der spielenden,
heiteren Lieblichkeit eines bloßen Kindes der Erde
aus ihnen schauen möge. Dies konnte man im Vor=
aus annehmen; als Er aber heranwuchs und in die
Welt eintrat, siehe, wie auch da die charakteristische
Lieblichkeit in jedem Wort, in jedem Blick, in jeder
That erscheint! Er spricht nur ein Wort, und da Er an
den Ufern des galiläischen Meeres wandelt, verläßt
Apostel auf Apostel all das Seine und folgt Ihm nach.
„Folget mir!" ist Alles, was Er sagt, und sie sind
Sein für das Leben. Nicht nur liebende Seelen wie
jene des heil. Johannes oder Herzen voll Eifer wie
jenes des heil. Petrus wurden durch einen Blick oder
durch ein Wort entflammt; ganze Schaaren folgten
Ihm in die Wildniß, um Ihn sprechen zu hören.
Matt und müde war Er hinweg in die Einsamkeit der

Wüste gegangen; siehe! da erhob Er Seine Augen
und erblickte eine große Menschenmenge, die sich in
Schaaren über die Fläche der nackten Wüste bewegte.
Sie verließen die Heimath; Städte und Dörfer wur=
den veröbet. Wenn sie einmal dies schöne Antlitz ge=
sehen, die huldreichen Worte, welche von Seinen an=
muthigen Lippen fielen, gehört hatten, waren sie so
von Ihm bezaubert, daß sie nicht ohne Ihn rasten
konnten. Ohne Ihn ist die Heimath öde und mit Ihm
blüht die Wüste gleich einer Rose.

Kein Wunder, daß sie Ihm folgten; der eifrigste
und thätigste Missionär in der Kirche, der heil. Domi=
nicus oder der heil. Franz von Sales ist nur ein
schwacher Schatten Seiner unermüdlichen Huld. Was
für ein Leben war das Seinige während der drei
Jahre Seines Amtes! Bei Tagesanbruch ist Er im
Tempel; die sich sammelnde Menge findet Ihn dort;
aber sie wissen nicht, daß Er schon einen Gang ge=
macht hat [1]). Er war schon auf dem Oelberg gewesen
und hatte unter den ruhigen, friedlichen Bäumen ge=
betet. Sein ganzer Tag ist schon vor Ihm ent=
faltet gewesen; Er hat die Seelen, denen Er Gutes
thun sollte, vorausgesehen; die Betrübten, die Er
tröstet, die Männer und Frauen, denen Er in den
heißen Straßen begegnet, die liebreichen Worte, welche
Er zu den Schaaren auf den öffentlichen Plätzen der
Stadt sprechen sollte, waren Ihm im Voraus bekannt.
Oder, wenn Er Jerusalem verließ und hinauf nach
Galiläa ging oder durch Samaria wanderte, dann
hatte Er schwere Fußreisen zu machen über Berg und

---

1) Johannes VIII, 1.

Thal, auf der staubigen Landstraße oder durch die wilde Einöde. Wo Er auf Wohnstätten von Menschen trifft, auf einem Dorf=Anger oder in einem kleinen, in den Bergen verborgenen Weiler predigt Er. Keine Zeit der Rast oder Ruhe. Ein einsames Weib kommt an den Brunnen, um Wasser zu holen; Er öffnet Seine lechzenden Lippen und spricht zu ihr von dem köstlichen Gnadenquell, den Er in sich hat, und be= kehrt sie. Oder Er befindet sich am Ufer des See's; die ungestüme Menge drängt auf Ihn ein und Er wird beinahe in die Wogen gestoßen; Er betritt am Rande des Wassers ein Schiff und das Vordertheil des Boo= tes Petri wird Seine Kanzel.

Man wird sagen, Er habe wenigstens die ruhige Nacht zur Rast; aber Jesus hat kein Haus; der Men= schensohn hat nicht, wo Er Sein Haupt hinlege. So müde ist Er, daß Er sich unter Tages auf das Deck eines Fischerbootes legt und in großer Erschöpfung die matten Glieder auf dies harte Lager streckt und schläft. Aber oft wird die Nacht im Gebet für Seine armen Geschöpfe auf dem nackten Boden am Berg= abhang verbracht, wo der Nachtthau Sein Gewand feuchtet und Sein Haar netzt. Oder Nikodemus kommt zu Ihm und findet Ihn auf und wachend; denn Er will keine Zeit haben, die Er Sein eigen nennen kann. Selbst wenn Er schlief, nicht einmal dann hörte das beständige Herz auf, zu lieben, der Geist, an Seine Geschöpfe zu denken. Von Ihm wird im Hohenlied gesungen: „Ich schlafe, aber mein Herz wacht." Seine Ruhe war nicht, wie die unserige; denn es ist gewiß, daß, selbst wenn Seine Sinne in Schlaf lagen, doch Sein Bewußtsein nicht aufgehoben war, und die Acte der

Liebe für Gott und die Menschen, die immer Seine
Gestalt durchzuckten, gingen voran, wie zuvor. Den=
noch verlor der edle Geist in all dieser geschäftigen
Arbeit, in diesen im Gebete verbrachten Nächten und
mühevollen Tagen niemals Sein Gleichmaß, noch war
Seine fromme Milde je für einen Augenblick gestört.

Lauschet Seinen Worten und Ihr werdet hören,
wie lieblich sie sind. Die Mütter bringen Ihm, wenn
Er vom Predigen ermüdet ist, ihre Kinder, um Sei=
nen Segen zu empfangen. Seine Apostel wünschen
sie abzuweisen; sie fürchten, die Zudringlichkeit der
Kinder möchte Ihn quälen und Seine übrige Kraft
erschöpfen; aber Er sagt: „Lasset die Kindlein zu mir
kommen und wehret ihnen nicht!" Und Er nimmt sie
in die Arme und segnet sie. Gerade die Eigenschaft,
welche Er zur allgemeinen Nachahmung empfiehlt, ist
diese Freundlichkeit und Demuth: „Lernet von mir,
denn ich bin sanftmüthig und demüthig von Herzen."
Oder wenn man die gewinnende Macht Seines Blickes
kennen lernen will, so darf man nur an die Wirkung
jenes einen Blickes denken, den Er auf Petrus ge=
worfen. Der Apostel verleugnete Ihn eben mit einem
Eide, als er dem Auge Jesu begegnete; und sogleich
ging er hinaus und weinte bitterlich. Dies war in
einem Augenblick, da alle Würde und Schönheit von
Ihm gewichen war; Sein Antlitz war entfärbt und
zerschlagen, entstellt und mit Blut befleckt; aber die
unergründliche Lieblichkeit der Gottheit leuchtete noch mit
sanftem Vorwurf aus diesen trauernden, ernsten Au=
gen und der bereuende Apostel brach in Thränen aus.
Bis zu seinem Todestage begannen seine Thränen zu
fließen, sobald er an diesen Blick seines Herrn dachte.

Aber es gibt für den Charakter noch ein größeres Zeugniß, als solche Momente aus der Passion, und zwar im Verkehr des täglichen Lebens. Wer hätte zuvor sagen können, wie Gott unter Seinen Geschöpfen leben und mit ihnen verkehren würde? Wie wird das Bewußtsein der Gottheit inmitten der Welt auf Ihn wirken? Wenn Er sich gleich einem König in einen Palast eingeschlossen und nur an einem hohen Feiertag von Engeln als Hütern umgeben gezeigt hätte, könnten wir es uns vorgestellt haben. Oder wenn Er das Leben eines Einsiedlers geführt hätte und in fort=währende Meditation versunken gewesen wäre, so würde auch dies noch begreiflich gewesen sein. Aber nimm die Schranken, welche das Blendwerk des Reich=thumes und Ranges um Ihn ziehen konnte, von Ihm hinweg, versetze Ihn auf die Heerstraße des Lebens, mache Ihn zu einem öffentlichen, bei Tag und Nacht Jedem zugänglichen Charakter und die menschliche Einbildungskraft versiegt, wenn sie versucht, sich das, was das Resultat sein würde, auszumalen. Wie wird Er sich inmitten der Unbeholfenheit der Armen, der gedankenlosen Selbstsucht der Menge, der lästigen Neugierde der Zudringlichen und der raffinirten Un=verschämtheit der Reichen benehmen? Dennoch ist Er vom Morgen bis zur Nacht Allen zugänglich, der An=maßung des Pharisäers, der Vertraulichkeit des Zöll=ners, sogar dem Blick der öffentlichen Sünderin aus=gesetzt. Reiche und Arme dürfen Ihn in ihre Häuser einladen. Wenn ein großer Mann mit Solchen, die unter ihm stehen, Gemeinschaft macht, so wird ihm der fortwährende Gedanke an das, was seiner Würde ge=bührt, unbehaglich und lästig. Jesus aber ist unter

Allen, bis auf die Zöllner herab, zu Hause, indessen
Er auch die anmaßende Grobheit der Pharisäer erträgt. Nichts als die außerordentliche Zärtlichkeit und
Huld Gottes konnte sich inmitten all dieser Schwierigkeiten so ruhig benehmen.

Aber es gibt noch ein Zeugniß und zwar ein größeres, als alle die bisher erwähnten; nämlich die
Gegenwart der Sünder. Wenn Er mit öffentlichem
und allgemein bekanntem Laster in Berührung kommt,
wenn dessen Opfer in ihrem Charakter als Sünder
vor Ihm erscheinen, gewiß wird dann die Reinheit der
Gottheit, die Sodom und Gomorrha zerstörte, durch
Seine angenommene Menschheit hindurch blitzen. Die
Pharisäer bringen ein Weib vor Ihn, das in der
Sünde ergriffen worden war, und fordern Ihn auf,
sie zu richten. Zuerst wagt Er Sein Leben daran, das
ihrige zu retten; Er setzt sich um ihretwillen allen
Verläumdungen und Mißdeutungen aus, die Seine
wachsamen Feinde gewiß als Vorwand für Seine
Milde finden werden. Und als Er dann mit ihr
allein gelassen wird, spricht Er sie los und gebietet ihr,
wegzugehen und nicht mehr zu sündigen.

Da war ferner eine gottlose und öffentlich bekannte
Sünderin, welche gekommen war, Ihn zu hören, nicht
etwa, weil sie wünschte, sich zu bessern, sondern weil
ihre Schwester Martha sie dazu überredet hatte. Sie
ging in der Pracht und Frechheit ihrer Schönheit mit
glänzenden Juwelen in den Haaren und schamlose
Blicke um sich werfend die Straße entlang; in jedem
Blicke und in jeder Geberde Sünde. Sie ist im Begriff, den Nazarener predigen zu hören und Seiner

Macht Trotz zu bieten. Sie kommt unter Seinen Einfluß, ihre Blicke sind auf Ihn geheftet und der süße
Ton Seiner Worte erreicht ihr Ohr. O, welch' eine
Veränderung kommt über sie! Ihre Augen sind an
Ihn gefesselt, ihre Farbe kommt und geht. Der Ton
dieser Stimme ist in die Tiefen ihrer Seele gedrungen,
von denen sie selbst zuvor nichts gewußt. Einen Augenblick vorher noch glänzte sie im Triumph ihres
Zaubers und frohlockte in ihrer sündigen Macht.
Reich, vornehm und jung, wie sie war, konnte sie besonders in dieser alten heidnischen Welt der öffentlichen Meinung Trotz bieten. Unzählige, die so ver-
derbt waren, wie sie, hatten an den Berathungen und
an der Freundschaft der Helden und Staatsmänner
der Welt Theil genommen. Aber plötzlich erhob sich
vor ihr ein für sie neuer Gedanke: die Entwürdigung
durch die Sünde. Und dann kam mit vernichtender
Gewalt die Aussicht auf Gottes furchtbare Gerechtigkeit, auf Tod und Ewigkeit über sie. Sie würde zu
Boden gesunken sein, hätte sich nicht in der Tiefe
ihres Schreckens und ihrer Bestürzung die süße Hoffnung auf Gottes Barmherzigkeit damit gemischt. Er-
schreckt und verwirrt durch diesen ungewöhnlichen
Aufruhr, stürzt sie nach Hause. Wer konnte der
Prediger sein, der sie so seltsam erschütterte? Wer
war der Mann, der ihre Seele so gut kannte? Schon
bei dem Klang Seiner Stimme war ein Licht in ihr
entflammt, ihr zitternder Wille hatte eine gewaltige
Herrschaft erkannt und ihr stolzes Herz war in ihr
vernichtet worden. Wer anders konnte es sein, als
Gott? Sie hatte ehedem von Dem gehört, Dessen
Name man „Emanuel" (Gott mit uns) nennen

werde¹), von dem mächtigen Gott, der von einer
Jungfrau geboren werden sollte, und von der gött=
lichen Gnade erleuchtet, fühlte sie, daß es Dieser sein
müsse. Sie hatte ihren Gott gesehen, und, seltsam
ist es zu sagen, so schuldig als sie war, fühlte sie doch
keine Furcht. Eine unaussprechliche Liebe hatte von
ihrer Seele Besitz ergriffen und sie mußte jene himm=
lische Erscheinung wiedersehen. Er könnte sie für
immer verbannen — und wohl konnte Er dies in
Betrachtung dessen, was sie war. Aber sie mußte
das Antlitz ihres Gottes noch einmal schauen — und
wäre es zum letzten Mal. Sie wußte, daß Er bei
einem Festmahle war. Ihre Anwesenheit würde von
Allen als eine Verunreinigung empfunden werden —
aber sie kümmerte sich nicht darum. Was war ihr nun
die Welt? So legte sie ihre seidenen Gewänder ab
und zog ihr schlechtestes Kleid an; sie nahm die Ju=
welen aus dem Haare und trat sie mit Füßen. Wäh=
rend ihre aufgelösten Locken ihre Schultern umwallten,
eilte sie mit einem Alabastergefäße voll köstlichen Bal=
sams in den Händen durch die Straßen zum Hause
des Pharisäers. Die Gäste starrten sie mit wilden
Blicken an, als sie in dieser Erscheinung mit blassem
Angesichte und aufgelösten Haaren Magdalena er=
kannten. Aber sie sah Keinen, außer Jesum. Mit
noch größerem Erstaunen richten sich Aller Augen
auf Ihn, als sie hinter Ihm niederkniet, da Er nach
römischer Sitte liegend auf dem Sitze ruht. Alle
glauben, Er werde vor ihr zurückschaudern; aber siehe,
sie wird noch kühner, ihre Lippen nähern sich Seinen

---

¹) Isaias VII, 14.

Füßen. Gewiß wird Er sich nun erheben und sie von sich stoßen! Aber nein! Er erträgt die Berührung ihrer befleckten Lippen und das arme verlorene Geschöpf zerbricht ihr Gefäß und gießt ihren Balsam auf Seine Füße aus, während ihre strömenden Thränen unaufhaltsam auf sie herniederfluthen und während sie mit ihren langen Haaren die Feuchtigkeit auftrocknet. Wohl mag der Pharisäer in seinem grimmigen Herzen sagen: „Dieser ist kein Prophete, sonst würde Er sie von sich gestoßen haben." Nein, Er ist kein Prophete, sondern der allwissende Gott, Der sie erschaffen und „bei ihrem Namen gerufen hatte", Der „sie an sich gelockt und zu ihrem Herzen gesprochen hatte." Und nun wendet Er Seine Augen auf sie und unter dem athemlosen Schweigen der Zuschauer gebietet ihnen der sanfte Ton Seiner Stimme, dieses „Weib" zu betrachten, und verkündet laut, daß ihr vergeben sei, weil sie Ihn liebe.

In dieser Weise zeigt sich die Liebesfülle unseres Gottes, wenn sie eine menschliche Gestalt annimmt und sich in einem menschlichen Herzen concentrirt. Er hat für diese Liebe, welche zu entzünden Er auf die Erde kam, ein neues Organ, und siehe! wie aus ihm nach allen Seiten hin Flammen ausbrechen! Aber wenn es auch in seiner Zärtlichkeit menschlich ist, so ist es doch weder in seiner Kraft und Energie, noch in seiner Beständigkeit menschlich. Die Liebe, welche die Brust des Menschen erfüllt, hat ihre Steigerung und ihre Verminderung, sie nimmt zu und nimmt wieder ab; sie pflegt sich an ihrer eigenen Gluth zu verzehren. Aber die Liebe Jesu kann nicht zunehmen, weil sie vom ersten Augenblick an so groß, als möglich ist, und unvermindert bis zuletzt glüht. „Da Er die Seinigen, die in dieser Welt waren, lieb hatte, so liebte Er sie bis an's Ende [1])." Er wußte, daß Seine Zeit gekommen war und daß Er zu dem Vater gehen mußte, von dem Er gekommen; aber Seine letzten Gedanken gehören Denen, die Er auf Erden läßt. Was werden sie thun, wenn Er ferne von ihnen ist? Wie werden sie die Verführungen und das Elend der Welt ertragen, wenn ihnen Seine Gegenwart entzogen ist und wenn Er auf der Erde nicht mehr gesehen wird? Damals war es, daß Er in den Tiefen Seiner liebenden Weisheit ein Mittel erfand, um zugleich im Himmel und auf der Erde sein zu können. Das heilige Sacrament war die letzte Bemühung Seiner Liebe; und als Er vorausgesorgt hatte, daß Sein brennendes Herz in Wirklichkeit bis zum jüngsten Tag auf jedem Altare der Christenheit bleiben sollte, da begab Er sich freudig auf den Weg, auf welchem Er Sein Kreuz finden sollte.

Hier verlassen wir Ihn einstweilen und fragen uns, ob es jemals eine Liebe gleich dieser gab? Und wenn Herz und Verstand uns sagt, daß niemals unter menschlicher Gestalt eine zugleich so reine, so brennende und so beständige Liebe gefunden wurde, dann wollen wir uns in das Gedächtniß zurückrufen, daß Derjenige, Der als das zärtlichste und liebevollste aller Wesen vor uns steht, kein Anderer, als unser Gott ist. Wollen wir uns des Axioms erinnern, mit welchem wir begannen; all diese überströmende Huld begleitet Seine menschliche Natur nicht trotz Seiner

---

1) Joh. XIII, 1.

göttlichen Person, sondern durch dieselbe. Als Gott
vom Himmel herabstieg, um Mensch zu werden, war
dies die Gestalt, unter welcher Er erscheinen wollte.
Er kam nach eigenem freien Willen als Einer, der
Thränen vergoß, der liebte und menschliche Gunst und
menschliches Elend empfand. Keine der Handlungen
Seiner Menschheit war unabhängig oder unfreiwillig.
Dieselbe war nicht unabhängig, weil sie die Gottheit
durch einen bestimmten Act ihren eigenen Weg neh=
men ließ, ob sie nun weinte oder blutete oder liebte;
sie war nicht unfreiwillig, weil der menschliche Wille
in Ihm nach seiner natürlichen Weise in menschlichen
Thränen schmolz und mit menschlicher Liebe liebte.

Was anders könnte nun Ziel und Gegenstand
dieser unvergleichlichen Liebesmanifestation sein, als
unsere Gegenliebe für Ihn zu gewinnen? Warum
sollte uns Gott mit den Fäden Adam's anziehen,
wäre es nicht, uns an sich zu ziehen, nicht mit einer
trockenen, kalten, durch Befehl uns abgepreßten Liebe,
sondern mit der enthusiastischen und leidenschaftlichen
Zärtlichkeit, welche dem Menschen eigen ist? Wir
wollen lieben und wieder geliebt werden, und indem
Jesus eine menschliche Seele annahm, nahm Er auch
dies, ihr Hauptkennzeichen, an sich. Kein Wunder da=
her, daß durch die Geschichte der Kirche Gottes hindurch
dieser Austausch von Liebe zwischen Himmel und Erde
stattgefunden hat. Die Liebe der heil. Cäcilia und
der lieben kindlichen Märtyrin, der heil. Agnes, die
ihr junges Leben Jesu zum Opfer darbrachten, weil
„sie keinen anderen Bräutigam anerkennen wollten,
als Ihn", sind nur Offenbarungen des Geistes des
Christenthums; und das erweiterte Herz und die

durchbrochene Seite des heil. Philippus sind nur neue
Offenbarungen desselben Geistes. Gibt es nun in dem
Gedanken, daß der Jesus der heiligen Schrift, Der für
ewig Derselbe ist, Seine Liebe dadurch manifestirt hätte,
daß Er Sein Herz der heil. Catharina von Siena gab
und sich ihr mit einem Ring vermählte, irgend etwas
Befremdliches oder Unstatthaftes? Die uns durch
unseren Herrn gemachten Eröffnungen über Sein heiliges Herz enthalten durchaus nichts, was uns be-
fremden oder gar uns Anstoß geben könnte. Wenn
wir von Einem hören, Der wünscht, wir möchten uns
Seiner Liebe unter dem Symbol eines flammenden
Herzens erinnern, Der will, in der Welt lebende
Männer und Frauen möchten sich in Bruderschaften
vereinigen, um diese Liebe zu verbreiten, was können
wir von Diesem sagen, als: „Es ist der Herr!"
Sicher ist dies „Einer gleich dem Menschensohne, der
lebendig ist und todt war, und siehe Er lebt in alle
Ewigkeit!"

Viertes Kapitel.

Die Liebe des Herzens Jesu für Sünder.

Durch das, was wir bereits gesagt haben, ist auf
den Gegenstand unserer Betrachtung viel Licht geworfen worden. Man hat oft gefragt, ob wir, wenn wir
von der Andacht zum heiligen Herzen sprechen, die
Liebe, welche Jesus für uns hegte, oder das eigentliche Herz von Fleisch und Blut, welches deren Organ
war, zu ehren meinen. Nun stellt es sich heraus,

daß die Andacht beides zusammenfaßt. Wir verehren das eigene, wirkliche Herz unseres Herrn
und nehmen es zur selben Zeit als Symbol Seiner
Liebe. Die Kirche bedient sich der menschlichen Sprache
und wendet für ihre Zwecke die gewöhnliche, unendlich wechselnde Ausdrucksweise an, die in jeder Nation
unter der Sonne gefunden wird und das Wort „Herz"
gebraucht, wenn sie von Liebe sprechen will. Ungeachtet der verschiedenen Grade der Empfänglichkeit
bei Kindern des sonnigen Südens und der stürmischen
Regionen des Nordens geht derselbe Ausdruck doch
sowohl durch die rauh tönende teutonische Mund-
art, als durch die sanfte und weibliche toscanische.
Ja, in keiner Sprache kommt er in größerer Mannichfaltigkeit vor, als in der englischen. Ob wir aus
diesem allgemeinen Zeugniß der Sprachen mit Recht
oder Unrecht den Schluß ziehen, daß dieses Organ
mehr, als irgend ein anderes mit menschlichen Empfindungen zu thun hat, so genügt es doch in jedem
Falle für unseren Zweck, daß es nach der gewöhnlichen
Ansicht der Menschheit ein solches sein soll. Jesus
selbst hat die gewöhnliche Sprache mit Seinen eigenen
heiligen Lippen geweiht, indem Er Sich „sanftmüthig und demüthig von Herzen" nennt. Der Gegenstand unserer Andacht ist also mit einem Wort das
wirkliche Herz Jesu und wir erwählen es aus dem
Grunde zur Anbetung, weil es unter den Bewegungen
Seiner Liebe pochte und zitterte, und gleich dem eines
anderen menschlichen Wesens wird es als das Symbol der Freuden, der Kümmernisse und der Empfindungen genommen, welche es in der einen oder in der
anderen Weise wirklich fühlte.

Aus all Dem, was bereits gesagt worden ist, ergibt sich klar, daß man im Allgemeinen als den Geist
der Andacht zum heiligen Herzen die Liebe bezeichnen kann; und wir sind nun in der Lage, dies mit
größerer Genauigkeit zu prüfen. Um dies deutlicher
zu erkennen, wollen wir uns zunächst klar machen,
was unter dem Charakter oder Geist einer Andacht
verstanden wird. Nimmt man irgend einen der Gegenstände der christlichen Andacht, die Mutter Gottes
oder das heilige Sacrament oder das kostbare Blut,
so findet man natürlich Tausende von Gründen für
seine Verehrung. Betrachtet man jedoch die Geschichte
der demselben dargebrachten Verehrung, so wird man
stets finden, daß ein einzelnes Motiv oder mehrere
entschiedener zum Vorschein kommen, als die übrigen.
Diese verschiedenen Motive nun können die Form
der Andacht genannt werden, welche ihren Charakter
bestimmt, und der Geist, welcher sie beseelt.

Das Leiden unseres Herrn kann z. B. zu verschiedenen Zeiten entweder als die Ursache unserer Erlösung betrachtet werden und so Freude in uns erzeugen oder als unaussprechlich schmerzvoll für Ihn und
so unser Mitgefühl und unser Mitleid erregen. Je
nachdem wir nun der Betrachtung der Passion eine
dieser Vorstellungen entnehmen, wird derselbe entsprechend der Geist der Andacht zu ihr werden. Dies
wird aus der den Heiligen dargebrachten Verehrung
klarer werden. Fragt man uns, warum der eine
Heilige in der Kirche mehr verehrt wird, als ein anderer, so würden wir vielleicht antworten: „weil er
verehrungswürdiger ist." Dies würde jedoch nicht
ganz richtig sein. Befragt die theologischen Schrift-

steller, so werdet Ihr finden, daß die Kirche, wenn sie auch verschiedene Grade der Würde bei den Heiligen, die sie auf ihre Altäre stellt, annimmt, doch keineswegs die Hierarchie des Himmels zu bestimmen sich anmaßt. Nein, man muß die Richtschnur, nach welcher die Kirche ihre Heiligen classificirt, anderswo suchen. Wenn man den Charakter irgend eines der großen Diener Gottes betrachtet, welcher in besonderen Epochen der Kirche besonders erhoben wurde, so wird man finden, daß derselbe für die Zeit, in welcher er ausgezeichnet wurde, etwas besonders Angemessenes besaß. Nun hat die Andacht zu Demselben, die nach seinem Tode lebt, die Wirkung, diesen Charakter in Denen, welche ihn lieben, wieder hervorzurufen und auf die Christenheit einen besonderen Einfluß auszuüben. Wir sind also gewiß nicht im Unrecht, wenn wir auf den Instinct der Kirche, durch den sie erfährt, wie weit dieser Charakter den Bedürfnissen ihrer Kinder zu einer bestimmten Zeit angemessen sein wird, als auf den Grund hinweisen, weßhalb sie der Verehrung eines Heiligen eine größere Feierlichkeit verleiht und ihn mit mehr Auszeichnung umgibt, als einen andern. Man kann z. B. nicht läugnen, daß in den ersten Zeiten der Kirche die Andacht zum heil. Johannes dem Täufer größer erschien, als die zum heil. Joseph; heutzutage findet gerade das Gegentheil statt. Aus welchem anderen Grunde, als weil die Verehrung des Bräutigams der heiligen Jungfrau und des Vaters Jesu uns angemessener ist, als jene des mächtigen Heiligen, welcher der Herold Seiner Ankunft war? Im Himmel gibt es keine Eifersucht und der große heil. Johannes, der eigent-

liche Apostel der uneigennützigen Liebe, würde bereit-
willig auf den heil. Joseph deuten und sagen, wie er
zu unserem Herrn sagte: „Er muß wachsen, ich aber
muß abnehmen¹).“ Der Gedanke an den lieblichen
Heiligen, welcher Jesum und Maria auf ihrer schweren
Flucht durch die Wüste begleitete, sollte den Christen
nützlicher sein, als die Erinnerung an die strenge
Stimme, welche durch die Wüste tönte. Die Andacht
zum heil. Joseph athmet einen ganz anderen Geist,
als jener ist, welcher die Andacht zum heil. Johannes
dem Täufer beseelt. Der Grund, weßhalb wir den
Einen lieben, ist gänzlich verschieden von dem Motive,
welches uns Zuneigung für den Anderen einflößt.
Ferner ist die Wirkung jener Liebe auf unser eigenes
geistiges Leben so vollständig verschieden, daß man
wahrscheinlich im Rückblick auf Gottes früheres Verfahren mit unserer Seele die Veränderungen in unserem inneren Leben durch die Folge der verschiedenen
Hinneigungen zu besonderen Heiligen in unserem Herzen verfolgen kann. Mit anderen Worten: die Andacht zu jedem Heiligen entsteht aus einer verschiedenen Ursache und erzeugt verschiedene Resultate. Sie
hat ihren eigenen Geist.

Wollen wir nun auf die Betrachtung des Geistes
der Andacht zum heiligen Herzen Jesu übergehen!
Wollen wir sehen, auf welche Idee sie gebildet, und
welche Wirkung auf unsere Seelen zu äußern sie bestimmt ist. Und hier bekenne ich sogleich, daß ich in
Verlegenheit bin nicht aus Mangel, sondern aus Ueber-
fülle des Materials. Die Verehrung von irgend Etwas,
das mit der Menschheit unseres Herrn zusammenhängt,

1) Joh. III, 30.

hat die Eigenthümlichkeit, daß ihr Endziel, wie wir
bereits gesehen haben, die Person des Ewigen Wortes
ist und daher, so unscheinbar es auch sein mag, und
wenn es sich auf den kleinsten Tropfen Seines kost=
baren Blutes oder auf den kürzesten Moment Seines
Daseins beschränkt, eine Tragkraft besitzt, die uns,
uns selbst zum Trotz, fortträgt, wir wissen nicht, wo=
hin. Das ist vor Allem bei Seinem heiligen Herzen
der Fall; alle anderen Andachten lösen sich in ihm
auf. Es ist die Quelle des kostbaren Blutes, und der
rothe Strom, welcher sich während der Passion Tropfen
nach Tropfen daraus ergießt, findet seinen Weg bei
Seiner Auferstehung in seine alte Heimath zurück und
belebt dasselbe nun im Himmel. Ferner, wie der Geist
dieser Andacht so innig mit den Gefühlen Jesu ver=
bunden ist, so hat sie auch mit jeder Seiner Hand=
lungen zu thun, vom Schooße Maria's an bis zum
Grabe und von da an Sein Osterleben hindurch bis
hinauf in den Himmel zur rechten Hand Gottes.
Nimmt man das Leben in jedem beliebigen Sinne, es
führt zum heiligen Herzen. Es ist der Brunnquell
Seines leiblichen Lebens; es ist das Centrum all jenes
inneren Lebens, das man das Innere Jesu nennen
kann. Es beherrscht Seine Kindheit, es verleiht den
brennenden Worten Seiner Predigten Feuergluth und
nährt die Liebe zu den Seelen, welche Seine zusammen=
brechende Gestalt durch die Ermüdungen Seines apo=
stolischen Lebens hindurch aufrecht hielt. Es lächelt
auf Seinen huldreichen Lippen, es erleuchtet die Liebe,
welche aus Seinen Augen auf die Sünder hernieder=
regnet, es weint in den Thränen, welche ihnen ent=
quellen und ihren sanften Glanz verdunkeln. Folgen

wir Jeſu zum Himmel, ſo werden wir es ſogar im
Centrum Seines glorificirten Lebens ſtrahlend und
flammend finden. Ja, lüfte den Schleier Seines
ſacramentaliſchen Seins, auch dort im Buſen des
lebendigen Jeſu iſt es wieder beſtimmt und klar.
Welche alſo von all den Andachten, deren Symbol
daſſelbe ſein kann, ſollen wir aufnehmen und welche
ausſchließen? Soll ſich die Andacht zum heiligen Herzen an jene zur Kindheit Jeſu oder zum koſtbaren
Blut oder zu den fünf Wunden oder zum heiligen
Sacrament halten? Ich antworte, daß ſie natürlich
dieſe alle einſchließen kann und auch einſchließt, aber
außerdem noch einen anderen, ihr ganz beſonders
eigenen Geiſt hat, der nur von Chriſtus ſelbſt beſtimmt werden kann. Wenden wir uns denn zu den
Viſionen, auf welche ich ſchon ſo oft hingewieſen habe,
und wir werden das in ihnen finden, was wir ſelbſt
nicht beſtimmen können.

„Eines Tages, als ich mich vor dem auf dem Altare
ausgeſetzten heiligen Sakramente befand, fühlte ich
eine innere anziehende Kraft, die alle die Kräfte meiner Seele und meiner Sinne in mir ſammelte. In
dieſem Augenblick erſchien Jeſus Chriſtus, mein gött-
licher Meiſter, vor mir, ganz ſtrahlend in Herrlichkeit, Seine heiligen fünf Wunden glänzend, wie fünf
Sonnen. Von Seiner heiligen Menſchheit ſtrömten
an allen Seiten Flammen aus, aber vor Allem aus
Seiner anbetungswürdigen Bruſt, welche einem wirklichen Glutheerde glich. Inmitten dieſer Gluth zeigte
Er mir Sein liebendes Herz als Quelle aller dieſer
Flammen. Es war damals, als Er mir die unaus-
ſprechlichen Wunder Seiner Liebe darlegte und ihre

überströmende Kraft zeigte, da sie Ihn Menschen
lieben ließ, von denen Er nichts als Kälte und Un=
dankbarkeit empfing. „Dieses ist es,“ sagte Er zu
mir, „was mir tiefer in die Seele schneidet, als sonst
irgend etwas, das ich in meiner Passion gelitten habe.
Wenn sie mir nur Liebe für Liebe geben wollten, so
wollte ich wahrlich Alles, was ich für sie gethan
habe, leicht nehmen. Ich wollte, wenn ich könnte,
weit mehr für sie thun, als ich gethan habe; aber
ich empfange nichts von ihnen als Kälte und Belei=
digung zur Vergeltung für all meinen Eifer, ihnen
Gutes zu thun [1]).“

Hier also haben wir bestimmt festgesetzt, was der
Geist der Andacht zum heiligen Herzen ist. Während
die Verehrung der fünf Wunden oder des kostbaren
Blutes auf die physischen Leiden unseres Herrn und
auf die Liebe, welche dieselben eingab, hinweist, deutet
jene des Herzens Jesu auf Seine inneren Schmerzen
und vor Allem auf jenes überwältigende Weh, wel=
ches durch die Undankbarkeit der Sünder bis an's
Ende der Zeiten Ihm anheimfällt. Es ist die traurige,
melancholische Klage Jesu, daß Seine Passion ver=
gessen ist, weil die Menschen gerade so fortsündigen,
als wäre Er nie für sie gestorben. Es ist, als ob
Er nicht länger widerstehen konnte und, plötzlich den
Schleier, welcher Ihn vor der sichtbaren Welt ver=
birgt, durchbrechend, kam, um einer Seele, welche
mit Ihm sympathisiren konnte, zu offenbaren, wie
tief Sein Herz durch die Vernachlässigung Jener, für
die Er Sein Blut vergossen hatte, verletzt worden
war. Es ist also klar, daß wir, wenn wir auf den

---

1) Leben der Margaretha Maria Alacoque.

Geist der Andacht zum heiligen Herzen eingehen woll=
ten, mit der Betrachtung der Gefühle und Gesinnungen
jenes Herzens für Sünder beginnen mußten.

Hätte ich nur den Geist und die Natur der An=
dacht zu einem der Heiligen Gottes aufzustellen, so
würde meine Aufgabe leicht sein. Ich würde einfach
dessen Charakter darzustellen haben. Ich würde die
Schriften seiner Zeitgenossen und geistlichen Kinder
studirt und, indem ich daraus Begeisterung geschöpft,
die kleinsten Details seiner Züge in Bezug auf seine
äußere Erscheinung, seine Art, sich auszudrücken und
sein tägliches Wirken zusammengestellt haben. So
hätte ich mich bemüht, ein Bild des lebenden und
athmenden Mannes zu zeichnen, mit dem Blick und
der Haltung, die ihm auf Erden eigen gewesen; ich
würde auch die Umstände der Zeit und sogar die
Scenerie, in welcher er lebte, um ihn gruppirt ha=
ben. Bei diesem Versuch hätte ich sehr leicht irren
können; da die Einbildungskraft nicht müßig dabei
geblieben wäre, so hätte ich wohl meine Auffassung
des Heiligen geben können; ob sie aber richtig oder
unrichtig gewesen, das wäre eine andere Frage. Den=
noch hätte mir Niemand vorwerfen können, daß ich
etwas gethan, wozu ich kein Recht gehabt, da es eben
doch im Bereich menschlicher Macht gelegen. Verwe=
genheit dagegen würde es sein, den Charakter Jesu
zeichnen zu wollen. Wenn Jemand den Versuch ma=
chen wollte, so kann man, ohne Prophet zu sein, vor=
hersagen, daß er ihm mißlingen wird. Ja, selbst
dem Versuch gegenüber, den Charakter der heiligen
Jungfrau schildern zu wollen, behaupte ich gleichfalls,
daß er mißlingen wird. Unsere fromme Imagination

kann uns beim Rosenkranzgebet ein schönes Bild
unserer heiligen Mutter wachrufen, so daß wir in ihre
sanften, barmherzigen Augen blickend, uns das süße
Lächeln ihrer Lippen vorstellen und unser Antlitz in
den Falten ihres Mantels verbergen können; wenn
wir aber die Tiefen ihres Herzens ergründen wollen,
wie können wir in diese dringen? Man kann sich
eine einzelne Freude oder Betrübniß herausnehmen
und sie bestmöglich schildern; wenn man sie aber in
ihrer Fülle auffassen und dieselben zu einer Huldigung
für sie verwenden will, wie man den Panegyrikus
eines Heiligen schreibt, so zweifle ich sehr an dem
Gelingen.

Ein Grund des Mißlingens dürfte folgender sein.
Wenn man in einem Werke freier Fiction einen Cha=
rakter zeichnen will, so sucht man nach einer beson=
ders hervortretenden, entweder guten oder bösen Ei=
genschaft, welche alle übrigen Seelenfähigkeiten in
den Hintergrund drängt. Wenn aber nun alle Eigen=
schaften so gleichmäßig und alle Beschaffenheiten so
vollkommen harmonisch miteinander vermischt sind,
daß keine einzelne derselben besonders hervortritt,
dann ist natürlich selbst der Versuch der Schilderung
schon unmöglich. Das ist indessen nur einer und viel=
leicht der geringste der Gründe, die uns abhalten
könnten, ein Bild der Mutter Gottes zu zeichnen.
Wie nun gar, wenn man ein Bild Gottes entwerfen
sollte? Es gibt eine Legende von einem Maler, der
sich unter die Jesum umgebende Menge gemischt und
versucht habe, ein Bild Seines Antlitzes zu zeichnen.
Aber der Glanz Seiner Augen war so leuchtend und
die mit Lieblichkeit untermischte Majestät Seiner Züge

so wechselnd, daß der tollkühne Künstler sich nieder=
geschmettert fühlte und in Verzweiflung wegstürzte.
Dies ist nur ein schwaches Bild der Thorheit Der=
jenigen, welche versucht haben, den Charakter unseres
Herrn zu erklären; es ist ihnen so jämmerlich miß=
lungen, daß Diejenigen, welche, vergessend daß Er
Gott war, die Aufgabe unternahmen, zuletzt sogar
Unvollkommenheiten an Ihm entdeckten und damit
endeten, irgend eines Seiner Geschöpfe Ihm vorzu=
ziehen. Sie haben gewähnt, ein weit heroischeres,
edleres und gottgleicheres Ideal construiren zu können,
als jenes, welches Gott geschaffen hat.

Ferne sei es von uns, das zu versuchen, was nur
zu einer Niederlage führen kann. Die Phantasie muß
nach einem anderen Gegenstand suchen, um sich an
ihm zu üben; und was die Intelligenz betrifft, so
würde sie zur Thorheit werden, wenn sie in
Worte zu kleiden versuchte, was für Vorstellungen
schon zu tief ist und dem Gange menschlicher Berech=
nung Hohn spricht. Dennoch ist es absolut nothwen=
dig für uns, auf die Gefühle und Empfindungen
Jesu tiefer einzugehen, wenn wir irgend einen Begriff
vom Wesen der Andacht zu Seinem heiligen Herzen
erhalten wollen. Eines bleibt für uns zu thun übrig
und das ist, den Theologen der Kirche und den Visio=
nen der Heiligen, in welchen sie uns über das In=
nere Jesu erzählt haben, zu folgen. Ohne daß wir
wagen, Seinen Charakter zu zeichnen, können wir,
mit der Hülfe manches alten Mönches, nachdem wir
manchen allzu vergessenen Folioband erforscht und
ergründet haben, versuchen, die Liebe des Herzens Jesu
darzustellen. Und wir wollen mit festem Schritte

voranschreiten, obgleich wir keine geringere Aufgabe
haben, als die Anlage der heiligen Menschheit zu
analysiren, ihre Theile miteinander übereinstimmend
zu machen und besonders die Beziehung, in welcher
Seine Empfindungen zu Seinem übrigen Wesen stan=
den, zu zeigen. Wir wollen uns nicht fürchten, denn
der gesegnete heil. Thomas schreitet vor uns her, um
unsere schwachen Schritte zu leiten, und wir wollen
das Herz Mariä anrufen, uns zu helfen, während
wir in die eigentlichen Tiefen der Gefühle des mensch=
gewordenen Wortes eindringen und den Antheil dar=
legen, den sie an den Werken der glorreichen Mensch=
heit, durch welche Er die Welt erlöste, nimmt.

Der Leser braucht auch nicht zu fürchten, daß ich
ihn über sein Vermögen hinaus in Discussionen ein=
führen werde, die sich nur für Schulen eignen. Der
heil. Philippus Neri würde mir zürnen, thäte ich
dies; aber er wird lächeln und euch und mir helfen,
tiefer in das heilige Herz einzudringen, wenn wir zur
größeren Ehre Gottes und aus wirklicher Liebe für
Jesum uns Mühe geben, Ihn zu verstehen, damit wir
Ihn auch um so mehr lieben können. Der heil. Phi=
lippus verbietet scholastische Fragen nicht, sonst würde
er die ganze Theologie verwerfen und seine Predig=
ten auf moralische Abhandlungen reduciren; er un=
tersagt nur, sie schulmäßig zu behandeln.

Wir wollen uns denn bemühen, auf diesen großen
Gegenstand einzugehen; und damit die Erörterung
nicht unbestimmt und zwecklos sei, wollen wir uns
erinnern, daß sie direct auf das heilige Herz zielt.
Unsere Aufgabe ist es, herauszustellen, in wie weit
es wahr ist, daß Jesus menschliche Empfindungen und

menschliche Gefühle in sich trägt. In den Visionen, welche wir bereits gelesen haben, klagt Er bitter gleich einem Menschen, der durch Undankbarkeit verletzt ist und zu gleicher Zeit eine brennende Liebe für die undankbaren Sünder und eine tiefe Besorgniß wegen ihres ewigen Verderbens fühlt. Sind nun solche Ausdrücke die übertriebenen Erzeugnisse einer frommen Imagination oder sind sie die wirkliche Wahrheit? Die Frage ist eine der wichtigsten, denn ich glaube, daß die Menschen zum Theile deßhalb fortsündigen, weil sie die inneren Leiden der Kreuzigung, wegen der Unermeßlichkeit der dabei angewendeten Kräfte, sich vorzustellen nicht im Stande sind. Sie betrachten dieselbe wie ein großes Drama, in welchem Gott Seine Gerechtigkeit zeigt, eine unerhörte Scene von Blut und Todeskampf, so ungeheuer, daß sie über ihre Begriffe geht. Ich glaube wohl, daß sie für sich in geheimster Tiefe ihres Herzens wiederholen: „Ach, es ist Gott, der leidet!" bis zuletzt eine Art von schweigendem Schlußsatz folgt: „deßhalb kann Er es ertragen!" Die Zärtlichkeit und die rührende Liebe Jesu entgeht ihnen. Ferner, wenn ein Mensch gesündigt hat und die Sünde eine vorherrschende Gewohnheit geworden ist, so daß er sagt und glaubt, er könne nicht umhin, zu sündigen, dann kommt eine furchtbare Versuchung über ihn, die Passion und die Kreuzigung als nicht für ihn bestimmt zu betrachten. Die periodische Wiederkehr der gottlosen Handlung und die feindliche Macht der Versuchung sind schreckliche Wahrheiten. Sein geschwächter Wille hat sich schon hundertmal vor dem mächtigen Einfluß gebeugt und aller menschlichen Wahrscheinlichkeit nach wird er sich, wenn Zeit und Gelegenheit kommt, wieder beugen und so fort ohne Ende. Welch eine Versuchung für die arme Seele, zu sagen, Jesus liebe sie nicht und sie könne der Sünde nicht widerstehen! Nun ist die vom Herzen Jesu auf diese teuflische Logik gegebene Antwort gerade die: sie kann der Sünde widerstehen, denn Jesus hat nicht nur äußerlich für sie gelitten, sondern Er hat auch für sie gefühlt. Mit einem Worte: die Sünder haben keinen Begriff davon, wie Jesus sie liebt, und die Heiligen selbst haben nur eine schwache Vorstellung davon; Maria weiß es in etwas, aber nur, weil ihr Herz dem Herzen Jesu verwandt ist. Noch einmal also: in wie weit ist dies Alles wahr?

Wenden wir denn unsere Augen auf die Menschheit Jesu! Ich gebe zu, es ist schwer genug, in der übermenschlichen Anlage Seines Wesens etwas, wie einen Eingang für Kummer oder für die Schwäche menschlichen Fühlens zu entdecken. Natürlich spreche ich nun von Seiner Menschheit getrennt von Seiner Gottheit. Obgleich die beiden in einer göttlichen Person mit einander vereinigt sind, so weiß man doch, daß jede ihre besonderen Kräfte und Eigenschaften hat. Die Menschheit besitzt ihre eigene Intelligenz und ihren Willen, und weder der einen, noch der anderen widerstreitet die Gottheit. Ferner sieht die menschliche Intelligenz nicht vermittelst der göttlichen; sie hat ihre eigene Thätigkeit und ihre eigenen Gedanken, wie der Wille seine eigene Liebe hat. Was das ewige Wissen des Ewigen Wortes betrifft, so hätte das menschliche Verständniß dunkel und unwissend sein können, wenn Gott so gewollt hätte, denn die beiden sind vollkommen getrennt. Aber ach, für

Alles das, welche Fluth von Licht über jener mäch=
tigen Intelligenz! Welche unaussprechliche und über=
wältigende Kraft! Um es zu verstehen, müssen wir
uns das in das Gedächtniß zurückrufen, was bereits
gesagt worden ist, und noch etwas hinzufügen. Es
ist wahr, daß es keiner heiligmachenden Gnade be=
durfte, um die Menschheit Christi heilig zu machen.
Jedes andere Wesen, ja selbst Maria, nur die Gottheit
ausgenommen, ist heilig durch eine Heiligkeit, welche in
ihm, aber nicht von ihm ist. Was aber die heilige Mensch=
heit betrifft, so würde sie, selbst wenn kein Strahl der
Gnade vom Himmel jemals seinen Weg zu ihr ge=
funden hätte, dennoch in unbegränzter Heiligkeit heilig
gewesen sein, da das, was sie heiligt, die Person des
Ewigen Wortes ist, die zugleich ihre eigene ist. Zu gleicher
Zeit ist ihr aber gleichsam als Zusatz für die Heiligkeit,
welche sie schon hatte, heiligmachende Gnade verliehen,
damit Alles in diesem wunderbaren Wesen harmonisch
und zusammenhängend sei und nicht etwa durch das
Mißverhältniß der in Thätigkeit stehenden Kräfte
irgend ein Mißton oder ein Widerspruch im Wirken
entstehe. Gott hat eine erschaffene Schönheit über sie
ausgegossen, außer der, welche absolut nothwendig
für sie war. Man kann ermessen, wie groß sie ge=
wesen, wenn man annimmt, daß ihre eigentliche Auf=
gabe war, die menschlichen Fähigkeiten so hoch zu er=
heben, daß die Person Gottes durch sie, als durch
ein geschicktes, gehorsames, aber nicht erst neubelebtes
Werkzeug wirken konnte. Heiligmachende Gnade
wurde der heiligen Menschheit deßhalb verliehen, da=
mit sie im Verhältniß zu dem Ewigen Worte stehe,
das eins mit ihr war, und um ihre Fähigkeiten zu

steigern, damit sie nicht zitterten und bebten unter der Hand, welche sich ihrer bediente. Es scheint unnütz, bei der Gnade von der Quantität zu sprechen, als ob sie nach einem irdischen Maßstabe gemessen werden könne; wollen wir jedoch versuchen, eine Idee davon zu erhalten! Wir wissen, daß uns, um das, was Maria verliehen wurde, zu schätzen, gerathen wird, wir sollen uns, wenn wir können, in Gedanken alle Gnaden der Heiligen im Paradiese vorstellen und alsdann die Kräfte der Engel, von Michael an, bis hinab zu dem niedrigsten Engel unter ihnen allen hinzufügen. Dennoch hören wir endlich, daß sie alle zusammen wie Nichts sind im Vergleich zu jenen, welche Gott Seiner heiligen Mutter gegeben hat. Diese Worte scheinen vielleicht seltsam und schwärmerisch, aber ich sage noch, daß man zu Maria's Theil alles dies hinzufügen muß, und dennoch unsere schwache Arithmetik sich als beschämt bekennen wird; denn wir haben noch nicht die Summe der, der Menschheit Jesu gegebenen Gnade erreicht. Sie sind bloß nicht unendlich, weil die Gnaden etwas Erschaffenes ist und Gott somit gezwungen war, irgendwo stehen zu bleiben.

Wenden wir uns nun zu der Intelligenz Jesu; hier haben wir wieder unaussprechliche Kraft, ohne irgend eine Beimischung von Schwäche. Als ob eines nicht genug wäre, waren ihr drei verschiedene Arten von Wissen verliehen [1]. Denken wir uns zuerst vor Allem, wenn wir es vermögen, eine active, kräftige Intelligenz ohne die Unwissenheit und ohne den

---

1) *St. Thomas*, Summa, III, 8. passim.

dunklen, getrübten Blick, den wir von Adam haben. Denken wir uns, daß sie von einem Punkte ausgeht, wo zu enden der größte Genius auf der Erde allzu stolz werden würde, und alsdann, wie es der Erfahrung gemäß bei uns der Fall ist, durch die Erkenntniß aller erkennbaren Dinge im Himmel und auf Erden gesteigert und vermehrt. Wir dürfen jedoch nicht glauben, irgend etwas auf Erden sei für Jesus neu, selbst wenn es Seinem Auge zum ersten Mal begegnet; denn außer diesem menschlichen Wissen, welches wir erwähnt haben, war, bevor Seine Augen das Licht sahen, Seiner Seele ein Bild jedes einzelnen Gegenstandes in diesem ungeheueren Universum eingegossen, so wie die Engel, von ihrer Erschaffung an eine nicht von den Sinnen herstammende, sondern ihnen von Gott eingegossene klare Erkentniß haben. Hier war also bereits genug Macht der Intelligenz, selbst wenn es nichts Weiteres gab, vorhanden, um eine Schaar von Cherubim im Himmel auszurüsten. Dann erinnern wir uns neben diesem Allen, daß Seine Seele vom ersten Moment Seines Lebens an, im dunklen Schooße Maria's, während Seiner lächelnden Kindheit, als Er als gereifter Mann an den Ufern des blauen See's von Palästina wandelte, ja, als sein Auge im Todeskampfe brach, da Er am Kreuze hing, fortwährend nicht eine dunkle Vision, sondern die selige Anschauung Gottes besaß. Diese Anschauung Gottes war immer Ihm und in einem solchen Maße, daß der, allen seligen Geistern im Himmel gewährte Anblick Gottes im Vergleich damit nichts als Dunkelheit ist. Sie war in Seiner innersten Seele, mit Allem, was sie

11 *

umfaßt, die Vergangenheit ohne Anfang und die
vorübergehende Gegenwart und die Zukunft ohne
Ende. In Folge dieses seligen Schauens wurden
alle die Seelen und Geister, die jemals waren oder
je sein werden, mit all ihren verschiedenen Gedanken,
Worten und Werken in eine klare, große, bestimmte
Uebersicht zusammengedrängt Seinem Geiste vor-
geführt.

O, welch eine Seele war diese, groß und umfassend genug, um mit einem Blick Alles, was ist und
war und sein wird, in sich aufzunehmen! Zu gleicher
Zeit war sie so scharfsichtig und in's Kleinste drin-
gend, daß sie deren geringste Einzelnheiten wußte, so
daß sie das Leben jedes einzelnen Wesens kannte, jedes
losgelöst von den Uebrigen und bereit für den Tag
des Gerichtes. Sie konnte alle die Herrlichkeiten un-
tergegangener Reiche mit ihren vergangenen Verbrechen vor sich rufen, während sie mit einem Blick die
lebendige Erde überblicken konnte, wie sie in der
Mitte des Himmels schwebt und ihrem Verderben
entgegeneilt, mit ihren geräuschvollen großen Städten
und mit ihren stillen Einsamkeiten, mit ihren abge-
schiedenen Wäldern und mit ihren gewaltigen Meeren,
wie sie in der Hitze oder im Schatten, im Sturm
oder in der Ruhe liegen, sich sonnend im hellen Glanze
des Tages oder in den kühlen Strahlen eines wolken-
losen Mondes sich badend. Ich sage nichts von der
grundlosen Tiefe der zahllosen Sterne am Himmel,
noch von den Engelschaaren mit ihren neun Chören
darüber, weil über all Diesem eine noch tiefere Tiefe
liegt; denn im Geiste Gottes gibt es eine gränzenlose Menge von Welten, die sein könnten und nie-

mals sein werden. Dieses schöne Universum ist nur
ein Versuch Seiner schöpferischen Macht, und so lieblich als sie ist, gibt es doch genug Gedanken in der
Intelligenz Gottes, um Myriaden von Welten, erfüllt
mit Wesen, von denen jedes glänzender und lieblicher
ist, als die Engel und die Heiligen, hervorzurufen.
Die Kenntniß von allem Diesem bildet nun an sich
ein anderes Wissen, das von jedem anderen verschieden ist. Und so muß man in den Geist Jesu außer
dem, was wir genannt haben, nicht ein vollkommenes
Wissen und Kennen, denn das kann nicht geschehen,
ohne Seine menschliche Seele zum Range der Gottheit zu erheben, sondern ein theilweises Schauen
Dessen legen, was man diese Poesie, diese schweigende Musik im Geiste Gottes nennen kann[1]).
Und nun vermögen wir die Größe der Intelligenz
Jesu einigermaßen zu würdigen. Ihre Massen von
Wissen sind nur nicht gränzenlos, ihr Gesichtskreis ist
nur nicht unendlich, aber derselbe ist mit Objecten bevölkert, die einfach zahllos sind. O welch eine Stärke
muß diese menschliche Seele besessen haben, um alle
diese erstaunlichen Schätze zu gebrauchen, um sie alle
von einander unterschieden und abgesondert zu halten,
um, ohne geblendet zu werden, auf diesen unbegreif-
lichen Abgrund des Lichtes zu schauen. Eine Vision,
welche weit unter der seligen steht, genügt, um einen
Heiligen Gottes in Extase zu stürzen. Der heil. Philippus ging umher wie ein dem Grabe Entstiegener,

---

1) Horum quaedam sunt in sola potentia divina, et
hujusmodi non omnia cognoscit in Verbo anima Christi.
St. Thomas, Summa III, 10. 2.

mit geisterhafter Bläffe auf seinem Antlitz, nachdem
ein Strahl der unsichtbaren Welt auf ihn gefallen
war. Jesus aber wankte unter dieser Ihm aufer=
legten Wucht von Herrlichkeit nicht und hatte Kraft
genug, ruhig und aufrecht einherzugehen und Seinen
Thätigkeiten wie ein gewöhnlicher Mensch nachzukom=
men. O glückliches Wesen, erhabene Intelligenz,
Seele, die nicht emporstrebte — denn sie konnte nicht
höher kommen, sondern sich badete in unbeschreiblichen
Fluthen der Herrlichkeit. Wie Er gleich einem Riesen
bereit steht, Seinen unwiderstehlichen Lauf zu durch=
eilen, würde es in der That schwer sein, etwas in
Ihm zu finden, das einem Einlaß für die Schwäche
gleich sähe.

Wir haben nun einen beträchtlichen Weg zurückge=
legt, aber noch gibt es einen ganzen Zweig des Ge=
genstandes, der betrachtet werden soll, bevor wir
direct bei dem heiligen Herzen anlangen, und das
ist der menschliche Wille Jesu. Auch hier wieder findet
man Fähigkeiten für Glückseligkeit, wie bei keinem an=
deren Wesen. Höchste Glückseligkeit war sein natür=
licher Zustand; er war mit ihr geboren. Dann kann
ferner diese gesegnete Menschheit, wie wir schon ge=
sagt haben, gerade wie Gott, nicht sündigen. Sie
bedarf nicht, gleich jedem anderen Wesen, selbst die
Engel und Maria nicht ausgenommen, der Gnade,
sondern hat die Person des Ewigen Wortes in sich,
welche ihr eigen ist, die ihren Willen beherrscht und
leitet. So hat sie eine selbstgenügende Reinheit, welche
sie in solcher Fleckenlosigkeit rein macht, daß selbst die
Lauterkeit der Engel neben ihr trübe erscheint — die
eigentliche Reinheit Gottes. O wer kann die Freuden

jenes jungfräulichen Herzens schildern, in der Fülle
seiner feuerigen, auf Gott gerichteten Liebesfähigkeit!
Sendet es hinaus in die Welt, dieses sündenlose
Lamm; der Schmerz kann sicherlich nur Seine Glieder berühren; Sein Herz wird es nicht erreichen! So
weit, als wir bisher gesehen haben, könnten wir annehmen, daß Sein Geist außer dem Bereich des Schmerzes
war. Mögen Ihn auch die Menschen an das Kreuz
schlagen, wir können doch wenigstens schließen, daß
Seine Seele in ungestörter Ruhe bleiben werde, da
sie während der ganzen Zeit in den Entzückungen
des seligen Schauens schwimmt. Vornehmlich, denn
wir sind zuletzt darauf gekommen, muß das Herz
Jesu über jede Vorstellung hinaus selig gewesen sein,
dieses eigentliche Centrum des mächtigen Wesens,
das mit sanfter Gewalt dieses Reich der Liebe beherrscht und der gekrönte König all Seiner Kräfte
ist. O wie glückselig muß das Herz Jesu sein, da es
mit dem Ewigen Wort untrennbar vereinigt und aus
den eigentlichen Gluthen des heiligen Geistes geboren
ist, so daß jeder seiner Schläge ein heroischer Act der
Liebe Gottes ist.

Es würde in der That mit einer Wonne ohne
Verminderung glücklich gewesen sein, wenn es neben
der Liebe für den ewigen Gott nicht noch eine andere
Liebe gehabt hätte, und zwar die gränzenlose Liebe
für den Menschen. Bis jetzt haben wir in jedem Theil
der Seele Jesu, den wir betrachteten, nichts gefunden,
als Kraft, die mit keiner Schwäche vermischt war,
und Glückseligkeit, die den Angriffen des Schmerzes
Unerschütterlichkeit entgegensetzte. Aber hier sind wir
endlich an einen Theil gekommen, der als Eingang

dienen kann, durch welchen die Waffer der Bitterkeit
ihren Weg in Seine innerste Seele finden können.
Inmitten all dieser Kraft ist es Sein Wille, daß Sein
Herz verwundbar bleibe, damit Er leiden könne. Und
damit man dies verstehe, muß man sich erinnern, daß
daffelbe bei dem Leibe Jesu der Fall war. Seine
eigenthümliche Beschaffenheit würde selbst auf Erden
ein glorificirter Zustand gewesen sein. Mit anderen
Worten: obgleich es ein Körper von Fleisch und Blut
war, würde er dennoch, erhoben wie er war, das
Fleisch des Ewigen Wortes zu sein, sich dazu geeignet
haben, an der Glückseligkeit der Seele Theil zu neh=
men. Aber Er wollte, daß derselbe das nämliche
schwache, leidende Wesen bleiben solle, wie alle anderen
als Erben Adam's waren. Er wollte, daß Seine Trans=
figuration ein vorübergehender Zustand sein solle,
damit Er leiden und am Kreuze sterben könne. In
derselben Weise war, während der eine Theil Seiner
Seele mit den Wonnen des seligen Schauens erfüllt
war, jener himmlischen Freude Halt geboten durch den
anderen Theil Seiner geistigen Natur. Erinnert man
sich nun, daß in diesem Theile Kummer und Furcht
und alle die erschütternden Gefühle ihren fixirten Sitz
haben, welche das Herz des Menschen schaudern ma=
chen, welche es niederwerfen, erschüttern und durch=
bohren, so ist man plötzlich im Stande, zu verstehen,
wie Sein heiliges Herz allem Dem, was ihm Men=
schen, Teufel oder Gott selbst zufügen mochten, ausge=
setzt war. Er selbst hatte nur das Wort zu sprechen
und sogleich konnten Fluthen seltsamer und unbe=
kannter Schmerzen darüber losgelassen werden. Wäh=
rend die Tiefen Seiner Seele in unerschütterlicher

Ruhe bewegungslos lagen, konnte ihre Oberfläche auf
Seinen eigenen Befehl hin der Spielplatz aller Stürme
der Hölle sein.

Sendet denn dieses wunderbare Wesen in die
Welt und laßt Es Seinen Weg gehen, so gut Es
kann. Stattet Es mit all dieser mächtigen Intelligenz
aus, mit einem göttlich heiligen Willen und mit einer
Festigkeit der Absicht, die keine Hölle bewegen kann —
und Ihr habt dennoch einen verwundbaren Punkt an
Ihm gelassen, und das ist Sein heiliges Herz. Kann
man prophezeien, wie es diesem Herzen auf Seiner
Reise durch die Welt ergehen wird? Man kann es
nicht vorhersagen; es hängt einfach von Ihm selbst
ab; denn alle Seine Gefühle sind so vollkommen
unter der Herrschaft Seiner göttlichen Person, daß
diese es ihnen zuerst erlauben muß, bevor sie anfan=
gen können, sich zu bewegen und zu regen. Die ein=
zige Art also, die Frage festzustellen, ist nicht die, zu
sehen, was Er gethan haben könnte, sondern was Er
wirklich that. Nun haben wir bereits gesehen, daß
von all den zarten, liebenden Herzen, welche jemals auf
Erden bluteten oder weinten, das Herz Jesu das zar=
teste und liebevollste war. Es gibt jedoch noch Anderes,
was wir noch nicht erwähnt haben, und das beweist,
wie Sein Herz alle Merkmale des unserigen in sich
trägt.

Er geht durch die Welt, als ob Gott nicht genug
für Ihn wäre; Er sehnte sich nach der Liebe des
Menschen. Dieses jungfräuliche Herz war bereit, seine
Liebe an Gegenstände wegzuwerfen, die ihrer unwür=
dig waren. Ein Jüngling kommt und fragt nach
dem Weg zum Himmel und „Jesus liebt ihn." Ist

Sein Herz nicht offenbar von der Brust Maria's genährt und aus ihrem eigenen besten Herzblut gebildet? Ja, ist es nicht zärtlicher und mitleidiger, als das Seiner Mutter sogar? Mit welch einer mächtigen und dennoch so vertraulichen und zärtlichen Liebe liebte Er den Jünger, der an Seinem Busen lag und dessen Schläge hörte! Und wenn es etwas gibt, das sich einem bestimmten Charakter in Jesu nähert, so ist es das, daß Er sensitiv war, womit ich meine, daß Sein Herz Vernachlässigung und Undankbarkeit scharf und fein fühlte. Nehmen wir nur eine Scene Seines irdischen Lebens. Es war in einer Stunde des überwältigenden Todeskampfes, als die Höllenfeinde am heftigsten gegen Ihn wütheten. Siehe bei dem Lichte des Ostermondes, wie sich die niedergestreckte Gestalt erhebt und sich über die drei Jünger beugt; und ach, mit einem erschütternden Schmerzensruf geht Er zu Seinem Gebete zurück, wie ein enttäuschter Mensch, weil sogar Seine Freunde Ihn in Seinem einsamen Kampfe verlassen haben und sich in Seiner äußersten Noth nicht um Ihn kümmern. Drei Mal kommt Er, Theilnahme suchend, und als Er das dritte Mal aus dem tiefen Schatten der Olivenbäume hervortritt, ist Sein Antlitz geisterhaft bleich und rothe Blutstropfen auf Seiner Stirne zeigen uns, wie Er die Gleichgültigkei. Seiner Freunde empfindet.

Dies ist es, was ich die Empfindsamk.it Seines Herzens genannt habe gegen die Undankbarkeit; sie setzt uns verhältnißmäßig in den Stand, auf Seinen Todeskampf einzugehen. Wollen wir uns erinnern, daß die Liebe zu den Sündern Seine herrschende Leidenschaft genannt werden kann. Zu gleicher

Zeit müssen wir uns den menschlichen Willen Jesu
etwas lebhafter in das Gedächtniß zurückrufen. Er
hatte zuerst eine vollkommene und gänzliche Gleichför-
migkeit mit dem Willen Gottes, den er kannte, weil er
ihn sah. Andererseits war Seinem niedrigeren Willen
die Fähigkeit gelassen, zwar nicht Gottes Willen Widerstand zu leisten, aber doch etwas Nichtseinsol-
lendes zu wünschen und sich bis zu dem Punkte
daran zu klammern, wo dieser Wunsch der Anfang der Sünde oder der Unvollkommenheit sein würde.
Fassen wir alles Dies zusammen, so wird es uns nun
leicht, zu berechnen, was das Resultat der Sendung
in die Welt für das zarte, weichherzige Wesen, das
wir beschrieben haben, sein wird. Erinnern wir
uns, daß in die engen Grenzen Seines Herzens eine
feurige Liebe für die Seelen, der glühende Wunsch,
sie Alle zu retten, alle Menschen jeglichen Geschlechtes, Alters und Himmelsstriches zu um-
fassen, eingeschlossen war. Vergessen wir nicht in
Betracht zu ziehen, daß diese Liebe in Seinem Herzen
weder mehr noch weniger ist, als die Liebe Gottes
für das Geschöpf, das Er erschaffen hat. Alsdann
stellen wir uns Ihn vor, wie Er mit gebeugten Knien zum
Vater betet, daß Er nicht den Todeskampf ausstehen
müsse, Seine Kinder für ewig verloren gehen zu sehen.
Nehmen wir endlich an, daß statt des sanften Mondes, der vom Himmel herab auf die leise rauschenden
Bäume schaut, sich in jenem dunklen Thale der eigentliche Abgrund der Hölle vor Ihm aufthut und seine
hungrigen Flammen mit dem Fleisch und Blute Derer
nährt, für die Er soeben gebetet hat. Denken wir
uns, daß Sein Gebet heißer und heißer wird, wäh-

rend es Gott noch immer verwirft, da es der Menschen
Wille ist, ihrem eigenen Verderben entgegenzustürzen
und zu sündigen. Ist es denn ein Wunder, daß Sein
Herz in der Qual und Folter dieses heftigen, aber unbe-
friedigten Verlangens schon zu Anfang Seiner Passion
in Schweiß und Blut ausbrach?

Ach schreckliches Zeugniß für die Wirklichkeit der
Empfindungen des Herzens Jesu! Er hat sich das
Recht wohlverdient, sich bis an das Ende der Zeiten
Seinen Heiligen in Visionen als den Menschen mit
dem blutenden Herzen zu zeigen. Er hatte in Seinem
Todeskampfe in Wirklichkeit für die Undankbarkeit der
Sünder gelitten, die zu der Zeit auf Erden lebten,
da Er mit durchbohrtem Herzen in Visionen Seinen
Heiligen erschien. Gedenken wir dessen, was über
Seine Intelligenz schon gesagt worden ist; wir werden sehen, daß die Wunden, welche ihrer Empfindungsfähigkeit bis zum Tage des Gerichtes von Sündern
zugefügt werden sollen, in jenen, im Garten von
Gethsemane zugebrachten Stunden vorausgefühlt und
in sie zusammengedrängt waren. Da und dort erhoben sich vor Ihm nicht die Sünden einer einzelnen
Nacht oder einer einzelnen Stadt, sondern die einer
Welt durch den langen Lauf der Zeitalter hindurch,
wo jeder Moment seine besondere Sünde hervor-
bringt. Der große Schöpfer überschaut im Geiste
die Erde, die Er geschaffen hat. Im Himmel kann
Er sich in Seine furchtbare Unwandelbarkeit hüllen;
aber Er ist in menschlichem Fleische gekommen, und
mit einer Seele, die fühlen und lieben und blutige
Thränen vergießen kann über das Schicksal Seiner
Schöpfung. Die Geschichte der Welt liegt vor Seinem

Geiste: Vergangenheit, Gegenwart und Zukunft; und
Er muß uns durchaus ein= für allemal zeigen, welch
einen gewaltigen Schmerz ihr Leichenbegängniß ver=
dient. Zeit und Raum sind vor Seinem Geiste hin=
weggeschwunden und Er schaut alle menschlichen We=
sen mit einem Blick. Sie alle sind da, gottähnliche
Geschöpfe, welche Er aus Seinem ewigen Schooße für
alle Ewigkeit geboren hat, nach denen Er sich nun
mit einem menschlichen Herzen glühend sehnt. Er
kennt sie Alle bei ihrem Namen; aber nun kann Er
nur in hülflosem Todeskampfe auf den Fortschritt
und auf den Erfolg ihrer Schuld sehen. Er schaut in
die innerste Seele eines Jeden und sieht sie von
schrecklichen Leidenschaften zerrissen, voll Durst nach
Gold oder Gier nach Herrschaft, oder erfüllt von un=
heiliger Liebe, blaß vor Wuth, oder hinsiechend aus
Neid und Haß. Die elenden Gestalten der Sünder
umdrängen und bevölkern Seine Intelligenz: der
Tyrann und der Bedrücker, der mitternächtliche Mör=
der und der Verführer mit seiner Beute. Und Er,
mit Seiner gränzenlosen Liebe für sie schaut, wäh=
rend der ganzen Zeit in ihre Herzen und sieht, wie sie
es eigensinnig auf ihr eigenes Verderben absehen. Er
konnte sie nicht retten, weil sie nicht gerettet sein
wollten; sogar Seine Gebete geben ihnen nur neue
Gnaden zu verscherzen und Seine Gegenwart ver=
mehrt nur ihre gegenwärtige Schuld und ihre künf=
tige Qual.

Ach, warum ersparte Ihm Sein Vater in Seinem
Erbarmen nicht diesen Anblick? Warum schonte Er
sich nicht selbst? Warum gab Er Ihm nicht eine we=
niger weitschauende Intelligenz oder ein weniger ver=

wundbares und weniger liebendes Herz? Warum
vereinigte Er für immer mit einer so gigantischen Kraft
der Intelligenz, die bis in den Abgrund der Hölle
blickt, eine so leicht bewegte und so dauernde Liebe?
Warum gibt Er Ihm eine so glühende Liebe, da sie
in einem Herzen von so zartem Gewebe wohnen
muß, daß es, während es die Undankbarkeit nicht
ertragen kann, den Sünder doch durchaus lieben muß,
so allumfassend, daß es sich mit seltsamer Festigkeit
an die schmutzigsten Seelen heftet und die unaussprechlichen Schätze Seiner zärtlichen Liebe auf die
Unreinsten ausgießt? Ach, das arme Herz Jesu!
Es ist das Opfer Aller; Alle verschwören sich wider
dasselbe. Einerseits zeigt ihm die Intelligenz den
Gräuel der Sünde und andererseits die zu deren
Vernichtung bereite Majestät Gottes. Der Wille über-
läßt sie in seiner unerschütterlichen Stärke Gott,
weil ihr Gericht gerecht ist; und während der ganzen
Zeit ist das Herz doch schwach genug, solche elende
Geschöpfe mit einer Liebeskraft zu lieben, die gerade
seine Qual ist. Warum denn rettet Er sie nicht? —
Aber sie wollen ja nicht gerettet sein. Was kann
das liebende Herz also thun, als zu dem willkom-
menen Kreuze fliehen und seinen letzten Blutstropfen
vergießen und sich in einem concentrirten Liebesacte
für alle Menschen ausströmen, ob sie nun gerettet
sein wollen oder nicht? Ach, armes Herz! Vergebens würde es seine Qual für immer und immer ver-
längern! Jesus würde bis zum jüngsten Gerichte dort
hängen; aber Er kannte die Herzen der Menschen zu
gut. Er hatte von ihrer schwarzen Undankbarkeit
zu viele Beweise, um nicht zu wissen, daß es nutzlos

sein würde. Ach, die Menschen sündigen am Fuße
Seines Kreuzes noch! Da ist ein verhärteter Böse=
wicht an Seiner Seite, an Seiner linken Hand, der
noch mit sterbendem Athem Gott lästert! Nein, das
Herz Jesu hat Alles gethan, was es thun konnte.
Es kann nur noch eines thun — brechen. O, noch war
Leben genug in Seiner zerrissenen und gebrochenen
Gestalt, daß es am Kreuze weiter leben konnte. Sein
letzter Ruf geschah mit gewaltiger Stimme, die zeigte,
wie Er Seinen Todeskampf noch manche weitere
Stunde ertragen konnte, als die lange, lange Nacht
hindurch. Aber Sein ermattetes Herz konnte ihn
nicht mehr dulden und so starb Er am gebrochenen
Herzen für die Sünden der Menschen.

Und nun, da Alles vorüber und das liebende
Herz stille ist, wollen wir ruhig kommen und das
Werk Seiner Hände betrachten. Die Sonne ist über
Jerusalem untergegangen und der Mond, der gestern
die ersten schwachen Tropfen Seines Blutes gesehen,
wirft nun sein blasses Licht auf die Gruppe, die Ihn
für Seine Beerdigung vorbereitet. Er liegt bewe=
gungslos auf dem Schooße Seiner Mutter und Seine
Lippen sind stumm; Er könnte keine Vorwürfe ma=
chen, wenn Er auch wollte; und auch sie vermag nur
mit schweigendem Finger auf die Wunde Seiner Seite
zu deuten und zu zeigen, wie sie sein Herz durchbohrte.
Aber diese klaffende Wunde hat eine schweigende
Beredtsamkeit, die mehr sagt, als Worte ausdrücken
können. Sie sagt uns, daß die Kreuzigung nicht bloß
eine Aeußerung der Macht und Gerechtigkeit Gottes,
sondern ein Beweis des wirklichen und herzlichen
Wunsches des Schöpfers ist, Seine Geschöpfe zu retten.

Sie ist die Stimme Jesu, die sagt: „Es wäre mir
angemessen gewesen, daß die Menschheit, die ich an=
nahm, herrlicher wäre, als die Engel sind. Ich hätte
mit seraphischem Antlitze hernieder kommen können,
das die unaussprechliche Wonne meines seligen Her=
zens wiedergespiegelt hätte. Von Rechtswegen hätte
mein Leib glorificirt und mein Herz außer dem Bereiche
des Schmerzes sein sollen. Aber statt dessen kam ich
mit einem Leibe auf die Erde, der so verwundbar war,
wie der Eurige, und mit einer noch verwundbareren
Seele. Mein Herz ist für jeden Sünder unter euch
Allen mit der zärtlichsten Liebe erfüllt und im Ver=
hältnisse zu seiner Zärtlichkeit ist es in Gefahr, von
all Denen zerrissen zu werden, die es durchbohren
wollen. Wenn ihr endlich verloren geht, ist es nicht
meine Schuld; könnt ihr zweifeln, daß ich Alles auf=
biete, euch zu retten, da ich bei dem Gedanken an das
ewige Gericht meiner unglücklichen Geschöpfe am ge=
brochenen Herzen sterbe?“

Wenn ihr also in wenigen Worten den Geist und
Charakter der Andacht zum heiligen Herzen in Bezug
auf die Sünder wissen wollt, so kann ich nur sagen:
Es ist die Klage Jesu, daß die Menschen verloren sein
wollen, obgleich Er Alles thut, was Er kann, um sie
zu retten. Zu gleicher Zeit ist sie ein rührender Be=
weis der Liebe unseres heiligen Herrn, indem sie ver=
sichert, daß Er bis zuletzt bereit ist, sie aufzunehmen,
und daß Sein heiliges Herz im Himmel mit derselben
Liebe für sie schlägt, wie im Augenblick Seines Todes.

Fünftes Kapitel.

Die Liebe des Herzens Jesu zu Denjenigen, welche nach Vollkommenheit streben.

Wir haben in unserer Aufgabe bereits einen langen Weg zurückgelegt, so lang, daß wir, erinnerten wir uns nicht, daß der Gegenstand, welcher uns beschäftigt, die Liebe Jesu für den Menschen ist, annehmen könnten, unsere Arbeit sei geschehen. Aber wer kann die Höhe und Tiefe, den Umfang und die Ausdehnung der Liebe Gottes ermessen? Außer all dem, was wir bereits durchwandert, gibt es noch eine tiefere Tiefe, welche wir ergründen müssen, bevor wir fertig sind. Bisher haben wir das Erbarmen Gottes gesehen, das die Erde überfluthet, wie die Wasser das Meer bedecken; aber wir haben nur seine Oberfläche leicht berührt. Es gibt in jenem unermeßlichen Ocean noch unaussprechliche Schätze von Liebe, von denen wir noch nichts gesagt haben. Wir würden uns in einem großen Irrthum befinden, nähmen wir an, jenes Erbarmen für die Sünder sei das einzige, in der Passion entfaltete Attribut Gottes. Folglich gibt es im Herzen Jesu, in dem treuen Organ, mit welchem das Ewige Wort dem Willen Seines Vaters gehorcht, eine noch feuerigere Liebe, als jene, die für die Sünder brennt. Es ist Seine Liebe für Diejenigen, welche ein höheres Ziel haben, als das Leben gewöhnlicher Christen, und die ihr Möglichstes thun, Heilige zu werden. Es ist sicher, daß solche Seelen in einer größeren Gottesliebe flammen, als andere, da sie, nicht mit einem knappen Maße der Gnade zufrieden, Gott

Alles zu opfern wünschen, ohne daß sie bei dem stehen bleiben, was bloß nothwendig ist, um in den Himmel zu kommen. Es ist daher nur natürlich, anzunehmen, daß Jesus Seinerseits sie selbst mit größerer Liebe liebt, als Diejenigen, deren Erlösung großer Gefahr ausgesetzt ist, weil sie sich im Stande der Sünde befinden. Es ist daher kein Wunder, wenn Sein heiliges Herz eine besondere Botschaft für sie hat, und wenn wir es für nothwendig halten, der Betrachtung des Geistes dieser Andacht, sofern sie für diejenigen bestimmt ist, die auf dem Wege zur Vollkommenheit wandeln, einige Zeit zu widmen.

Wir wollen also die peinliche Scene, deren Zeuge wir gewesen sind, verlassen und uns von den Seelen abwenden, die, von Jesu erlöst, allen Seinen Ermahnungen ein taubes Ohr leihen, selbst während Er mit unverminderter Liebe die Schätze Seines Herzens vor ihnen entfaltet. Es wird eine Freude sein, wenn wir uns über die dichte und dumpfe Atmosphäre erheben, durch die das Geschrei des mächtigen Kampfes zwischen Gut und Böse zum Himmel hinan drängt, und wenn wir in das Königreich der Gnade eingehen, wo Maria Königin ist und wo Jesus herrscht. Gott sei Dank, es gibt noch manche Seele, an welcher das Herz Jesu ausruht, ohne daß es jemals seines Thrones entsetzt wird. Negative Sündenlosigkeit, selbst wenn sie möglich wäre, würde bloß eine arme Probe aus dem Reiche der Gnade sein; und über das gemeine christliche Leben hinaus gibt es noch eine große Schöpfung des allmächtigen Gottes, Hierarchie auf Hierarchie der Seelen, die in ihrer Schönheit, Ordnung und Mannichfaltigkeit mit einander wetteifern, wie die der

Engel im Himmel. Man begeht einen erstaunlichen Irrthum, wenn man die Vorstellungen von der
Gnadenwelt auf die gewöhnlichen Erscheinungen beschränkt, die auf ihrer Oberfläche liegen. Der Ungläu-
bige fällt in eine unglückliche Täuschung, wenn er die
nackte, menschliche Natur, wie sie in Erb- und actuelle
Sünde untergetaucht ist, als das schönste Ideal des
Menschengeschlechtes betrachtet. Derjenige erhält eine
jämmerliche Anschauung von Gottes Herrlichkeit, der
diese Erde mit ihrer unvollkommenen Gerechtigkeit und
ihrem triumphirenden Laster als die ganze sittliche
Weltordnung betrachtet. Er vergißt die unsichtbare
Welt, den tiefen Schlund der Hölle mit ihrem
lebendigen Feuer und die Strafflammen des Pur-
gatoriums, und vor Allem den ruhigen, majestätischen Himmel, der mit Heiligen und Engeln bevölkert und durch den Glanz Maria's und durch die strah-
lenden Wunden Jesu erleuchtet ist. Und ein ähnlicher
Irrthum ist es, wenn man die Wirkungen des Christenthums auf bloß ordentliche, respectabele Katholiken im
Stande der Gnade beschränkt und vergißt, daß die
ursprüngliche Frucht der Passion die Heiligen Gottes
sind und Alle in ihrem Maße, die überhaupt streben,
Gott zu dienen auf dem Pfade der evangelischen Vollkommenheit.

Gott sei Dank, es scheint eines der Zeichen der
Zeit, in welcher wir leben, daß die Classe der Christen, auf welche wir uns hier beziehen, weit verbrei-
teter ist, als in irgend einem Zeitalter der Kirche seit
ihren ersten Zeiten. Im Mittelalter z. B. war die
Vollkommenheit nur da zu finden, wo Klöster waren.
Wer mit der Geschichte und mit den Büchern des

großen heil. Bernhard bekannt ist, der wird sehen, daß
er geneigt war, in jener mittelalterlichen Welt die Ret=
tung von der Verdammniß als das Aeußerste, das gehofft
werden konnte, zu betrachten, während außerhalb der
Mauern eines Klosters etwas, das einem vollkommenen
Leben glich, der schwärmerischste Traum war. Er bittet
seinen Neffen mit der ganzen Energie seiner leidenschaft=
lichen Beredtsamkeit, von Clüny zu fliehen, wenn er seine
Seele retten wolle; wieviel mehr von der Welt? Es
ist jedoch nicht nothwendig, bis zum zwölften Jahr=
hundert zurückzugehen, um dies zu beweisen. Wir
haben unsere Augen nur auf die Uebergangsperiode
vom Mittelalter zur modernen Zeit zu richten, um
sicher zu werden, daß eine Veränderung stattgefunden
hat. Vergleicht z. B. die Regeln des Oratoriums der
göttlichen Liebe, dem S. Cajetan und der Cardi=
nal Pole in ihrer Jugend angehörten, und das aus=
drücklich für Leute, die in der Welt lebten, gebildet
war, mit dem nachfolgenden kleinen Oratorium des
heil. Philippus Neri. Im ersteren schrieb die Regel
den Brüdern viermalige Communion im Jahre vor;
während im Oratorium parvum den Brüdern befoh=
len wird, wenigstens einmal im Monat, empfohlen
dagegen, einmal in der Woche und an den Festen der
heil. Mutter Gottes die heiligen Sacramente zu em=
pfangen. Es ist klar, daß in der Zwischenzeit zwischen
der Bildung der beiden Gesellschaften, die beide für
Personen bestimmt waren, welche keinen Beruf zum
Kloster hatten, der Maßstab für die mögliche religiöse
Vollkommenheit Solcher, die in der Welt leben, bedeu=
tend vergrößert worden ist. Ferner beweist die Vor=
rede eines Buches, das so bekannt ist, wie die Anlei=

tung zu einem gottseligen Leben, daß der süße heil.
Franz von Sales für Frankreich das bewirkte, was der
heil. Philippus Neri für Italien gethan hat.

Es ist also keine bloße Einbildung, wenn wir an=
nehmen, daß das christliche Leben in diesen unseren Ta=
gen mehr den ersten Zeiten der Kirche, als der roman=
tischeren Schönheit des Mittelalters gleicht. Wie die
ersten Christen sind auch wir in die Mitte einer Ge=
sellschaftsform geschleudert, deren eigentliche Gestalt
und Anlage antichristlich ist. Jedoch gerade wie im
alten Rom und Antiochien die christliche Jungfrau ihre
Heimath nicht verließ oder in ein Kloster floh, da es
noch keines gab, so findet Gott auch nun gerade im
ärgsten Getümmel und in all der Unruhe der modernen
Civilisation die Seinigen, die ihr Bestes thun, ihn mit
ganzem Herzen zu lieben. Es ist ganz wahr, daß das
Kloster die natürliche Heimath Derer ist, die vom
Wunsche erfüllt sind, Alles für Christus aufzugeben;
dennoch ist es ein Trost für solche Christen, deren Be=
ruf sie in die Welt stellt, zu glauben, daß die Voll=
kommenheit ihnen nicht unmöglich ist. Es würde ein
unseliger Gedanke sein, wenn es wahr wäre, daß in
der Welt sein nothwendig auch von der Welt sein
hieße. Für Diejenigen, die durch ihre Pflichten an die
Welt gebunden sind, kann es ein Trost sein, sich der
alten Zeiten zu erinnern, da eine heil. Cäcilia und eine
heil. Agnes inmitten des römischen Leben standen, sich
aber täglich vom Fleisch und Blut ihres himmlischen
Bräutigams nährten. So wird es nun auch ein fest=
stehender Satz, daß die häufige Communion Denen, die
in der Welt leben, nicht verweigert werden soll, voraus=
gesetzt, daß sie unweltlich sind und nach Heiligung streben.

Es gibt daher keinen Rang oder Zustand im Leben, für den sich eine Andacht zum heiligen Herzen nicht eignete, obgleich sie ihren Ursprung in einem Kloster nahm, indem auf keiner einzigen Stufe der Gesellschaft nicht wenigstens Einige gefunden werden können, die möglichst nach Vollkommenheit streben. Und welche Andacht wäre für Solche geeigneter, als die, deren eigentliches Ziel und deren Gegenstand es ist, das innere Liebesleben des Herzens Jesu anzubeten und an Seinen Schmerzen Theil zu nehmen, die lang, lang bevor die Geißel und das Kreuz Ihm einen Tropfen Blut entrungen hatten, schon im Verborgenen dies Herz gequält? Alles, was sie in gleicher Weise ihrerseits für Ihn thun können, ist, Ihn im Stillen zu lieben und zu leiden, während sie äußerlich der übrigen Welt gleichen. Wir erwähnen hiemit keinen äußerlichen Act Jesu, sondern es ist die ganze brennende Liebe, welche alle Seine Handlungen vom ersten Moment Seines irdischen Daseins in Maria's Schooße bis zum letzten Seufzer, den Er am Kreuze aushauchte, veranlaßte. Nun, Liebe ist der Anfang und das Ende dieser Andacht, und wenn Jene auch nichts Anderes zu thun vermögen, so wird wenigstens ihr ganzes Leben ein langedauerndes Brandopfer der Liebe, selbst wenn sie auch, gleich dem heil. Johannes, dem ersten Jünger des heiligen Herzens, kein äußeres Märtyrthum befähigt, ihr Blut für Christus zu vergießen.

Aber es gibt eine besondere Botschaft, welche für solche duldende Seelen vom Herzen Jesu ausgeht, eine, die ihnen besonders Noth thut, nämlich: eine Aufforderung zu grenzenlosem Vertrauen in Seine Liebe. Wenn Denen, die nach Vollkommenheit streben, etwas

ganz besonders im Wege steht, so ist es die Entmuthigung, die sie beim Anblick ihrer eigenen Fehler und
Mängel fortwährend ergreift. „Kann Gott ein solches
Geschöpf, wie ich bin, lieben?" ist die immerwieder-
kehrende Frage, die das Herz an sich selbst stellt, wenn
am Schlusse jedes Tages dieselbe jämmerliche Geschichte von Kleinlichkeiten und Unvollkommenheiten an
ihm vorüberzieht. Es ist nicht zuviel gesagt, daß ein
bitterer Geist der Enttäuschung nur zu oft über Diejenigen kommt, die sich Gott gewidmet haben. Betrachte Jene, die sich Ihm zuerst mit einem so hoch-
herzigen Geiste ergeben haben, daß er genügt hätte,
um Apostel aus ihnen zu machen, und die dachten,
nun liege nichts als ein langes, langes freudiges Opfer
für Gott vor ihnen. Betrachte sie nach einigen Jahren! Wie oft findet man sie von dem schweren Kampfe
krank, bereit, sich zu fragen, ob ihr früheres heftiges
Verlangen überhaupt mehr war, als der Traum
einer frommen Einbildung. In solchen Zeiten scheint
uns sogar das Kreuz und das kostbare Blut zu er-
schrecken, denn von was sprechen sie uns, als von dem
erhabenen, heroischen Opfer und von einer Seelenstärke,
die unsere Schwäche beschämt? Es scheint, als ob
unter dem Kreuze nur für jungfräuliche Seelen Platz
sei, wie für Maria und den heil. Johannes oder für
Magdalena's brennende Liebe oder für die Zerknir-
schung des reumüthigen Schächers. O welch eine
Wonne ist es, in solchen Momenten schrecklicher Dunkelheit unsere Gedanken auf das Herz Jesu zu richten,
auf sein zärtliches Leiden und auf die gränzenlose Liebe,
welche jede Handlung Seines Lebens beseelte. Als
wir Sünder waren, liebte Er uns zuerst mit Seiner

freiwilligen Liebe und Er wird uns auch nun trotz Alle dem nicht verlassen. Ja, noch mehr als dies! Wenn wir in das Herz Jesu blicken, werden wir selbst finden, daß Er in Seiner Passion bis hinab zur eigentlichen Schwäche und bis zu dem Widerstande unserer Natur, soweit sie nicht Sünde wären, leiden wollte. Er wird die große Schwäche unseres niedrigeren Willens bemitleiden, seit Er sie in Seiner erfindungsreichen Liebe für uns fühlen wollte. Er hat es auf sich genommen, das allgemeine Opfer für die menschliche Natur zu werden und Er würde es nicht vollkommen darstellen, wenn es irgend einen der menschlichen Seele zugefügten Schmerz gäbe, von dem Sein zärtliches, duldendes Herz nicht auch einen Schlag ausgehalten hätte.

Da dies der Geist der Andacht zum heiligen Herzen ist, so wird es gut sein, dies Kapitel der besonderen Betrachtung dieser wunderbaren Vereinigung von Kraft und Schwäche zu widmen, die in Wirklichkeit die Charakteristik Seines Lebens und Leidens bildet. Sie wird uns dazu führen, die Mysterien Seines Wesens, die glorreiche Heiligkeit Seiner Menschheit, die wechselnden Aeußerungen Seines Willens und dessen unerschütterlichen Entschluß, verbunden mit der rührendsten Zärtlichkeit der Empfindung und all den verschiedenen Bewegungen eines menschlichen Herzens tiefer zu ergründen. Wir müssen uns in denselben Garten von Gethsemane begeben, um diese neue Phase der Leiden des Herzens Jesu zu schauen. Bisher haben wir die Macht der Liebe des heiligen Herzens betrachtet; nun müssen wir auf einen anderen Theil des Gegenstandes eingehen und die Ursache seines Widerstrebens erforschen. Sie wird uns auf die Versuchung, welche die Seele besonders auf dem schweren Pfade der Vollkommenheit heimsucht, eine Antwort geben. Es gibt eine Periode im geistlichen Leben, wo das Bewußtsein der Schwäche mit schrecklicher Stärke über sie kommt. Selbstvertrauen ist das Erste, was sie verlernen muß, und wenn sie erst entdeckt, daß sie das, nach dem sie verlangt, nicht vollführen kann, daß sie im Gegentheil Nichts durch sich selbst vermag, dann erfüllt sie das Bewußtsein der Unfähigkeit mit Beschämung und Schrecken und trachtet, sie von Gott zu trennen. Sie kann nicht verstehen, wie Jesus anders, als durch die reinste Fiction ein Vorbild für sie sein kann, wenn die starke und mächtige Person des Ewigen Wortes alle Schwierigkeiten ohne Kampf überwand und niemals die von der Schwäche des menschlichen Willens veranlaßte Pein und Unruhe empfand. Die Seele bebt sogar vor dem Herzen Jesu zurück, bis sie erfährt, daß auch dieses Herz seine Schwäche hat. Jesus wollte in Allem unsere Schwächen leiden; nicht um uns zu schwacher Nachgiebigkeit gegen sie zu ermuthigen, sondern um uns zu zeigen, wie wir sie überwinden können, und uns anzuspornen, in den Sympathien Seines heiligen Herzens eine Stütze für unsere Schwäche zu suchen. Um dies zu zeigen, wollen wir nun auf die Betrachtung erstens: der angeborenen Kraft des Willens Jesu, zweitens seiner anscheinenden Schwankungen und seines Widerstrebens, bei Seiner Todesangst am Oelberge zu leiden, tiefer eingehen.

Wollen wir denn voranschreiten und unseren König mit dem Diademe gekrönt sehen, mit dem Seine Mutter Ihn in den Tagen Seiner Freude und Seines

Triumphes krönte! Maria's Zustimmung ist gegeben worden, die Jungfrau hat empfangen, aber des Erzengels Zunge ist zu arm, den Preis ihres Kindes fortan zu verkünden. Wer kann die Namen und Titel dieses mächtigen Königes nennen? Geschöpf kann Er nicht genannt werden, wenn Er auch eine erschaffene Natur hat, denn Er selbst ist der Gott, der die Himmel geschaffen hat. Der höchste der Seraphim ist im Grunde betrachtet nichts, als der bloße Diener seines Schöpfers; aber hier ist Einer, der Mensch ist und dennoch nicht der Diener Gottes genannt werden kann, da Er Sein Eingeborner Sohn ist. Wunderbar, in Wirklichkeit, ist dieses Kind, das als Herrscher des Weltall's geboren ist; aber noch wunderbarer ist es, weil Ihn, obgleich Er der König der Könige ist, doch eine Abhängigkeit und Dienstbarkeit bindet, die Ihn zum Sklaven Aller macht. Höre Ihn selbst sprechen und Er wird sagen: „Ich bin ein Wurm und kein Mensch, die Schmach der Menschheit und der Auswurf des Volkes." Man könnte sich einbilden, die Laufbahn dieses glänzenden und herrlichen Wesens müßte eine fortwährende Reihe von Triumphen, seine Seele immer gleich einem Becher bis zum Rande mit Wonne gefüllt sein; aber beobachte Ihn und ganz plötzlich findest du Ihn in der Kraft und Schönheit Seiner Menschheit auf dem Boden hingestreckt, Sein Antlitz erbleicht, und Sein Herz aus Furcht pochend. Ja, mehr noch; die Tiefen Seiner Seele sind erschüttert und ein gewaltiger Kampf geht in Ihm vor. O, wer kann diesen machtvollen Sieger niedergeworfen, diesen großen König entthront haben? Welche Kampfelemente waren in Ihm, daß aus Seinem ruhigen und majestätischen

Geiste so plötzlich der Frieden gewichen sein sollte?
Es gibt nur diesen einen Weg, die Frage zu lösen:
Er hat sich zum Opfer für das Menschengeschlecht ge=
macht und muß Alles leiden, was der Mensch leiden
kann. Das allgemeine Stöhnen des unglücklichen Men=
schengeschlechtes ist im Himmel gehört worden und
Gott Selbst ist herabgekommen, um mit ihm zu lei=
den. Und um ihm zu zeigen, wie menschlich Er in
Seinem Leiden war, mußte Er nothwendig sogar die
Schwäche des kummerbeladenen Menschen auf sich neh=
men. Wie gewöhnlich muß zuerst Sein Herz die
Strafe tragen. Dasselbe war der Sitz des gewaltigen
Todeskampfes; und wir werden niemals weder die
Natur des Kampfes, noch die unaussprechliche Liebe
Jesu für die Menschen verstehen, wenn wir nicht die
Ursache dieser Vereinigung von Kraft und Schwäche
in Seinem Willen erforschen. Wir werden alsdann
sehen, wie wahrhaft freiwillig Seine Leiden waren und
wie sogar Sein Widerstreben gegen das Leiden nur
ein neuer Beweis Seiner Liebe für uns war.

Als das Ewige Wort die menschliche Natur auf
sich nahm, vereinigte Er sich mit ihr sammt allen ihren
Fähigkeiten, Empfindungen und Regungen. Das Ge=
hirn dachte und die Einbildungskraft malte Bilder,
vor Allem aber verlor der mächtige Wille nicht das
Vorrecht seiner angebornen Freiheit. Ueber diese
ganze von Gedanken und Wünschen bevölkerte Welt
hatte die göttliche Person die höchste Herrschaft; aber
sie gebrauchte die Fähigkeiten und Kräfte ihrer neuen
Natur nicht mit tyrannischer Gewalt oder durch blin=
des Verhängniß. Der ewige Sohn übertrat keines der
Gesetze, die Er selbst gegeben hatte, und achtete sogar

ihre Vorrechte. Wie man von einem Menschen nicht
sagen kann, er leite oder regele seinen Willen, als ob
er ein Besitzthum wäre, sondern wie er so verflochten
und eins mit ihm ist, daß jede seiner Bewegungen selbst
handelnd und sogar seine Freiheit die unwillkürliche
Regung seines innersten Wesens ist, so bewegte sich
und handelte der Ewige Sohn mit Seinem menschlichen Willen. Er zwang denselben nicht oder absor-
birte ihn in sich selbst; auch verlor derselbe nichts von
Dem, was zu seiner Vollkommenheit nothwendig war,
und außerdem wurden seine natürlichen Thätigkeiten
durch das Wort, welches sie ausübte, nicht beeinträch-
tigt oder vermindert. Zu gleicher Zeit gewann er un-
schätzbare Privilegien, obgleich er kein Recht verlor.
Die Söhne Adam's schwanken zwischen gut und bös;
aber keines Engels Wille war jemals mit der halben
Festigkeit des menschlichen Herzens Jesu auf den Ewigen
Gott gerichtet. Jede Heftigkeit und Verkehrtheit der
Leidenschaft war für immer in Schlaf gelullt; kein
Wunsch konnte sich unaufgefordert erheben, um den
Frieden des Ganzen zu stören, und die menschliche Natur antwortete wie ein musikalisches Instrument auf
die Berührung des Herrn, der sie sich ganz eigen ge-
macht hatte.

So war der glorreiche Zustand der Menschheit Jesu
mit aller Würde der Freiheit, aber ohne die Fähigkeit
zu sündigen. Durch einen freien Act übernahm es
daher das Ewige Wort, das Opfer für die Menschen
zu werden. Die Last, welche Er auf sich nahm, war
in Wirklichkeit furchtbar. Welch eine Welt war es,
in die sich ihr Gott gewagt hatte! Welch eine Scene
drang auf das Bewußtsein der heiligen Menschheit ein,

als sie zuerst zum Leben erwachte! Die Welt war ge=
fallen und seit ihrem Fall hatte sich eine furchtbare
Schuld Tag für Tag und Stunde für Stunde ange=
häuft. Abel's Blut und der Stolz des ersten Ero=
berers und die Lüste der Städte in der Ebene waren
nur das Vorspiel und das Vorbild Dessen, was um
Rache zum Himmel schreien sollte. Alles dieses mußte
gesühnt und gebüßt werden, und die zweite Person
der ewiggebenedeiten Dreieinigkeit war herabgekommen,
um dies auf sich zu nehmen. Es war keine Zeit für
einen Versuch, keine Möglichkeit einer Probe; ganz
plötzlich nahm das Ewige Wort mit der vollen Trieb=
kraft Seines bewußten menschlichen Willens die ge=
waltige Last auf sich.

Wollen wir also nie vergessen, wie frei und frei=
willig das Opfer der heiligen Menschheit war. Es
würde den Bedingungen des Vertrags, durch den der
göttliche Sohn an die Stelle des schuldigen Menschen
gesetzt wurde, entgegen gewesen sein, wenn Er einen
gezwungenen und widerstrebenden Willen dargebracht
hätte. Ein vollkommenes Opfer mußte frei und ohne
Rückhalt sein. Es war keine Zufälligkeit seiner Ge=
burt oder blinder Instinkt seiner Natur, wodurch der
menschliche Wille Jesu angetrieben wurde. Kein un=
erbittliches Gesetz [1]) zwang das Ewige Wort, für den
schuldigen Menschen zu sterben; und deßhalb hätte
Er, ohne daß Seine Menschheit irgend eine Sünde

---

1) Es ist nicht nöthig, eine Frage weiter zu verfolgen,
die in der Theologie schon so viel besprochen worden. Meine
obigen Worte sollen De Lugo's Ansicht aussprechen. De
Incarn. Disp. 26. Sect. 8.

beging, den Tod vermeiden können. Für die mensch=
liche Natur war es in der That unvermeidlich,
der göttlichen Person zu folgen; aber der Sohn Got=
tes traf Seine Wahl nur so durch Seinen menschlichen
Willen, wie ein Mensch mit seinem eigenen freien
Willen wählt. Eine vollkommene Menschheit war für
Ihn vorbereitet gewesen und Er benützte sie zum Lei=
den und zum Verdienst. Wäre der Wille ein blinder,
unwilliger Sklave gewesen, so würde das Verdienst
sogleich aufgehört haben. Wenn Er ihn wie ein un=
vernünftiges Opfer nach sich geschleppt hätte, so würde
die Sühne in der That unvollkommen gewesen sein.
Aus diesem Grunde rief Jesus mit der bewußten Stimme
Seines innersten Herzens: „Siehe, ich bin gekommen,
Deinen Willen zu thun, o Gott!" Die Intelligenz
begriff den großen Erlösungsplan; sie faßte die Be=
dürfnisse der Menschen auf und hörte den Ruf der
Seelen, die in Gefahr standen, in das ewige Verder=
ben zu stürzen; sie verstand die Größe und den Gräuel
der durch die Sünde des Menschen eingegangenen
Schuld. Dann überfiel sie andererseits gleichzeitig
und ohne Uebergang der Gedanke an die Gott ange=
thane Schmach, und mit der bestimmten Aussicht auf
alles Das, was Er leiden sollte, von dem Wunsche er=
füllt, Gott zu rächen und die Menschen zu retten, nahm
das Ewige Wort die Stelle des unglücklichen Geschlech=
tes ein. Mit einem starken Willensacte übernahm Er
die furchtbare Last, und der irdische Wille nahm sie
in einem Augenblick ohne das Ungestüm der Heftigkeit
oder die Spur von Anstrengung auf, frei und frei=
willig, unbewegt, aber nicht unbeweglich. Er sah sich
rings auf der Erde um und sah, „daß die Wahrheit ver=

geſſen und gute Menſchen eine Beute geworden; Er ſah ſich um und es ſchien übel vor Seinen Augen, daß kein Recht war. Und Er ſah, daß Niemand da war, und verwunderte ſich, weil Niemand ſich widerſeßte. Darum hilft Er ſich ſelbſt mit Seinem Arm und Seine Gerechtigkeit erhält Ihn. Er ziehet Gerechtigkeit an als einen Panzer und ſeßt den Helm der Errettung auf Sein Haupt; Er thut der Rache Gewänder an und hüllet ſich in Eifer wie in einen Mantel [1].“

Bis jeßt haben wir nichts geſehen, was der Schwäche glich; Alles, wovon wir bisher Zeuge geweſen, iſt ein aus der Vereinigung mit der Gottheit gezogener menſch- licher Wille, eine nicht nur unbeſiegte, ſondern auch un- beſiegbare Kraft.

Aber es gibt ewige Geſeße Gottes, die keine Zeit verändern kann, die ſelbſt unveränderlicher als die Na- tur ſind, da kein Wunder ſie je ſtört; und eines dieſer Geſeße iſt dies, daß ein Opfer, im ſtrengſten Sinne des Wortes, leiden muß. In einer feierlicheren Zeit ſollte Er ſich der Welt in dieſem furchtbaren Charakter zeigen und dies geſchah in der Zeit Seiner Paſſion. Vom erſten Moment Seiner Empfängniß an hatte Er vorwärts auf dieſen Moment geblickt; Er ſehnte ſich, für die Menſchen das Löſegeld zu zahlen und ihnen die Thore des Himmels zu öffnen. In Seinem Herzen war ein Liebesfeuer entbrannt, welches Ihm wirklichen Schmerz bereitete, bis es im äußeren Leiden einen Aus- gang finden konnte, und Er ſehnte ſich nach Seiner Bluttaufe. Und nun iſt die Zeit gekommen und wie ein armes Opfer begibt Er ſich in den Garten von

---

[1] Iſaias XXXIX, 17.

Gethsemane, um an Seinen freiwillig gewählten Pfahl gebunden zu werden. Man weiß, daß Gott, wenn Er Jemand mit einer Mission für Seine Verherrlichung auf die Erde herabsendet, denselben durchaus mit Allem, was nothwendig ist, ausstattet, daß er sie ausführe. Und so kam Er denn, jedes Glied Seines schönen Leibes vom Scheitel bis zur Sohle mit mehr als menschlicher Empfindungsfähigkeit erfüllt, jeder Nerv mit überzartem Gefühle begabt und bereit, sie für die scharfen Instrumente der schrecklichen Gerechtigkeit Gottes bloszulegen. Aber siehe, gerade in dem Augenblick, da Alles bereit ist, da Himmel und Erde in feierlichem Schweigen auf das Schauspiel warten, bevor ein Feind sich hat blicken lassen oder eine Hand sich gegen Ihn erhoben hat, schwankt und zittert das mächtige Opfer. Wie die Schatten des Abends Ihn dicht umgeben, beim Lichte des österlichen Mondes blicken Seine Jünger mit Erstaunen auf Seine erblaßten Züge und auf die schwankende Gestalt und überrascht lauschen sie jener Stimme, die so oft die Menge mit ehrfurchtsvollem Schweigen erfüllte, nun aber zu ihren weichsten Lauten herabgesunken, ihnen verkündet, daß Seine Seele bis zum Tode betrübt ist.

O elendes Menschengeschlecht! Ist das einzige Herz, das dich bisher mit unermüdlicher und unüberwindlicher Liebe geliebt hat, im Begriff, untreu zu werden und dich endlich zu verlassen? Oder ist Jesu Willen der Laune oder dem Wechsel unterworfen, daß Er nun, da der Becher, nach dem Er so sehr verlangt hatte, dicht vor Seinen Lippen steht, wie ein eigensinniges Kind denselben bei Seite schiebt? Nein, um diesen Kelch für Seine menschliche Natur noch

bitterer zu machen, gebot Er durch einen Act Seines
höchsten Willens, daß diese Schrecken über Seine Seele
kommen sollten.

Vergessen wir nie, daß sowohl die Seele Jesu,
als Sein Leib ganz dieselben waren, wie die anderer
Menschen, außer daß sie niemals die Fähigkeit zu sündigen besessen hatten; und selbst diese würden sie besessen haben, wären sie nicht von der Person des Ewigen
Wortes angenommen gewesen [1]). Er hatte bloß eine
menschliche Natur, die durch ihre Vereinigung mit der
Gottheit nicht vernichtet war. Deßhalb hat sie neben
dem festen, unbezwingbaren Willen, in Verbindung mit
der Vernunft und ihr vollkommen gehorsam, jene ganze
niedere Natur des Gefühles und der Empfindung,
welche das Menschenherz trotz des Willens und der
Vernunft aufregen. Versuche Einer, die verschiedenen
Elemente, aus denen sein Wesen zusammengesetzt ist,
zu analysiren; er wird eine weite Welt von Gedanken
und Gefühlen in sich finden, die er selbst so wenig in
der Gewalt hat, daß äußere Dinge im Stande sind,
sie, gerade wenn er sie am weitesten hinwegwünscht,
hervorzurufen. Treten aber besondere Gegenstände
vor uns, so wird die Seele, die noch einen Augenblick
zuvor ruhig und friedlich wie ein Kind war, ganz
plötzlich von Entrüstung, Hoffnung oder Furcht erregt.
O welch eine Natur ist die unserige, zitternd empfindlich bei jeder Berührung von Außen, wie ein wunderbares Instrument in der Hand eines unsichtbaren

---

1) Natürlich kann die Gnade das Vorrecht wirklicher Sündenlosigkeit verleihen, wie dies bei der heiligen Jungfrau der
Fall war.

Geistes, der die Tasten berührt und alle Töne, die er
will, hervorruft! Es ist als ob die Gefühle die Bän-
der wären, die Leib und Seele zusammenbinden und
an beiden Theil haben, passiv und eindrucksfähig, wie
ein Sinn, aber einmal in Bewegung gesetzt, mit all
der Activität des Geistes begabt; und während alle
dem sitzt die vernünftige Seele auf ihrem Throne und
zittert bei diesen seltsamen Berührungen, die wie eine
feine Essenz ihr innerstes Wesen durchzucken und
erzittern machen. Sie sind der eigentliche Stoff und
die Materie, woraus die menschlichen Leidenschaften entstehen; sie sind die geräuschvollen Theile der armen
Menschheit, die sich hörbar und fühlbar machen, während die Stimme des unsichtbaren Willens und der Intelligenz innerhalb kaum gehört werden kann; und
einige von ihnen haben eine so furchtbare Macht, daß
es, obgleich die Seele von ihrer großen Widerwärtig-
keit zurückgestoßen wird, auf der Erde kein Wesen
gibt, das sich ihnen ohne die Gnade Gottes nicht unterwerfen würde. Was diese letzten nun betrifft, so
würde es Gotteslästerung sein, anzunehmen, daß auch
nur der Schatten von ihnen das Herz Jesu berühren
konnte. Aber welch eine schreckliche Macht moralischer
Leiden gibt es im Menschenherzen, selbst abgesehen
von jenen, welche die Sünde herbeiführt! Welche Elemente für Schwäche liegen in ihm, selbst ohne den
Schein von Schuld! Es ist der eigentliche Spielball
des Schreckens und der Beschämung, der Hoffnung
und der Furcht, die dasselbe abwechselnd aufregen und
natürlicher Weise in ihm entstehen, sobald der geeig-
nete Gegenstand vor ihm erscheint; und abgesehen von
diesen Quellen des Leidens, die mit dem Namen

„Leidenschaften" bezeichnet werden können, welch eine
Masse von Gefühlen gibt es, die dasselbe in seinen mu=
thigsten Gesinnungen schwächen und entmannen und es
im vollen Laufe seiner erhabensten Unternehmungen
lähmen. Entmuthigung und Erschöpfung, Widerwille
und Widerstreben, Niedergeschlagenheit und Hoffnungs=
losigkeit sind die wirklichen Jämmerlichkeiten und
Schwächlichkeiten der menschlichen Natur. Unvernünf=
tig, wie sie sind, überwiegen sie die stärksten Argumente;
unfreiwillig, wie sie sein können, reiben sie mit der
Zeit den unbezwinglichsten Willen auf. Sobald sie
weg sind, ist das Märtyrthum eine leichte Aufgabe;
aber als plötzlicher panischer Schrecken zerstreuen sie
eine Armee von Helden. Mit ihnen hat der Sünder,
wie der Heilige gleichmäßig zu kämpfen; sie machen
die Versuchung stark, während sie die Seele schwächen.
Sie aber sind es, die die Seele Jesu zu besiegen hat,
während die Hölle Ihn umtobt und des Himmels Zorn
Ihn schwer bedrückt. Er litt nicht durch einen un=
freiwilligen Instinkt unter ihnen, denn darin unter=
scheidet sich Seine Seele von der unserigen, daß sie
fortwährend unter Seiner Hut steht. Was ein Hei=
liger sich selbst zum Trotze fühlt, dem er aber mit der
Kraft seines Willens widersteht, das hat das Herz
Jesu niemals ohne Seine eigene Zustimmung gefühlt.
Sie hätten sich niemals in Ihm erheben dürfen, hätte
ihnen Sein souveräner Wille nicht selbst Erlaubniß
dazu gegeben; aber Er spricht nur das Wort aus
und alsogleich wird Seine Seele, die noch einen Au=
genblick zuvor in majestätischer Ruhe lag, von einem
mächtigen Sturme in ihren tiefsten Tiefen aufge=
wühlt.

13*

Kein Wunder daher, daß Er ganz plötzlich, da wir
Ihn unter den stillen Olivenbäumen wandeln sehen,
niederfällt und die Stirne auf die Erde drückt, wie ein
Mann mit einer Last, die schwerer ist, als er zu tragen vermag. Kein Wunder, daß das Opfer, welches
die Sünden der ganzen Welt auf sich genommen hatte,
unter der Wucht erdrückt zusammenbrach. Es erfor-
derte eine übermenschliche Kraft, sie zu ertragen; Er
hatte aber alle sinnliche Kraft von sich gestreift und
deßhalb liegt der mächtige Krieger plötzlich niederge-
streckt auf der Erde. Man könnte denken, Er sei todt,
wenn nicht der hörbare Schlag Seines Herzens den
Todeskampf, der in Ihm vorgeht, verkündete. Er bedarf nicht die Hülfe der Dämonen, um vor Seine Einbildung Scenen der Schuld und des Schreckens zu
malen; Er brauchte nur Sein inneres Auge auf alles
Das zu wenden, was Er von vergangener, gegenwär-
tiger und zukünftiger Sünde wußte, und das Wissen
dieser furchtbaren Wirklichkeit genügte, um Sein liebendes Herz zu brechen. Das Mysterium der Sünde
war vor einer Seele heraufbeschworen, die es erfassen konnte, und wir haben bereits gesehen, wie Ihn
dasselbe zu Boden drückte.

Aber es gibt im Leiden dieses Herzens noch eine
tiefere Tiefe, in die wir noch nicht eingedrungen sind.
Wir haben gesehen, wie Ihm die Macht Seiner Liebe
Leiden bereitete, und es war genug, um Seine Seele
bis zum Tode zu betrüben; aber siehe! noch ein anderer Sturm bricht über sie los. Sein Antlitz wird
noch bleicher und Seine Glieder zittern. Noch einen
Augenblick zuvor war Sein Herz bei dem Gedanken,
daß Er für sie sterben konnte, mit Freude erfüllt; aber

nun überfielen die Gedanken an all das Leiden, welches
Seine Passion mit sich bringen würde, Seine Seele
wie eine Heerschaar aus der Hölle. Jetzt beleben sich
die Hoffnungen der Dämonen; sie hatten Ihn beobachtet,
um einen verwundbaren Theil, an dem sie ihre Geschick=
lichkeit probiren konnten, zu finden; und nun endlich
fürchtet Er sich! Hätte Er sich nicht aus Erbarmen
wenigstens diese Passion, die mächtigste und überwäl=
tigendste von allen, ersparen können? So lange ein
Tapferer unerschrocken und furchtlos auf Qual und
Tod schaut, kann er seinen Feinden Trotz bieten.
Selbst die Schande hat keine Macht über einen Mann,
so lange er sich unter ihr aufrecht halten kann; wenn
er aber einmal von der Furcht übermannt ist, sagt er
plötzlich der Würde und der Ehre Lebewohl. Dieses
aber ist das Gefühl, welches von der Seele Jesu Be=
sitz ergreift, und sie hier hin und dort hin beugt, wie
ein vom Winde geschütteltes Rohr. Bilder Seiner
furchtbaren Passion umdrängen Seine Seele und
schrecken Ihn mit wildem Entsetzen. Soll Er Seinen
Leib Seinen Feinden übergeben, damit sie das Schlimmste
an ihm ausüben, da ein einziges Wort Millionen
Engel, die Seine Feinde hinwegtrieben, an Seine Seite
rufen würde? Das schreckliche Gericht, die Bilder
Seiner Feinde und das Todesurtheil erheben sich vor
Ihm. Er sieht voraus, wie sie Ihn schlagen und Ihm
in das Antlitz spucken, und Seine Seele ist während
der ganzen Zeit mit unaussprechlichem Widerstreben
erfüllt und Er schaudert bei dem Gedanken vor Ekel,
wie ein schüchternes Mädchen vor der Berührung mit
einer beleidigenden Menge zurückbeben würde. Und
tiefer in der Nacht erscheint eine andere Scene vor

Ihm; die ganze Würde der Menschheit ist von Ihm
gewichen und in Schmach und Blöße steht Er an einen
Pfeiler gebunden, während Sein jungfräuliches Fleisch
von der furchtbaren Geißel in Striemen zerrissen ist.
Ferner berathschlagt alsbann eine ungeheuere Menge
über Sein Schicksal und Er steht vor ihr, auf Seinem
verwirrten Haare die Dornenkrone, die Seine Schläfe
zerreißt, während Blut Seine Augenhöhlen füllt und
über Seine Wangen hinabfließt. Und die Menge
schwankt zwischen streitenden Leidenschaften hin und her,
bis sich Blicke wilden Hasses über Ihm begegnen und
der wilde Ruf: „Kreuziget Ihn, kreuziget Ihn!" an
Sein Ohr schlägt. Mit Schauder wendet Er sich von
der Scene ab; noch umdrängen Ihn aber die Dämonen. „Glaube noch nicht zu sterben," rufen sie; „das
Schlimmste kommt noch." Die arme leidende Menschheit muß unter dem schweren Kreuz zu Boden stürzen
und tausendfachen Tod sterben, während die Gottheit
sie noch immer am Leben erhält, zu leiden. Und
schlimmer als Alles, fühlt Er, wie die Augen Seiner
Mutter in sprachlosem Todeskampfe Sein brechendes
Herz durchbringen; denn auch sie muß mit Ihm lei-
ben, und kein Schlag kann Seine Seele erreichen, der
nicht auch ihr jungfräuliches Herz trifft; und sie muß
das Knirschen der durch Seine Hände und Füße ge-
bohrten Nägel hören und die gequälte Gestalt an den
Kreuzesstamm ausgestreckt sehen.

Sein Todeskampf verdoppelt sich bei diesem Anblick und während Seine menschliche Seele aus Furcht
verzagt, während es den Augen der Dämonen scheint,
als ob Er bei dem Gedanken an den Gram Seiner
Mutter schwanke und taumle, da erneuerte sich in Ihm

der Gedanke, wie für so Viele von dem schuldigen
Menschengeschlechte Seine Leiden nutzlos sein würden!
Wie arm und klein, vor Allem, würde Sein Sieg sein!
Welch eine beschwerliche Aufgabe für Seine Religion,
wenn Er gestorben und dann zum Himmel aufgefahren
sein wird! Ein Wunder ist nöthig, um die Welt zu bekehren und ein erneutes, um Seinen Glauben bis an das
Ende der Welt lebendig zu bewahren; so leichtsinnig würden sie mit dem kostbaren Schatze verfahren, den Er ihnen
sterbend gegeben. War es der Mühe werth, zu sterben, um auf die Welt einen Krieg zu senden, um Familien auseinander zu reißen und die stärksten Bande
zu lösen? Und die Dämonen verhießen Ihm blutige
Verfolgungen für die Seinigen und Prüfungen, die
für Fleisch und Blut zu schwer sind, um sie zu bestehen,
während Visionen vom heil. Laurentius auf Seinem
Flammenbette und von jungfräulichen durch Peitschen-
hiebe zerrissenen Körpern und von ehrbaren Matronen,
die vor eine unmenschliche Menge geschleppt werden,
Alles um Seines Namens willen, sich vor Seiner Seele
erheben. Er sah Schwache von sich abfallen, weil die
Prüfung zu schwer war. Er schaute vorwärts in die
Zeiten, da sich die Welt christlich nennen würde; jedoch selbst dann erscheint überall bis zum jüngsten
Gericht dieselbe jammervolle Scene vor Ihm; die
Wahrheit nichts als sterbend und der Irrthum siegend,
ganze Königreiche verkauft und vertauscht für elende
Interessen, für Lust oder Geld oder Macht; die Guten
feige und die Schlechten tapfer; und während der ganzen Zeit Seine wenigen Lieben betrogen und ohne Hirten wandernd, der Name Seiner heiligen Mutter ge-
lästert und Seine Sacramente mit Füßen getreten,

Und dann lag die schreckliche heidnische Welt vor Ihm.
Ganze Generationen sollten von der Erde weggefegt
werden, bevor sie Seinen Namen hörten, oder schlimmer
als das, ganze Racen sollten Ihn hören, um dem Tage
zu fluchen, da Christen ihnen nahten, um ihnen Laster
zu lehren, welche sie nie vorher gekannt hatten, oder
um sie zu erblichen Dienern der Habsucht und der
Sünde zu machen. Und für eine solche Welt, wie diese,
war Er im Begriffe, zu sterben? Ein furchtbares Widerstreben erhob sich in Ihm, als abermals der Gedanke
an die Undankbarkeit der Menschen und wie viele trotz
Seines Leidens verloren gehen würden, vor Seine innerste Seele trat. Er suchte Diejenigen, die im Kampfe
mit Ihm in vorderster Reihe stehen würden. Er richtete Sein brechendes Auge auf den Schlund. O
Schrecken! Manche sind dort in der Gewalt der Dämonen kämpfend, geisterhafte Gestalten mit priesterlichem
Charakter. Einige sind Seine Anvermählten, mit
Denen Er sich selbst verlobt hatte. Ja, selbst der Anblick von Massen von Christen im Stande der Gnade
schärft noch Seinen Todeskampf. Was Er erwartete,
war eine glühende Liebe zu Gott; dagegen fand Er sie
in schwachem Kampfe mit der Selbstliebe. Was Er
wünschte und wollte, das war Mitleid mit Ihm und
mit Seiner heiligen Mutter; dagegen sah Er Seine
Leiden vergessen oder höchstens so im Gedächtniß, wie
man sich todter Verwandten erinnert, die man nie zuvor
gesehen hat und deren Wohlthaten man genießt. Er
gab ihnen mit Seraphsliebe Gnade genug, um Ihm
zum Kreuze zu folgen. Er blickte auf sie, daß sie Seine
glorreiche Schmach theilen sollten; statt dessen flohen
sie Ihn, weil Seine Stirne blutbefleckt und Seine

Wange erbleicht war, obgleich Er dies Alles für sie
trug. Er erwartete, daß Seine eigentlichen Apostel an
Seiner Seite wären, wie sie einst bei Ihm waren,
als Sein Antlitz heiter und schön und göttliche Kraft
sogar von Seinem Kleide ausging, und Menschenschaa-
ren an Seinen Worten hingen; aber wo sind sie nun,
die sich gerühmt hatten, daß sie mit Ihm sterben würden? Schon der Anblick des ersten Blutes, das Ihm
der tödtliche Kampf erpreßt hatte, schreckte diese Tapferen hinweg. Der bloße Schatten der Söldnerbande
im Mondschein und das Rascheln des Laubes unter
ihren Schritten hat sie von Seiner Seite weggescheucht.
Ist es ein Wunder, wenn unter all den Stürmen, die
über Ihn dahin brausen, die Seele Jesu hin- und her-
geworfen wird? Schneidender Schmerz zerreißt Sein
Herz; bleicher Schrecken ängstigt Ihn; Widerwillen
und Hoffnungslosigkeit liegen wie eine todte Last auf
Seiner Seele. Und da erhebt sich von der Erde
Sein Ruf des Todeskampfes: „Vater, wenn es
Dein Wille ist, so laß diesen Kelch an mir vorübergehen; doch nicht mein, sondern Dein Wille geschehe."

O geheimnißvollste Worte! Aber es kann nicht
sein, daß der Wille Jesu zuletzt überwunden werde,
und daß Er Seine Passion aufgeben würde, wenn Er
könnte. Er bedürfte des bittenden Tones nicht, wollte
Er den Tod vermeiden. Kein Befehl vom Himmel
würde Ihm das zur Sünde angerechnet haben, noch
hätte Er das nicht vermeiden können, was Ihm auferlegt ward. Er hätte Seinen himmlischen Vater bitten
können und Legionen von Engeln würden Ihm zur
Hülfe gesendet worden sein. Nein, jenes Gebet war
nur der Schrei Seiner niederen Natur und legt für die

Wahrheit, daß Er wahrer Mensch ist, Zeugniß ab. Es ist die Stimme Seines heiligen Herzens, das uns die Kenntniß des Kampfes, der in Ihm vorging, und Seines Sieges darin verschaffen wollte. Während der Sturm die Oberfläche Seiner Seele peitscht, ist der unbezwingliche Wille tief unten ruhig und ungestört und der Urentschluß, für das leidende Geschlecht zu sterben, ist unverändert. Aber siehe, das blutende Herz kann es nicht mehr ertragen und die kalten Schweißtropfen auf Seiner Stirne verwandeln sich in Blut und fallen in rothen Tropfen zur Erde.

O ehrwürdiges Zeugniß Seines Leidens und Seiner Liebe! Noch hat keine Geißel Sein Fleisch berührt, noch hat kein Dorn Seine Stirne, kein Nagel Seine Hände durchbohrt, und siehe, schon sendet das heilige Herz Sein kostbares Blut aus. Der schweigende Strom quillt hervor, um zu zeigen, wie das Herz Jesu in freiwilliger Liebe für die Menschen zu sterben verlangt. Ach, königliches Herz Jesu, edel in Deiner Kraft, am edelsten in Deiner Schwäche! Wer wird künftighin noch zu klagen wagen, wie schwer es für Fleisch und Blut sei, gegen sich selbst zu kämpfen und den schweren Pfad der Vollkommenheit zu wandeln, da Jesus Sein eigenes Fleisch schaudern ließ? Und während dasselbe mit klagloser, keinen Widerstand leistender Heiterkeit der Leitung des Willens gehorcht, bezeugen dennoch sein Zittern und Bluten den Kampf, den es in sich fühlt. Gesegnet und gepriesen sei Er für immerdar, der so tiefe Liebe für die arme Menschheit fühlte, daß Er sogar ihre Schwäche annehmen und Seine riesenhafte Kraft unter ihre Leiden beugen mußte. Er wußte, daß es innere Schmerzen gibt, die das Menschenherz schlimmer

zerreißen als Galgen und Rad. Es ist eine Leidens-
fähigkeit im menschlichen Herzen, von der die Engel
nichts wissen können. Beleidigung, Schande, unerwie-
derte Liebe, roh zerrissene Neigungen und schmutzige Undankbarkeit können es weit tiefer verwunden und bluten
machen, als äußerliche Schmerzen die Glieder zu zerreißen vermögen; und es gibt Zeiten, wo Trennung
oder Vernachlässigung oder rohes Verlassen das blutende Herz zermalmen und seine ganze Liebesfähigkeit in
eine Quelle bittersten Kummers verwandeln können.
Und dennoch wolltest Du, o königliches Herz Jesu, die
äußerste Tiefe der Bitterkeit, welche Menschenherzen
fühlen können, ergründen! Wäreft Du unbewegt und
fest inmitten der Schmerzensstürme geblieben, so hätten
wir sagen können, Du seieft ein viel zu hohes Ideal, als
daß wir hoffen dürften, Dir zu folgen. Hätten wir
Dich mit stolzer und ruhiger Stirne Deine Passion tragen gesehen, so hätten wir die Majestät des Schmerzes
verehren und anbeten können, würden uns aber ohne die
Hoffnung, in Deine Fußstapfen zu treten, abgewendet
haben. Wenn wir Dich aber mit erbleichtem Antlitz
auf dem Boden liegen sehen, erkennen wir die Zärtlichkeit und Schwäche, die der Liebe einer Mutter gleicht.
Jeder Tropfen, den das strömende Blut durch jede Pore
sendet, verräth den Todeskampf der Liebe, die in Deinem
Herzen kämpfte. Die heftigen Bewegungen, welche
Deine Gestalt erschüttern, zeigen, daß Du noch menschlich bist, und wir nehmen freudig unser Kreuz auf uns
und folgen Dir nach. Gesegnet seist Du, der Du sogar
die Schwäche des Menschenherzens heiligsprechen und
aus den wechselnden Stimmungen unserer Gefühle den
Gegenstand eines Opfers zu bilden vermagst. Gesegnet

seist Du, denn nach Deinem Beispiele selbst dürfen wir sogar den Ueberdruß des täglichen Lebens, die Entmuthigung und das Widerstreben gegen das Gute, Geistesschlaffheit und Niedergeschlagenheit Gott aufopfern. Und wenn die Versuchung für unsere ermatteten Herzen zu schwer ist, und wenn wir uns gänzlich geneigt fühlen, sogar das Verlangen nach Heiligkeit aufzugeben, als ob sie bloß ein Traum wäre, o, welch eine Wonne ist es, sich zu Jesu zu wenden und Ihn beim Zittern Seines heiligen Herzens anzuflehen, uns in unserer äußersten Noth beizustehen, mit unbezwinglichem Willen den schwachen, ohnmächtigen Geist in die Höhe zu richten, wenn es uns auch Blut kosten sollte.

Dies also ist der Geist der Andacht zum heiligen Herzen, ein Geist unbegränzten Vertrauens in Ihn, womit wir uns gerade in dem Momente an Ihn anklammern, da das Bewußtsein der Schande unserer Feigheit uns von Ihm hinwegtreiben würde. Es befiehlt uns, von uns ab und auf Ihn zu sehen. Es gab eine Zeit, da wir uns von großen Hoffnungen und edlen Entschlüssen erfüllt, auf das geistliche Leben warfen, entschlossen, Großes für Gott zu thun; und nun, da uns die herbe Lehre unserer eigenen Schwäche beinahe zur Verzweiflung bringt, wenden wir uns zu dem Herzen Jesu und verbergen uns dort, da wir wohl wissen, daß unsere einzige Hoffnung auf Seiner reinen Liebe beruht, Der uns zuerst liebte, so unwerth wir der Liebe waren, und Der uns bis an das Ende lieben wird, trotz unserer Schwäche und Unvollkommenheit.

Glücklich Diejenigen, die einem Gott so gränzenlosen und nachsichtigen Erbarmens dienen! Priester, welche Er täglich mit Seinem kostbarsten Blute nährt, heilige

Klosterfrauen, mit welchen Er sich in der Stille des
Klosters verlobte, fromme Seelen, die Ihm in der Welt
dienen, glücklich seid ihr, denn Er hat euch mit unerreich=
barer Liebe geliebt. Ihr seid Diejenigen, für welche
„Seine Seele sich mühet", die hellen Stellen, auf wel=
chen Sein mit dem Tode ringender Geist zu verweilen
liebte. Euere Namen waren es, die Ihm der Engel zu=
flüsterte, um Ihn in Seinem Todeskampfe zu trösten, als
Er sich erhob und ruhig den gezogenen Schwertern und den
Laternen entgegenging, die mit röthlichem Lichte die Dun=
kelheit des Gartens erhellten und das Nahen Seiner Henker
verkündeten. Euer gedachte Er in der abscheulichen Um=
armung des Verräthers; der Gedanke an euch ließ die
Geißelhiebe und die Dornenkrone auf Seinem Haupte
leicht werden; das Kreuz hörte auf, Seine Schultern
wund zu reiben, und die Nägel zerrissen Seine Hände
und Füße nicht länger, wenn Sein sterbendes Auge vom
Gipfel des Kreuzes herab durch den Verlauf der Zeit=
alter hindurch euch erspähte. Und als ihr in die Welt
eintratet, und euere verkehrte Seele von dem vergäng=
lichen Reize der Creaturen eingenommen wurde, und
als ihr eueren Schöpfer und Erlöser verließet, mit
welch sehnsüchtigem Liebesblicke folgt Er euch auf euerem
Irrweg! Welche mächtigen Mittel setzt Er in Bewe=
gung, um den Wanderer wieder zu gewinnen! Die
Donnerschläge des Himmels fielen rings um euch nie=
der, nicht um den elenden Schuldigen zu vernichten,
sondern um ihn wie ein geschrecktes Geschöpf zu seinem
einzigen Zufluchtsort zurückzuführen. Der heilige Geist
ließ in Lauten der zärtlichsten Liebe den Ruf von Gottes
Barmherzigkeit ertönen und gebot euch, zu dem Vater
zurückzukehren, der euch noch immer liebt, während Engel

helle Blitze von erleuchtender Gnade vom hohen Throne Gottes herabbrachten und Maria's fürbittende Augen euch euere schwarze Undankbarkeit sanft vorwarfen. Und wenn endlich ein wirksames Zeichen der Barmherzigkeit zur rechten Zeit und am rechten Ort vom Himmel hernieder kam und den Wanderer zurück gewann, mit welcher Wonne hieß euch der göttliche Hirte im heiligen Herzen, der Heimath, die ihr verlassen hattet, willkommen!

Wollen wir nie dieses Haus der Zuflucht verlassen und wir werden sicher sein; laßt es immer unser Haus und unseren Wohnort sein! „Setze mich wie ein Siegel auf dein Herz, wie ein Siegel auf deinen Arm; denn stark wie der Tod ist die Liebe; ihre Leuchten sind feuerige und flammende Leuchten. Viele Wasser vermögen die Liebe nicht zu löschen und Ströme reißen sie nicht hinweg[1].“ Und wenn wir befürchten, unser eigener feiger Wille könnte uns von Ihm trennen, so laßt uns der Worte Jesu an Seine Magd gedenken, wenn sie klagte, daß ihr Wille nicht stark genug sei, ein Opfer, das Er von ihr verlangte, zu bringen. „Lege ihn,“ sagte Er, „in die Wunde meines heiligen Herzens und er wird von dort genug Kraft an sich ziehen, um sich selbst zu überwinden.“ „O mein Gott,“ antwortete sie, „lege Du ihn so tief hinein und schließe es so fest zu, daß er nie wieder herauskommen möge.“

---

1) Hohel. VIII, 6. 7.

Sechstes Kapitel.

Das Herz Jesu im heiligen Altarssacrament.

Wenn uns irgend ein Wesen eine Wohlthat erweist, so ist unser unmittelbarer Gedanke: Was können wir ihm dagegen thun? Dies ist der natürliche Instinkt, den Gott in unsere Seele gepflanzt hat. Es kommt nicht darauf an, wie groß die Wohlthat ist; das menschliche Herz entfaltet sich wie eine zarte Blume vor einem Lächeln oder vor einem Blick der Liebe und fühlt Dankbarkeit selbst für die Sympathie, welche die durch ein rauhes Wort oder durch eine Miene der Verachtung geschlagene Wunde heilt. Was können wir in Uebereinstimmung mit diesem Instinkt unserer Seelen für Jesum thun? Wir können unsere Seelen retten, das ist wahr; aber während wir so unser Mögliches thun, ruft unser Herz die ganze Zeit über: was können wir für Jesum thun? Das heilige Herz Jesu wird für uns die Frage beantworten. Jesus ist zur rechten Hand Gottes, aber „was Er dir befiehlt, ist nicht über dir, noch fernab von dir; es ist nicht im Himmel, daß du sagest: wer von uns kann in den Himmel, es zu holen? es ist nicht im Meer, daß du dich entschuldigest und sprechest: wer von uns kann in das Meer tauchen und es herausfischen? Das Wort ist ganz nahe bei dir in deinem Munde und in deinem Herzen, damit du es erfüllest."

Was Er von uns fordert, das ist Liebe für Liebe; und in Seinem unendlichen Erbarmen hat es Ihm gefallen, noch bei uns auf Erden zu bleiben, im heiligen Sacrament des Altares, damit wir Ihn dort mit einem Seinem heiligen Herzen so theueren Dienste der Liebe

Endlich gebot Er ihr, der christlichen Welt Seinen Willen, daß diese Zeit beobachtet werde, kund zu thun. Zitternd empfing die Jungfrau den Befehl und betete herzlich um die Lossprechung von diesem Auftrage. Unser Herr antwortete ihr, daß die feierliche Andacht, deren Einsetzung Er befahl, durch sie angefangen und von den Armen und Niedrigen verbreitet werden solle. Zwanzig lange Jahre waren vorüber gegangen und noch lag Juliana's Geheimniß still in ihrer Brust; sie wagte es Niemanden zu offenbaren und dennoch trieb sie ein innerer Drang dazu an. So furchtbar war ihr Widerstreben, daß sie blutige Thränen darüber vergoß. Endlich theilte sie es ihrem Beichtvater mit und dieser berathschlagte sich mit ihrer Erlaubniß mit Anderen darüber. Von dieser Zeit an wurde die Frage öffentlich und allgemein und die Meinungen darüber waren höchst verschieden. Canonifer und Mönche protestirten gegen die neue Andacht und behaupteten, das tägliche Opfer genüge, um das Gedächtniß der Liebe Sein im heiligen Sacrament ohne einen besonderen Tag zu feiern. Aber die gläubige Nonne betete fort. Bürgerkriege wütheten um sie herum; die Stadt, worin sie wohnte, wurde verloren und gewonnen, von einer zügellosen Armee mit Sturm eingenommen und wieder entrissen; drei Klöster nach einander wurden über ihrem Haupte entweder verbrannt oder auf eine andere Weise zerstört, aber keine irdische Unruhe konnte sie die Aufgabe, welche ihr unser Herr ertheilt hatte, vergessen lassen. Sie starb, bevor dieselbe vollzogen war; aber sie hatte zu ihren Lebzeiten für deren Ausführung hinreichend vorausgesorgt. Auf ihrer Pilgerfahrt war sie Einigen begegnet, die Andacht und Gelehrsamkeit besaßen und das Fest des

heiligen Altarssacramentes begriffen und vertheidigten.
Als sie zu Grabe gegangen war, schrieb der Papst an
einen ihrer Gefährten, um ihn zu benachrichtigen, er
selbst habe das Fest mit den Cardinälen in der heiligen
Stadt feierlich begangen. Der Triumph des heiligen
Sacramentes war vollständig; der heil. Thomas ver=
faßte sein Officium und die Andacht verbreitete sich durch
ganz Europa. Von jener Zeit an bis heute hält jede
Kirche eines katholischen Landes, von der Kathedrale der
königlichen Stadt an bis hinab zur Dorfkapelle, das
Fest. Die Prozession ergießt sich in die Straßen, ge=
folgt von den Würdenträgern und Autoritäten des Rei=
ches; es ist der katholischen Welt öffentliche An=
erkennung Jesu im heiligen Altarssacrament. Das
prophetische Auge unseres Herrn sah in der Zukunft
diese Lehre angegriffen und den Glauben in ernst=
licher Gefahr. Im vollen Siegeslauf Seiner Kirche,
im Zenith ihres mittelalterlichen Glanzes sah Er unsere
Zeiten voraus. Gewiß wurde niemals eine Weissagung [1])
besser erfüllt, als jene, welche der Kirche aus der Ein=
setzung des Frohnleichnamstages gute Dienste versprach.
In Frankreich hat das Fest jede Revolution überlebt;
seine Wiederherstellung ist immer der Maßstab für die
Macht der Kirche und der Beweis ihrer Rückkehr ge=
wesen. Es ist die Taube mit dem Oelzweig, die ver=
kündet, daß die gewaltige Sündfluth vorüber ist. Sogar

---

1) In einer der Visionen, die im Leben der seligen Juliana
vorkommen, sah eine ihrer Gefährtinnen die Heiligen im Him=
mel, wie sie beteten „ut nunc tandem aliquando ad confor-
tandam confirmandamque fidem Ecclesiae militantis no-
vam solemnitatem mundo periclitanti patefacere festinaret."
Vita S. Julianae apud Bolland. 5. April.

für den ausschweifenden Freigeist ist die Erinnerung an
die Prozession, in der er als Kind Blumen vor das
heilige Altarssacrament streute, als es durch die Straßen dahinzog, ein Halt und Unterpfand seiner endlichen
Bekehrung. Die Entfaltung der bürgerlichen und mili-
tärischen Pracht ist ein Beweis, daß das Land noch katholisch ist, und wenn sogar die Ungläubigen gezwungen
werden, mit bloßem Haupte an dem heiligen Sacrament
vorüber zu gehen oder in ihren Häusern zu bleiben, so
ist das ein Zeugniß für die Thatsache, daß die öffentliche
Meinung christlich ist, und zugleich ein Triumph des
heiligen Altarssacramentes.

Dies ist einer der Siege Jesu und er ist so vollständig, daß ein zweiter derselben Art überflüssig sein würde;
aber ach! auch er hat seine Niederlagen erlitten. Wenn
auch Frankreich standhaft geblieben ist, wenn Süd- und
Mittel-Europa katholisch ist — England mit dem ganzen Norden ist verloren. Sind ferner unter den Katholiken die Einzelnen nicht kalt? Gibt es nicht un-
fruchtbare und unehrerbietige Communionen? Gibt es
nicht auch Sacrilegien unter ihnen? Es bedarf sowohl
der Genugthuung, als des Triumphes, und für diese
wird durch die Andacht zum heiligen Herzen gesorgt.
Dies ist das Geheimniß ihrer Macht und die treibende
Kraft ihrer überraschenden Verbreitung. In der ganzen
Christenheit hieß es, Jesus hätte sich in einer Vision
über die Seinem Fleisch und Blut in der heiligen Eucharistie zugefügten tiefen und vielfachen Beleidigungen
und Beschimpfungen beklagt, Er hätte Mitgefühl verlangt und wolle die Liebe für Sein heiliges Herz; als
Genugthuung für alle diese Beleidigungen annehmen [1]).

1) „Ich fordere, daß der erste Freitag nach der Octave

14*

Die Nachricht verbreitete sich und in der ganzen Welt
bildeten sich Bruderschaften. Weder Meere, noch Ge-
birge konnten für den Fortschritt der Andacht ein Hin-
derniß werden, sie übersprang die Gränzen der Königreiche und der atlantische Ocean bildete keine Schranke
für ihre Ausbreitung. Sie drang in China ein und be-
kehrte Canada. Der Rest der Indianerrace hat sich vor
der Civilisation in die Rocky Mountains zurückgezogen
und das heilige Herz ist ihnen mit seiner Liebe selbst
dorthin gefolgt. Ein Jesuitenpater hat einen ganzen
Stamm bekehrt, indem er ihn nach dem heiligen Herzen
nannte; so wahr ist es, daß seine Kraft nach Außen bis
jetzt ungehemmt ist.

Die Liebe ist ungeduldig und kann nicht warten, und
lange bevor das Siegel der Kirche auf die Andacht gedrückt war, hatte sie sich weithin verbreitet. Die
Christen opferten ihre Liebesacte mit dem freiwilligen
Antriebe eines Gefühles, das nicht grübelt und zaudert.
Daß sie damit alle die dem heiligen Sacramente zuge-
fügten Beleidigungen nicht sühnen konnten, das wußten
sie; denn die Genugthuung muß sich richten nach der
Würde der Person, welcher die Sühne dargebracht wird;
und wer kann eine Gott angethane Beleidigung sühnen?
Wenn aber auch die sühnende Macht der Liebe begränzt
ist, so ist doch ihr Einfluß auf ein anderes liebendes
Herz unbegränzt. So unermeßlich hoch Jesus über den
Menschen steht, so gefällt es Ihm doch in Seinem un-

---

des heiligen Sacramentes als ein besonderer Festtag zu Ehren
meines Herzens festgesetzt werde, um alle diese Beleidigungen
zu sühnen." Leben der ehrwürdigen Margaretha Maria
Alacoque I. 211.

endlichen Erbarmen, die Liebe Seiner Geschöpfe zu
fühlen, als ob Er ihr Mitgeschöpf wäre. Was Er zu
fordern das Recht hätte, das will Er dankbar entgegen=
nehmen, als ob es ein Geschenk sei. Beleidigte Gerech=
tigkeit bedarf zu pünktlicher Genugthuung eines Aequi=
valents und erwägt die Person, welche dieselbe leistet;
das Blut eines Bauers kann den Flecken auf der Ehre
eines Königs nicht wegwaschen. Aber die Liebe verfährt
nach anderen Grundsätzen. Der Kaiser kann für die
Liebe der geringsten Unterthanen in seinem Reiche dank=
bar sein, weil die Liebe ihrer eigentlichen Natur nach die
freiwillige Frucht der menschlichen Seele ist, die keine
Macht der Erde hervorrufen kann, bis ihr Recht darauf
bewiesen ist. Gott allein braucht Sein Anrecht darauf
nicht zu zeigen; denn es ist so tief in unsere Natur ein=
gegraben, daß es schon in die Vorstellung von Ihm, von
dem Augenblick an, da wir die Vernunft besitzen, ihrer
Herr zu werden, eingeschlossen ist. Aber in Seiner
eigenen tiefen Liebe für uns handelt Er, als ob unsere
Liebe für Ihn werthvoll sei, und so unverständlich dies
auch ist, scheint es uns die Andacht zum heiligen Herzen
Jesu doch klar und leicht zu machen. In dieser Andacht
hat Er verkündigt, daß Sein Herz den Gesetzen anderer
Menschenherzen folgt, daß es dankbar für Liebe und er=
freut über Mitgefühl ist, und daß es einen armen Act
der Liebe gerade so aufnehmen wolle, als ob er für den
Verlust der Königreiche ein Ersatz sei.

Dies also ist der Geist, welcher die Bruderschaften
des heiligen Herzens beseelen soll. Ihre Aufgabe und
ihr Amt ist es, Jesu durch Liebe einen Ersatz für die
Beleidigungen der Menschen zu geben. Er hat ausge=
sagt, daß Ihn unsere Liebesacte selbst jetzt erreichen

können, und daß Er sie als eine Genugthuung für die, besonders im heiligen Altarssacrament, zugefügten Beleidigungen annehmen wolle. Es wird daher nothwendig für uns sein, den Zustand des heiligen Herzens im Himmel zu betrachten, und wie es kommt, daß dasselbe einerseits von den Sünden der Menschen, andererseits von unserer Liebe berührt werden kann.

Erhebt euere Augen zum Throne Gottes, zu dessen rechter Hand Jesus in Seiner verherrlichten Menschheit sitzet! Kommet her, ihr Töchter Sions und sehet den König Salomon in dem Diadem, womit Ihn Seine Mutter krönete am Tage Seines Verlöbnisses und am Tage der Wonne Seines Herzens! Die Zeit des Schmerzes ist vorüber und der Tag der ewigen Freude ist im Osten aufgegangen. Ecce homo. siehe welch ein Mensch! Sein Diadem ist nicht mehr die Dornenkrone, welche Seine Schläfe durchbohrte; und das noch vor Kurzem mit Blut befleckte und von Schlägen entstellte Antlitz ist jetzt die Schönheit des Paradieses und die Freude der Engel. Gott sei Dank, dort erreicht Ihn kein Kummer mehr; und die Augen, welche durch den Schleier und durch das Dunkel des Blutes auf ein Meer furchtbarer Gesichter unter Ihm blickten, sind nun mit dem ewigen Glanze erleuchtet und ruhen sanft auf Maria's glückseligem Antlitze. Was Sein heiliges Herz betrifft, so sind die Quellen der großen Tiefe in ihm aufgebrochen und Ströme himmlischer Freude ergießen sich aus ihrem innersten Schooße. Die wogenden Wasser der Bitterkeit, die dasselbe auf dem Oelberge überwanden, sind gewichen, und „die Schleußen des Himmels haben sich geöffnet," und die Wonnen des seligen Schauens haben Alles überfluthet, selbst bis hinab auf die niedrigere Welt des Gefühles und Wunsches, von dem sie ausgeschlossen gewesen waren. Sogar die Möglichkeit des Kummers ist von der Seele gewichen, wie auch von dem Leibe das Leiden hinweggegangen ist. Aber mitten durch die Gesänge der Engel können unsere auf Erden geflüsterten unschuldigen Andachten ihren Weg zu Ihm finden. Inmitten der Zärtlichkeiten Maria's kann ein von einer Menschenbrust geathmeter Act der Liebe auf Sein heiliges Herz einwirken.

Es ist wahr, daß Er nicht mehr trauern kann; aber es gibt noch andere menschliche Gefühle außer Qual und Furcht und Enttäuschung. Es gibt Freude und Liebe und Erbarmen und Alles, was kein Leiden in sich schließt; und auch das kann Ihn wiederum berühren. Mit diesem Gedanken sind wir in der Lage, die Frage zu lösen: Ob die Andachten der Christen so unbedeutend sein können, daß sie außer der Beachtung Jesu blieben? Erinnern wir uns, daß Er alle Seine Empfindungen mit hinauf in den Himmel nahm; wir sprechen von „Jesus Christus, der gestern und heute und immerdar Derselbe ist." Betrachtet jenes schöne Kind, das auf den Feldern von Nazareth spielt. Wenn Ihn die Juden sahen, wie Seine langen Haare die Schultern umwallten und wie Er Blumen pflückte, um sie Seiner Mutter zu bringen, dann sagten sie nur: „Wie schön ist doch der Sohn von Joseph und Maria!" und sie ahnten nicht, daß Er ihr Gott war. Der Arm aber, der nun über alle Gewalten herrscht, ist derselbe, der so oft Maria's Nacken umschlang. Ferner war, damit wir die Parallele vollständig machen, gerade in dem Augenblick, da Er als ein so kleines Kind mit Seinem an der Freude über die Wonnen der Kindheit sich weidenden

unschuldigen Herzen auf der Erde weilte, die Intelligenz,
welche diese zarten Glieder beherrschte und diese spielenden
Händchen bewegte, zur selben Zeit auf das selige
Schauen gerichtet und mit dem großen Wissen, das sie
nun im Himmel besitzt, erfüllt. Kein Wunder also,
wenn Sein heiliges Herz nun, da Er im Himmel re-
giert, ebenso kindergleich ist, als da Er auf Erden war.
Kein Wunder, daß jeder Act der Andacht, den wir Ihm
nun, da Er im Himmel thront, darbringen, die Undankbarkeit unserer Mitmenschen gut machen und einen
Theil des Triumphes Seiner verherrlichten Menschheit
bilden kann.

Derjenige weiß wirklich wenig vom heiligen Herzen
Jesu, der sich einbildet, daß es, weil es im Himmel und
für den Schmerz unempfindlich ist, daher auch für das
gleichgültig sei, was auf der Erde vorgeht und außer
dem Bereich der Sünde oder der Genugthuung steht.
Wendet man eine solche Behauptung auf Seine Gottheit an, so wird man sogleich ein Ungläubiger. Wie,
kann man sagen, vermag irgend Etwas Gottes Glorie
im Himmel zu berühren? Angenommen, daß die
Sonne nie wieder über die Welt aufginge und daß
die Menschen auf Erden und die Heiligen und Engel
im Himmel wieder alle in ihr erstes Nichts zurückkehren
müßten, würde Gott dadurch irgend einen Verlust erleiden? Es war schon eine Ewigkeit vorübergegangen,
bevor sie nur geschaffen waren, und Seine Seligkeit ist
durch ihre armen sechstausend Lebensjahre nicht vermehrt worden, noch würde sie sich vermindern, wenn
Er wieder allein wäre. Aber, wer anders als ein
Atheist würde weiter gehen, daraus den Schluß zu
ziehen, daß Gott gegen das, was auf Erden vorgeht,

gleichgültig sei? Schon durch die Thatsache, daß Gott
die Welt erschuf, hat Er Seine Herrlichkeit mit ihr ver=
bunden. Dies war Seine eigene Handlung und That;
Er brauchte sie nicht gethan zu haben; aber da Er
einmal die Geschöpfe in's Sein gerufen, mußte Er zu
ihnen in dem Verhältniß des Schöpfers und sie zu Ihm
in jenem der Werke Seiner Hände stehen.

Wenden wir dieses nun auf die Incarnation an!
In dem Augenblick, da das Ewige Wort menschliches
Fleisch und Blut annahm, stellte Er sich durch Seinen
eigenen Act unter Seine eigenen Gesetze. Er kam auf
die Erde herab und vertraute sich den Händen Seiner
Geschöpfe an, und wenn sie Ihn beleidigten und ver=
höhnten, so war Er beschimpft. Dies ist noch immer
von Ihm wahr, da Er jetzt im Himmel ist; Er hat
Seine Glorie in unserer Obhut auf Erden zurückge=
lassen; Er hat sie mit unserer Erlösung identificirt.
Wenn eine Sünde begangen wird, wird Er beschimpft.
Wenn Seelen im Stande der Gnade stehen, steigt Seine
Glorie. Deßhalb sieht Er nun von der rechten Hand
Gottes herab auf das Schauspiel, das Seinem Auge be=
gegnet, wo die Sacramente ihre Aufgabe erfüllen und
Seine Priester sich bestreben, Seelen zu retten. Vor Alters
kamen ganze Königreiche auf einmal in die Kirche und
Seine Apostel waren hocherfreut, weil es Sein Name
war, der dadurch geehrt, und Seine Glorie, die dadurch
verbreitet wurde. Und da Er nun Sein Auge auf Ein=
zelne geheftet zu haben scheint und das Werk, das Er
sonst im Großen vollbrachte, nach und nach thut, so ist
es doch nicht weniger Sein Reich, das sich ausbreitet,
und Sein heiliges Herz, das triumphirt, während diese
Siege der Liebe gewonnen werden. Er arbeitet für jede

einzelne Seele, mit derselben kräftigen Wirksamkeit
Seiner Gnade, als ob es sich um ein ganzes Königreich
handle, und Seine Krone im Himmel würde keinen
Werth mehr für Ihn haben, wenn jene Seele nicht gerettet würde. Und dies ist vollkommen wahr, trotz
Allem, was über die erhabenen und unstörbaren Wonnen der heiligen Menschheit im Himmel gesagt worden ist.

Was wäre es ferner für den allmächtigen Gott gewesen, wenn das ganze Menschengeschlecht in seinem Verderben geblieben und nach dem Falle für immer zu
Grunde gegangen wäre? Er würde für immer und
ewig in unaussprechlichen Freuden fortgelebt haben,
ohne an den Todeskämpfen des schuldigen Geschlechtes
Theil zu nehmen. Nichtsdestoweniger hatte Er Mitleid
mit ihm und was noch mehr ist, Er kam selbst herab,
um für dasselbe zu sterben. Es folgt also nicht, daß Gottes
hohe Erhebung über die Möglichkeit des Leidens Ihn
für den Weheruf Seiner elenden Geschöpfe unempfindlich macht. Daher ist es eine bloße Begriffsverwechs-
lung, anzunehmen, daß das menschliche Herz Jesu, weil
es keine Vermehrung seiner Freude empfangen kann,
deßhalb auch nur im Geringsten gleichgültiger gegen
das Schicksal der Sünder ist, als da es noch auf Erden war.

Nein, in Seiner Freude ist keine Selbstsucht. Nimm
den Begriff der Qual oder Unruhe hinweg, so ist Sein
heiliges Herz so besorgt wie je um die Erlösung Seiner
Geschöpfe. Der Schmerz und der Todeskampf ist vorübergegangen, aber die tiefe Liebesgluth für die Seelen
und das Verlangen, sie zu erlösen, bleiben in all ihrer
Kraft. Daß Er die Qual dieses Verlangens nicht

fühlt, das ist etwas ganz Unwesentliches; Er würde sie selbst empfinden, wenn Er könnte. Die Nothwendigkeit Seines Zustandes zwingt Ihn, auf das Leiden zu verzichten. Mit Freuden würde Er wieder zum Kreuz, wie auf ein Rosenbett, hernieder kommen, wenn Er dadurch einen Sünder mehr erretten könnte. Aber was kann Er mehr thun, als Er bereits gethan hat? Die Verdienste Seines Leidens sind schon grenzenlos; wie kann Er das Unendliche noch vermehren? Wenn Er einen tausendfachen Tod stürbe, könnte Er nicht mehr thun. Man kann kein einzelnes Eines dem hinzufügen, das schon bei seinem Anfang über der Möglichkeit der Berechnung stand.

Leidenschaftlich, wie Er im Leiden für die Seelen war, hatte Er schon mit kluger Vorsorge zwischen dem Donnerstagabend, da Sein erstes Blut in dem schrecklichen Kampfe vergossen wurde, bis zu dem Freitagnachmittag, wo die letzten Blutstropfen unter das Kreuz fielen, soviel Weh in Seine Passion zusammengedrängt und angehäuft, daß es genügte, um eine Ewigkeit von gewöhnlichem Leiden damit auszustatten. Darin liegt keine Uebertreibung; ach, dieser Gegenstand bedarf keiner! Ich gebe das nur mit anderen Worten, was man für die extravagante Ansicht irgend eines mystischen Schriftstellers halten könnte, was aber in Wirklichkeit nur die ernste Rede eines unenthusiastischen Theologen ist [1]). Der Schmerz Jesu war in einer Beziehung größer, als jener der Verdammten, ja sogar größer als

---

1) *Suarez.* de Incarn Disp XXXII. Sect. 2.: Dolor Christi pro peccatis hominum excessit in intensione omnes dolores daemonum, vel hominum cujuscunque rationis sint.

der Dämonen der Hölle. Jede dieser jammervollen
Seelen zahlt in ihrem ewigen Weh nur die Strafe
ihrer eigenen Sünden, weder mehr noch weniger;
aber über der Seele Jesu hängt zugleich der Anblick
all der Unreinheit und Gotteslästerung und all der
anderen Sünden, welche die feurige Höhle des Gefängnisses der Verdammten gefüllt haben. Jener
eine gewaltige Act vollkommener Reue aus Liebe zu
Gott für die gesammten Sünden der ganzen Menschheit, wie er sich schweigend aus den Tiefen des Herzens Jesu erhebt, war weit tiefer, als der ewige
Schrei schrecklicher Verzweiflung. Jeder beklagt sein
eigenes furchtbares Schicksal, ohne Theilnahme für
die Leiden seines Gefährten; aber Jesus klagt und
trauert für Alle. Die Klage eines Jeden entspringt
aus seiner eigenen tiefen Verzweiflung; Jesu Leiden
aber hat eine tiefere Quelle, die Liebe zu Gott und den
Eifer für Seine Verherrlichung; diese „Liebe ist stark,
wie der Tod.“

Der Tod und das Leichenbegängniß jener verlorenen Seelen wurde auf dem Oelberg mit blutigen
Thränen beweint. Und nun würde selbst der Anblick
jener tiefen, unbeschreiblichen Hölle und Seiner armen,
in sie verstoßenen Kinder genügen, um ein neues
Gethsemane und ein neues Calvaria zu schaffen. Das
Herz Jesu hat seine erste Liebe, die Liebe für die
Seelen, nicht verloren. Sie brachte Ihn vom Himmel
herab und Er hat sie wieder mit sich in den Himmel
zurückgenommen; und selbst jetzt bricht durch jene
immer offene Wunde in Seiner Seite die Flamme
der Liebe hervor; und wir können Ihm keine größere
Qual bereiten, als wenn wir annehmen, es sei nun

inmitten der Seligkeiten des Himmels kälter, als da
es auf Erden weilte.

Soviel über die gegenwärtigen Gefühle des hei=
ligen Herzens; sie sind nicht weniger wirklich, nicht
weniger intensiv, weil sie Ihm nun keinen Schmerz
bereiten. Wollen wir denselben Gedanken weiter
verfolgen und ihn auf Seine Verherrlichung anwen=
den. Es ist keine blos willkürliche Annahme, daß Ihn
die Sünde vermehrt, obgleich Er so hoch über ihrem
Bereiche steht, daß sie Ihm keine Leiden mehr berei=
ten kann. Zwar kann Er die Schmach, welche sie
zufügt, nicht fühlen; aber wer würde sagen, die Sünde
verunehre Ihn nicht, weil sie nicht thatsächlich mit
Ihm in Berührung komme? Sie trotzt Seinen Ge=
setzen vor Seinen eigenen Augen; sie lacht, um Seine
Gegenwart zu höhnen. In Wirklichkeit fällt sie auf
eine andere Weise unter Seine unvermeidliche Herr=
schaft; der Sünder verherrlicht in der Hölle Seine
Gerechtigkeit, sich selbst natürlich zum Trotz; vorher
hat er durch seine Sünde in vollster Wahrheit die
Herrlichkeit Jesu auf Erden geschmälert. Die Sünde
ist Jesu alte Feindin; als sie Ihn auf Erden über=
fiel, wähnte sie durch Seine Kreuzigung Sein Werk
zu zerstören. Sie spuckte Ihm in das Antlitz, sie
schlug Ihn mit ihren Fäusten, sie entkleidete und be=
kleidete Ihn, wie es ihr gefiel, und sendete Ihn dann
nackt an das Kreuz, daß Er dort gleich einem Skla=
ven oder Räuber sterbe. Mit einem Wort: sie that
Ihm jedweden Schimpf an. Dies ist es, was sie Ihm
zufügte, als Er auf Erden war; dies ist es, was sie
wieder thun würde, wenn sie Ihn erreichen könnte,
und da Seine Menschheit im Himmel über und außer

ihrer Macht steht, so bietet sie Alles auf, jetzt Seine
Glorie zu verdunkeln. Die Sünde beschränkt die
Gränzen Seines Königsreiches und vermindert die
Zahl Seiner Unterthanen, die Glieder Seines Leibes.
Sie beraubt Seine Kreuzigung ihrer Früchte. Sie
macht Seine Schmerzen nutzlos und nimmt Seinem
Blut die Kraft. Sie weiß wohl, und vielleicht besser
als wir, denn sie ist ihrer Abstammung nach klug,
worin die Glorie des Herzens Jesu besteht. Sie
weiß wohl, worin es Ihm gefallen hat, Seine Ehre
zu setzen. Er hat sie mit der Menge Seiner Gläu-
bigen, mit ihrer Einigkeit und ihrer Liebe verbunden.
Er hat sie in ihre Reinheit, in ihre Sanftmuth, ihre
Demuth, ihre Andacht und ihre Liebe zu Gott gesetzt.
Seine eigentlichen Juwelen, die Er als „Siegel auf
Sein Herz" gesetzt hat, sind die Unschuldigen und
Reinen, die Jünglinge und Jungfrauen, die in der
Keuschheit leben. Sie weiß, wo Jesus auf Erden
Sein Herz gelassen hat, und mit einem furchtbaren
Instinkt geht sie direct darauf zu und durchbohrt es,
so gut sie kann, indem sie es Seiner theuersten Schätze
beraubt, für die Er Sein bestes Herzblut vergossen
hat. Sie verdirbt den Glauben der Christen durch
Häresie oder hetzt sie wider einander und bringt
sie in Streit. Wo sie nur immer Reinheit finden
kann, befleckt sie dieselbe; wo immer sie Einfalt an-
trifft, gibt sie ihr ihre eigene Ziererei und Künstelei
und macht sie hohlherzig und unwahr, wie sie selbst
ist. Dies ist ihr beständiges Werk und in einem gewissen Sinn hat sie Erfolg darin. Wenn auch das
Herz Jesu jetzt nicht leiden kann, so ist doch Sein Werk

verdorben und Seine Verherrlichung auf Erden wird
getrübt und verdunkelt.

Ferner wird Ihm in einem bestimmten Falle diese
Verunehrung nicht in der Person Anderer, sondern
ganz direct und speciell Ihm selbst zugefügt. Nicht
ein Jahr geht vorüber, ohne daß in irgend einem
Theil der Christenheit ein Tabernakel erbrochen und
das geweihte Gefäß, das auf dem Altar Seinen heiligen Leib enthält, hinweggetragen wird, vielleicht
durch die Hände von Katholiken. Man tritt in irgend
eine christliche Stadt ein; sie ist vielleicht sogar das
Centrum des Katholicismus selbst; die Kirchen sind
offen, das heilige Altarssacrament ist ausgesetzt und
hoch erhoben, von zahllosen brennenden Lichtern umgeben. Dennoch ist es keine Zeit der Freude; denn
Menschenmassen kommen in das heilige Gebäude mit
Blicken der Sorge und der Buße. Man fragt, was
dies bedeutet, und hört, daß es ein feierlicher Sühn-
act für ein in einer der Kirchen der heiligen Stadt
begangenes Sacrileg ist. Wo liegt unterdessen die
geraubte Hostie? Wer kann es sagen? Auf dem Boden, in irgend einer fernen Hütte oder um die Person
des elenden Räubers herum, oder zu irgend einer
teuflischen Zauberei benützt? Nennt man das keine
Verunehrung und Beschimpfung, obgleich Jesus während der ganzen Zeit ruhig und unbewegt in dem
seligen Schauen in Sich ruht? Nimmt man an,
die heilige Gegenwart schwinde und der Leib des
Herrn ergreife durch irgend ein Mittel die Flucht und
werde durch Engel fortgetragen, während der Fuß
des Elenden, der Seine Wohnung entehrte, Ihn in
den Staub tritt? Nein, obgleich Ihn zwar kein

Schmerz berührt, bleibt Er doch passiv dort und er=
duldet diese Beschimpfung. Dies ist aber ein Typus
des Zustandes des Herzens Jesu im Himmel. Das=
selbe kann nicht bluten; es ist geschützt vor Schmerz;
es ruht in ewiger Wonne; es ist im Himmel unaus=
sprechlich glorificirt. Aber auch auf Erden hat es
seine Glorie, die mit dem steigenden oder sinkenden
Eifer der Christen auf und abwogt. Es leidet nicht,
aber es ist nicht apathisch. Es ist ruhig, wie Seine
Gottheit, aber es ist nicht passiv. Gleich Seiner Gott=
heit arbeitet es immerfort, selbst an seinem Ruhetag;
vor Allem liebt es mit seiner alten Liebe, gleich der
Liebe, mit welcher Gott von Ewigkeit liebt, rein, un=
eigennützig, unermüdlich und unvermindert, trotz der
Undankbarkeit der Menschen.

Wenn das heilige Herz Jesu im Himmel in einem
solchen Zustande ist, liegt in der Thatsache, daß Er
die Huldigungen unserer Andacht der Annahme wür=
digt und daß Sein heiliger Geist Seiner Kirche von
Zeit zu Zeit solche Andachten, wie sie ihren Kindern
dienlich sein können, eingibt, nichts Wunderbares.
Zuerst und zuvörderst erweckt Er in den Herzen der
Christen Liebe für Maria, Seine gebenedeite Mutter.
Sie nahm an Seinen Leiden und Schmerzen Antheil,
als sie miteinander auf Erden waren, und Er ließ sie
dort für einige Zeit hinter sich zurück, um die Tra=
ditionen Seines heiligen Herzens fortzuführen und
zu befördern. Endlich, als die Zeit gekommen war,
nahm Er sie hinweg. Er sagte zu ihr: „Stehe auf,
eile, meine Freundin, meine Taube, meine Schöne
und komme! Denn der Winter ist schon vorüber, der
Regen hat aufgehört und ist schon vergangen; die

Blumen ſind erſchienen in unſerem Lande. Meine
Taube in den Felſenklüften, in der Mauerhöhlung
zeig mir Dein Angeſicht! Laß Deine Stimme in mei=
nen Ohren klingen; denn Deine Stimme iſt ſüß und
Dein Angeſicht ſchön [1])." Er ſetzt ſie an Seine Seite,
damit Er ein Weſen mit menſchlichen Gefühlen nahe
haben möge, mit dem Er ſich über Seine Kirche be=
ſprechen könne. Er hat ſie zur Königin des Himmels
gekrönt und Er ſagt uns, daß Sein Herz [2]) verwundet
iſt durch die Liebe für ſie, die Ihm Alles in Allem
iſt, die Er ſowohl Seine Braut, als Seine Schweſter
und Mutter nennt. Er ſpricht mit ihr über die armen
Seelen, die ſie auf Erden zurückgelaſſen haben, und
ſagt: „Laſſet uns ſehen, ob unſer Weinberg ſchon in
Blüthe ſtehet und ob die Blüthen ſchon Früchte her=
vorbringen." Wenn die Kirche von Außen ſchwer be=
drängt iſt, und innerhalb die Liebe der Chriſten kalt
wird, dann entzündet Er in ihren Herzen durch Sei=
nen heiligen Geiſt eine neue Andacht zu ihr, und ſie
kommt herab, um zu retten, wie die „welche wie die
aufſteigende Morgenröthe hervorkommt, ſchön, wie der
Mond, auserkoren, wie die Sonne, furchtbar, wie ein
geordnetes Heerlager [3])." In dieſen Zeiten jedoch
hat Er uns die beſte Gabe von Allen gegeben, die
Andacht zu Seinem heiligen Herzen. Er iſt herabge=
kommen, um uns zu ſagen, daß Er uns nach neun=
zehn Jahrhunderten der Sünde und der Undankbar=
keit noch gerade ſo liebt, wie an dem Tage, da Er

---

1) Hohel. 2, 10—15.

2) Vulnerasti cor meum, soror mea sponsa

3) Hohel. 6, 9.

für uns am Kreuze starb. Er sah sich rings auf der
verwüsteten Erde um und sah die Verheerung, welche
die Sünde dort angestellt hatte. Vor Alters, als das
neugeborne Geschlecht Adam's in der Blüthe seiner
Kraft sündigte, „da war Er innerlich von Herzens=
kummer bewegt" und hatte die Wasser einer un=
geheueren Fluth über die Erde gebracht, um alles
Leben zu vernichten. Als aber jene Fluth aufgehört
hatte, ihr Werk zu thun, und die Welt zu ihren alten
Sünden zurückgekehrt war, reinigte Er sie mit einem
Strom, nicht des Zornes, sondern der Liebe, und
badete sie in Seinem kostbaren Blute. Und nun, da
sogar Sein Kreuz vergessen ist und die abgelebte
Erde in ihrem Aberwitze fortsündigt, was wird Er
nun thun, um uns Seine Liebe zu zeigen? Wenn Er
vom Himmel auf die Erde blickt, erscheint dasselbe
Schauspiel der Gottlosigkeit vor Ihm. Der Mond und
die Sterne schauen wie vor Alters herab auf Scenen
der Sünde über Berg und Thal und unter jedem
grünen Baum, und jede große Stadt sendet noch
immer gleich einem kochenden Kessel ewige Ausdün=
stungen ihrer Sünde als Weihrauch zum Himmel
auf. Dann ist Sein Auge gezwungen, außer diesem
allgemeinen Anblick jede einzelne Sünde wahrzuneh=
men; und die oft erzählte Geschichte von der ver=
führten Unschuld wird in all ihrer furchtbaren Wirk=
lichkeit vor Ihm aufgeführt und für e i n e gerettete
Seele gehen tausende und zehntausende zu Grunde.
Kein Wunder, wenn Er in der Verzweiflung Seiner
Liebe eine mystische Dornenkrone um Sein heiliges
Herz flicht und dasselbe von einem Kreuze überragen
läßt und kommt, um der Welt zu sagen, daß es durch)

Sünde und Undankbarkeit, durch Irrglauben und
erkaltendes Erbarmen hindurch bis zum Ende der
Zeiten liebt.

Und nun ist es klar, was wir dagegen thun kön=
nen. Wenn die Erde Ihn vermehren kann, kann
sie Ihn auch verherrlichen; wenn unsere Mitmenschen
undankbar sind, können wir uns um Ihn schaaren
und ihren schändlichen Verrath durch unsere Liebe
ausgleichen. Wenn es Ihm gefallen hat, mehr im
Tone des Schmerzes, als des Zornes zu uns zu
sprechen, wie ein von der Undankbarkeit Derer, für
die Er Sein Alles hingegeben hat, tief verletzter
Freund, so können wir Ihm dagegen versichern, wie
tief wir mit Ihm fühlen und mit brennenden Lie=
besacten Ihm die Schande, welche unsere Nebenmen=
schen Ihm zufügen, gut machen. Gott verhüte, daß
wir so ungläubig wären, diese Liebesacte, die Er
von uns verlangt hat, unter dem Vorwande, sie seien
unnütz und Seiner Annahme nicht werth, zu ver=
werfen. Wenn Liebe auch keinen anderen, als ihren
inneren Nutzen hätte, wer würde sagen, daß sie nutz=
los sei?

Wir können Jesum allerdings für die Seelen,
die Ihn verrathen haben, keinen Ersatz leisten; aber
wir können unsere eigene Liebe verdoppeln, da Er
uns gesagt hat, daß es Ihm gefallen und daß es ihre
Undankbarkeit wieder gut machen wird. Wird nicht
das Mutterherz durch die Liebkosungen eines un=
schuldigen Kindes, das ihr die Thränen fortküßt, be=
sänftigt, obgleich dasselbe die Undankbarkeit ihrer an=
deren Kinder nicht ungeschehen machen kann? Wenn
ein geliebter Fürst durch die Hand eines Meuchel=

15 *

mörders verwundet worden ist und krank darnieder
liegt, so senden ihm seine treuen Unterthanen aus
jeder Stadt und aus jedem Städtchen seines Reiches
Versicherungen ihrer Liebe, um ihm zu sagen, wie
tief es sie betrübt, daß unter ihnen ein Verräther gefunden werden konnte; und ihre Gefühle besänftigen
das Herz des Fürsten, obgleich der Stoß getroffen
hat und nicht ungeschehen gemacht werden kann.
Wenn sich nun Jesus an die Christenheit wendet
und uns sagt, wie Ihm im heiligen Sacrament Beleidigungen, schlimmer als der Tod zugefügt werden,
was ist alsdann natürlicher, als daß wir, selbst wenn
Er uns dieß nicht gesagt hätte, uns um Seinen Tabernakel schaaren und Ihm mit brennender Liebe
versichern, wie wir wenigstens all unser Weniges
aufbieten wollen, um die Vermehrung auszugleichen?

Fort also mit dem ungläubigen Gedanken, daß unsere armen Liebesacte für Jesu nutzlos seien! Maria ur-
theilte nicht so, als Jesu Todeskampf vorüber und
Er todt war. Als die Pharisäer weggegangen waren
und das Schweigen des Todes rings das Kreuz umgab, als die Dunkelheit wich und die erbleichte Gestalt des todten Christus ihrem Anblick begegnete,
hielt sie am Fuße des Kreuzes treue Wacht, wiewohl
ihr Bleiben zu Nichts nützte, als ihre Liebe zu zeigen.
Als der Hauptmann mit seinem Speere das heilige
Herz durchbohrte, war es ihr, als ob ihr eigenes Herz
durch und durch gebohrt würde, obgleich Jesus den
Stich nicht fühlte und die Beleidigung ohnmächtig
war. Und als sie Ihn herabnahmen und als der
todtenblasse Leib auf ihrem Schooße lag, küßte sie
die leblosen Lippen und wusch jede Wunde, obgleich

ihre Küsse keinen anderen Zweck hatten, als ihre Liebe zu zeigen. Zuletzt von Allen kommt Maria Magdalena, um zu zeigen, wie groß der Werth eines Actes der Liebe ist. Sie wankt um Sein Grab herum, wo Er liegt, daß sie über Seinem Leichnam weine und mit ihren süßen Specereien Seinen Leib salbe, von Dessen lebenden Lippen sie vernommen hatte, daß ihre köstliche Salbung Seinem Herzen wohl gethan, wiewohl sie nicht die Armen genährt, noch die Nackten gekleidet hatte und eine große Verschwendung war; dies aber war ein Act der Liebe.

Wir haben Jesum immer bei uns; im heiligen Sacrament hat Er sich uns immer wieder anvertraut, ungeachtet der Erfahrung vom Calvarienberge; und Er hat wieder die gleiche Behandlung, das Sacrileg und die Beleidigung, die Lippe des Verräthers und den höhnenden Scherz des Soldaten zu ertragen. Er hat uns gesagt, wir müßten Ihn, um dafür Genugthuung zu leisten, in unseren eigenen Herzen mit um so größerer Inbrunst empfangen, Ihn in Seinen Tabernakeln aufsuchen und Acte der Sühnung und der Liebe zu Seinem heiligen Herzen üben. Und wo nun in der weiten Welt sollen wir einen Ort finden, wo Jesus mehr der Genugthuung bedürfte, als in dieser großen Stadt, worin wir leben [1])? Hier haben

---

1) Die nun folgende Schilderung der Londoner Zustände paßt ihrem Wesen nach leider auch auf viele kleinere Städte und Ortschaften, nicht nur in England, sondern auch in Deutschland. Wir kennen Städte und Städtchen in Mitteldeutschland, wo der Priester gleiche Beobachtungen machen und gleichen Seelenleiden anheimfallen kann. Wir wollen auf dieses traurige Kapitel nicht näher eingehen: exempla sunt odiosa.

Anm. des Uebers.

die Pracht und der Stolz von Tyrus und die Lüste
der Städte der Ebene eine Verbindung mit der Undankbarkeit Jerusalems geschlossen. Dreihundert Jahre
der Beleidigung gegen das heiligste Altarssacrament
müssen getilgt werden. Nicht ein Dom oder Kirch-
thurm erhebt sich über die Dächer der Stadt, außer
als Zeichen der Siege eines falschen Glaubens über
den katholischen Glauben, der Vertreibung Jesu von
einem katholischen Altare. Tausende von geschäftigen
Füßen gehen unbewußt an den niedrigen Kapellen
vorbei, wo Er thront, und der volle Strom des
menschlichen Lebens rollt unbekümmert an den Al-
tären vorüber, wo Sein Herz noch in Liebe glüht.
Und wenn die Dunkelheit einbricht und wenn Er mit
der einsamen Lampe allein gelassen ist, wacht die
Sünde noch und durchspürt die Straßen und Plätze,
während Er die ganze lange Nacht in Liebe wacht.
Wenn Ihn im heiligen Sacrament der Schmerz noch
erreichen könnte, würde dies genügen, um jeden Tabernakel in ein neues Gethsemane zu verwandeln.
Als die Gottlosigkeit einer großen Stadt einst in sicht-
barer Gestalt vor die selige Maria von Dignies trat
und sie in den Straßen ein großes Aergerniß sah,
warf sie ihre Schuhe weg und schnitt sich mit einem
Messer, das sie bei sich trug, tief in die Fußsohlen.
Dann schritt sie mit den blutenden Füßen über den
Boden, den die Sünder betreten hatten, damit ihr
Blut vom Schooße der Erde die Gott zugefügte Beleidigung wegwaschen möge. Nicht Blut fordert Jesus von uns; aber Acte der Liebe für Sein heiliges
Herz. Und wo immer Seine Anbetung verbreitet
und Sein Bild verehrt wird, da hat Er versprochen,

zur Belohnung Segnungen und Gnaden vom Himmel
herabzuthauen. Es besitzt eine verborgene Macht der
Fürbitte und Vermittlung, und wer kann sagen,
welche Bekehrungen nicht durch das ganze Land gewirkt
werden könnten, wenn der Zorn Gottes dadurch ver=
söhnt würde, daß man Ihm die Liebe zum heiligen
Herzen häufig darbrächte. Wer kann berechnen, wie
viele Seelen nächtlich vor der Verführung gerettet
werden könnten, wenn Christen in ihren Besuchen bei
dem heiligen Sacrament oder vor einem Bild des hei=
ligen Herzens zu seinen Ehren ein Ave Maria gebetet
hätten, damit in dieser Nacht in London eine Tod=
sünde weniger begangen würde?

O glaubet nicht einen Augenblick, daß sich solche
Gedanken nur für einen Priester eignen, als ob ein
gewöhnlicher Christ in einer solchen Stadt, wie Lon=
don, ruhig sitzen und seinen Beschäftigungen nachgehen
könnte, ohne an dem furchtbaren Kampf, der rings
um Ihn her vorgeht, Theil zu nehmen. Ich kann
nicht verstehen, wie ein Christ vorgeben kann, Gott
zu lieben, und doch bei all den furchtbaren Gefahren
der Seelen gleichgültig bleibt. Im Gegentheil suche
der Clerus bei dem Laienstand Unterstützung in seinen
Gebeten. Es gibt Zeiten, wo einem Priester, der in
irgend einer großen modernen Stadt für Gott streitet,
nahezu der Muth entsinkt. Er darf sich in einem ge=
gebenen Augenblick nur klar machen, wie sich die zer=
streuten Kräfte des Bösen gerade auf diesem Punkte
von Gottes Erde zusammenhäufen, mannichfaltig und
zahlreich in ihren Angriffen, aber concentrirt in ihrer
Energie, fein genug um überall einzudringen, aber in
ihren Thätigkeiten ein mächtiges Feld umfassend! Er

darf nur ihren furchtbaren Erfolg zum Trotze Gottes
und Seiner heiligen Kirche betrachten, wie die ganze
Form und Anlage der Gesellschaft zu dem Zweck,
die Sacramente zu neutralisiren, geschaffen scheint
und die Menschen mit stärkeren Banden, als mate=
rielle an sich sind, vom kostbaren Blute Jesu ent=
fernt hält. Man denke sich ihn gerade im Centrum
des mächtigen Kampfes, wo er jede Bewegung deu=
ten kann und sieht, wohin sie führt; ihm ist jedes
Opfer eine Seele und jeder in dem Kampfe ertheilte
Schlag hat seinen Erfolg in der Hölle. Es bereitet
ihm einen wahren Seelenkampf, an die Menge der
Sünden zu denken, welche der Mond und die Sterne
in einer einzigen Nacht schauen, wie auf den großen
Plätzen und in den labyrinthischen Straßen die Lei=
denschaften periodisch hervorbrechen, wild und unbe=
zähmbar in ihrem Anfall, wie eine barbarische Horde,
aber mit all der Ausdauer und organisirten Disci=
plin der Civilisation. Ach, dort sind menschliche We=
sen, getaufte Christen, vielleicht Katholiken, die einst
unschuldig und rein, durch einen unvorsichtigen
Schritt, durch ein einziges Ausgleiten des Fußes,
von Tiefe zu Tiefe gestürzt sind, während die Ge=
sellschaft sie so niederhält, daß sie, wenn sie je den Ver=
such machen, sich zu erheben, wieder hinabgedrückt
werden, bis es endlich scheint, als ob sogar die Gnade
Gottes sie nicht länger erreichen könne. O, wenn
der Priester von dem Geräusche so verwirrt, von der
Menge und Größe der in Frage stehenden Interessen
so bestürzt und schwindlich gemacht ist, daß nicht viel
fehlte, er stürbe an Krankheit des Herzens, und von
der Gefahr der Seelen überwältigt wird, da fühlt

er sich geneigt zu rufen: O mein Gott, warum all
dieses Elend auf Deiner Erde? Warum ist der Sünde
eine so furchtbare, so zerstörende Gewalt gelassen?

In solchen Momenten ist es für den Priester ein
freudiger Gedanke, daß es gute Seelen gibt, die in
der Stille ihrer Häuslichkeit durch die Andacht zum
heiligen Herzen Jesu gegen das Böse kämpfen. Es
war ein glücklicher Gedanke in der Kathedrale der
Erzdiöcese Westminster eine Bruderschaft zu gründen,
die zum Zweck hatte, Jesu für alle Ihm zugefüg=
ten Sacrilegien und Beleidigungen Ersatz zu bieten.
Die Andacht zum heiligen Herzen wurde England an=
geboten, als sie sich zuerst auf der Erde erhob; da=
mals wurde sie ungastlich behandelt und aus dem
Reiche verbannt. Gott bietet sie uns ein zweites Mal;
laßt uns die theure Gabe pflegen, hochschätzen und
innig lieben. Sie wird das in uns erzeugen, was
uns am meisten von Allem fehlt: daß unsere Herzen
auf Jesu verweilen, als auf einer Person, einem
wirklichen Wesen, einst Gott und Mensch auf Erden
und nun im Himmel. Sie wird uns befähigen, den
Werth der für Jesum theueren Seelen zu erkennen.
Sie wird uns die übernatürlichen Eigenschaften un=
serer Religion kennen lehren und uns zeigen, wie sie
das einzige Himmlische auf Erden ist, jetzt so himm=
lisch, wie vor achtzehnhundert Jahren; die einzige
Stellvertreterin Jesu, die einzige Lehrerin Seiner
Wahrheit. Vor Allem wird sie uns lehren, mehr
und mehr das Leben Jesu auf Erden zu leben, da
sie uns helfen wird, mehr und mehr an Seinen in=
nersten Gedanken und Gefühlen Theil zu nehmen.
Sie wird uns Seine brennende Liebe offenbaren

und uns mit Gegenliebe für Ihn erfüllen. Und was sonst kann diese Liebe so erzeugen, wie die Andacht zum heiligen Herzen? Dort war das Feuer concentrirt, das auf Erden zu entzünden Er sich so sehr sehnte. Sein ganzes Leben war Liebe. Es wurde geschaffen, um der Liebe des Ewigen Wortes für Seine armen Geschöpfe eine räumliche Wohnstätte und eine materielle Gestalt zu geben. Maria's Schooß war seine Geburtsstätte; aus ihrem reinen Blute ging es hervor; in einem Augenblick entstand es in ihr, das Herz Gottes, der Quell Seines menschlichen Lebens, betraut mit Seiner Liebe für die Menschen. Sein erster Schlag war ein Act der Liebe; und so fuhr es fort durch jede Phase der Freude und der Trauer die Wirkung dieses mächtigen Einflusses zu tragen, bis es am Kreuze brach.

Anhang

zur

deutschen Uebersetzung.

———

Es dürfte nicht uninteressant sein, über Pascals literarische Bedeutung und die Art und Weise, wie er seinen Kampf gegen den Jesuitenorden führte, einen deutschen „Nachforscher in historischen Dingen" zu vernehmen. In des Herrn von Stramberg Rheinischem Antiquarius, Mittelrhein, Abth. I. Bd. 1. S. 468 ff. heißt es:

„Unsterblich war geblieben die Feindschaft der Kaste, die als in ihrem Erbgut in den Gerichtshöfen von Frankreich, in dem Pariser Parlament vorzüglich waltete, wenngleich besagtes Parlament nicht umhin gekonnt hatte, ungeachtet aller Protestationen der Universität, durch einen letzten Spruch vom 22. Febr. 1612 den Jesuiten die volle, auch auf die Theologie sich ausdehnende Lehrfreiheit zuzugestehen. Indem auf allen Punkten des Reiches der Calvinismus im Weichen begriffen, nahm auch mit jedem Tage die Allgewalt ab, die er bis dahin, mittels einer zwar sehr compacten und rührigen Minorität, auf die Verwaltung der Rechtspflege geübt hatte, oder, um die Sache schärfer zu bezeichnen, die Familien, in

denen der Calvinismus zusammt den Aemtern erblich),
bequemten sich, um diese nicht aufgeben zu müssen,
zu einem Krypto-Calvinismus, zu jener monströsen
Verbindung von religiösen Ansichten mit weltlichen
Rücksichten, die in den historischen Schöpfungen von
Jakob August de Thou so auffallend zu Tage tritt,
und gleichwohl ganze zwei Jahrhunderte hindurch
um die wichtigsten Fragen der Geschichtschreiber Urtheil formulirte. Der Zwang, unter den diese mächtige Kaste genöthigt sich zu beugen, theilweise der
Jesuiten Werk, steigerte den mühsam verbissenen Zorn,
und in diesem Zorn wurden dieselben Familien des
Jansenismus gelehrigste Schüler. Der forderte
von ihnen den lächerlichsten Dienst, den vollständigsten
Verzicht auf die Aussprüche des Menschenverstandes,
bot aber zugleich die bequemste und si-
cherste Maske, um eine der Kirche feindliche Doctrin aufzustellen, ihre getreuesten
Wächter zu verdächtigen. Der Secte Coryphäen, die
Arnauld, die Pascal erhoben gegen die Jesuiten
einen grimmigen Federstreit; die Angegriffenen wußten
sich der ehrlichen Waffen zu gebrauchen, und war damit nicht viel ihnen abzugewinnen. Pascal vornehmlich fand es bequemer und schneller zum Ziele
führend, sie lächerlich zugleich und verächtlich zu machen; er, der scharfsinnige und gottesfürchtige Denker,
hat nicht beachtet, daß Witz und Satyre niemals erlaubte Waffen sein können in dem Streit um die
höchsten Geheimnisse des geistigen Lebens, hat nicht
erkannt, daß jeglicher Religion verderblich werden
müsse das Bestreben, eine in allen Beziehungen höchst
bedeutende Anzahl ihrer Diener der Lächerlichkeit,

ungerechter Verachtung zu überantworten. „Aber,“
sagt man, „es bleibt dem Verfasser der Lettres
provinciales das Verdienst, in Styl, Redekunst und
Feinheit ein Meisterwerk geliefert zu haben, das stets
der Literatur als eine kostbare Bereicherung gelten
muß, wenn auch die Wahrheit dabei leer ausgehen
sollte.“ Hiervon mich zu überzeugen, habe ich voll=
bracht, was Niemand mir leichtlich nachthun wird.
Ich habe vom Anfang bis zum Ende das Buch ge=
lesen, mit lauter Stimme mir vorgelesen, damit nicht
eine scharfsinnige Wendung, nicht das einzelne Witz=
wort mir entgehe; es ist mir aber für die saure
Arbeit nicht der mindeste Lohn geworden. Wie viel
Stoff auch die Paradoxen, mit denen er sich befaßt,
bieten mögen, niemals erhebt Pascal sich zu
Witz, man müßte denn als Witz gelten lassen die
Stelle in dem fünften Briefe, wo er einige der von
Diana angeführten 296 Autoren anführt, den Vil=
lalobos, Koninck, Llamas, Achokier, Delalkozer, Del=
lacruz und mit den wissentlich oder unwissentlich
durch ihn verstümmelten Namen spielend ausruft:
„O mon Père (zum dreihundertstenmal in dem kleinen
Buch) o mon Père, lui dis-je, tout effrayé, tous ces
gens-là éstoient-ils Chrestiens?“ oder sothane Ehre
dem gegen den P. Le Moyne gerichteten Ausfall an=
gedeihen lassen. Le Moyne hatte, ein bei jeder Ge=
legenheit erröthendes Gänschen zu feiern, die jäm=
merliche Ode producirt: Eloge de la pudeur, où il
est montré, que toutes les belles choses sont
rouges ou sujettes à rougir. Von der gerühmten
Feinheit Pascals weiß ich in dem vorliegenden
Werke gleich wenig Zeugniß zu finden: Ohne derb

heißen zu können, werden Wort und Wendung nicht
selten plump bis zur Unanständigkeit. Die
Meisterschaft im Styl der *Provinciales* als
die früheste geniale Prosa in der französischen Literatur anzuerkennen, dieses
vollends fällt mir unmöglich. Immerhin
mag Voltaire Recht haben, wenn er in diesem Buche
die Epoche der Firirung der französischen Sprache
findet, aber daß von dem Buche diese Firirung
ausgegangen sein sollte, dieses wird der berühmte
Kritiker von ferne nicht gedacht haben. Der ge-
lesenste Schriftsteller gebietet der Sprache nicht,
er deutet lediglich den Standpunkt an, in welchem
er sie erfaßte, zusammt der Richtung, welche sie
künftig einhalten dürfte. Ob der Verfasser der Provinciales jemalen ein sehr gelesener Schriftsteller geworden ist, weiß ich nicht, fest steht aber, daß er der
Religion eine schwere, den Jesuiten eine tödtliche
Wunde schlug. Deshalb werden auch durch die Partei, die ihn überlebte, stets neue Auflagen von dem
Buche veranstaltet, und dieses ohne weitere Prüfung
in blinder Nachbetung von der Nation bewundert.
Wenn ich aber die hergebrachte Bewunderung für
des Schreibers Arbeit nicht zu theilen vermag, so
muß ich eben so sehr wie seine Intention die Art
der Verwirklichung mißbilligen. In wahrer Nie-
derträchtigkeit verfährt Pascal gegen den
Gegner, dem zunächst seine Streiche zugewendet,
gegen den P. Escobar durch Fälschung des Textes,
indem er die angezogenen Stellen ihrem Zusammenhang entrückt, sie auf das Giftigste erklärt und aus
Citaten, aus denjenigen, so lediglich in dem Gesichts-

punkt der wissenschaftlichen Probabilität, vorgetragen, die unnatürlichsten, die gewaltsamsten Folgerungen herleitet. Die Casuisten, deren Meinungen Escobar meist nur im Interesse der Wissenschaft anführt, waren todt; sie konnten auf des großen Publikums Meinung von dem Orden nicht weiter wirken; der tückische Feind richtet seine vergiftete Waffen gegen den gewöhnlich aller Parteinahme sich enthaltenden Sammler. Der lebte, leuchtete in Tugend und Wissenschaft, trug gleich Reginaldus, Vasquez, Sanchez, Valencia und so vielen anderen frommen, großen Ordensmännern die schwerste Sünde, das Kleid des heil. Ignatius, war dem Jesuitenorden eine Zier; dem weh zu thun, ihn herabzusetzen, lächerlich zu machen, mußte das Bestreben aller Gegner der Gesellschaft Jesu werden, und darin hat sie alle Pascal überboten."